Dethard von Winterfeld

Romanik am Rhein

Mit Fotografien von Joachim Feist

Dem Andenken von Hans Erich Kubach 1909–1999

Die Deutsche Bibliothek – CIP-Einheitsaufnahme

Ein Titeldatensatz für diese Publikation ist bei der
Deutschen Bibliothek erhältlich.

Karte S. 6: Kartographie Michael Hermes, Göttingen

Umschlaggestaltung: Neil McBeath, Kornwestheim,
unter Verwendung einer Aufnahme von Joachim Feist,
Pliezhausen (Mainzer Dom)

© Konrad Theiss Verlag GmbH, Stuttgart 2001
Alle Rechte vorbehalten
Lektorat: Christiane Wagner, Stuttgart
Gestaltung und Satz: DOPPELPUNKT Auch & Grätzbach GbR, Leonberg
Reproduktionen: RUF Medienservice GmbH, Neuhausen
Druck: HMS Druckhaus, Dreicich
Bindung: Buchbinderei Fikentscher, Seeheim-Jugenheim
ISBN 3-8062-1419-0

Inhalt

Einführung 7

Zwischen Bodensee und Basel 22

Konstanz, St. Maria und Pelagius 23
Reichenau 25
    Mittelzell, St. Maria und Markus 25
    Oberzell, St. Georg 27
    Niederzell, St. Peter und Paul 29
Stein am Rhein, St. Georgen 31
Schaffhausen, Benediktinerabtei Allerheiligen 32

Der südliche Oberrhein 34

Basel, Münster St. Maria 36
Ottmarsheim, St. Maria 39
Murbach, St. Leodegar 41
Sulzburg, St. Cyriakus 44
Freiburg i. Br., Münster Unserer Lieben Frau 45
Breisach, St. Stephan 47
Schlettstadt/Sélestat, St. Fides 48
Eschau, St. Trophimus und Sophia 50
Straßburg 51
    Münster St. Maria (Unserer Lieben Frau) 51
    St. Stephan 54
    St. Thomas 54
Gengenbach, St. Maria 55
Schwarzach, St. Peter und Paul 56
Maursmünster/Marmoutier,
    St. Peter, Paul und Martin (St. Stephan) 58
St. Johann b. Zabern/St. Jean-le-Saverne,
    Benediktinernonnenkloster 60
Surburg, St. Martin (St. Arbogast) 60

Speyer, Worms, Mainz und der nördliche Oberrhein 62

Speyer, Dom St. Maria und St. Stephan 66
Limburg an der Haardt, Benediktinerklosterkirche
    Zum Heiligen Kreuz (Ruine) 70
Ladenburg, St. Gallus 72
Bingen, St. Martin 72
Lorsch, Torhalle des Klosters St. Petrus,
    Paulus und Nazarius 73
Worms 74
    Dom St. Peter 74
    St. Martin 77
    St. Paul 78
Bechtheim, St. Lambert 79
Guntersblum, St. Viktor 79
Mainz, Dom St. Martin und St. Stephan 80
Eberbach,
    Zisterzienserklosterkirche St. Maria 83
Mittelheim, St. Ägidius 85

Der Mittelrhein 86

Trechtingshausen, St. Clemens 88
Moselweiß, St. Laurenz 88
Niederlahnstein, St. Johann der Täufer 88
Bacharach, St. Peter 90
Boppard, St. Severus 92
Koblenz 94
    St. Kastor 94
    St. Florin 95
    Liebfrauen 96
Kobern, Matthiaskapelle auf der Oberburg 97
Andernach, Liebfrauen 98
Maria Laach, Klosterkirche 100
Oberbreisig (Bad Breisig), St. Viktor 103
Linz, St. Martin 104
Heisterbach, Zisterzienserabteikirche St. Marien 105
Sinzig, St. Peter 106

Köln und der Niederrhein 108

Bonn, Münster St. Cassius und
    St. Florentius (St. Martin) 110
Schwarzrheindorf, Doppelkapelle St. Clemens 112
Köln 114
    St. Andreas 115
    St. Aposteln 116
    St. Cäcilien 117
    St. Georg 118
    St. Gereon 120
    St. Kunibert 123
    St. Maria im Kapitol 125
    Groß St. Martin 127
    St. Pantaleon 130
    St. Severin 132
    St. Ursula 133
Brauweiler, St. Nikolaus und St. Medardus 135
Knechtsteden, St. Marien und St. Andreas 138
Neuss, St. Quirin 140
Gerresheim, St. Hipolytus 143
Kaiserswerth, St. Suitbert 145
Mündelheim, St. Dionysius 147
Essen, Münster St. Kosmas und Damian 148
Essen-Werden, St. Liudger 150
Xanten, St. Viktor 152
Wissel, St. Clemens 154
Emmerich, St. Martin 154
Kellen, St. Willibrord 155
Nimwegen, Valkhof und Kapelle St. Martin 155

Anhang

Glossar 158
Literaturverzeichnis 160
Abbildungsnachweis 160

Einführung

Der Rhein

Unsere Empfindungen für den Rhein als einer uralten kulturellen Schlagader mögen zwar durch die Romantik des 19. Jahrhunderts und das sie begleitende Erwachen eines Nationalbewusstseins geprägt sein, in Verbindung mit der Landschaft und ihren Burgen und konzentriert auf das enge Tal des Mittelrheins, doch entspricht dies auch bei nüchterner Betrachtung durchaus der Realität des Hochmittelalters, freilich ohne das romantische Gefühl für die Landschaft.

Der Rheinlauf zwischen Basel und seiner Mündung bildete die wirtschaftliche und verkehrstechnische Achse des Regnum Germaniae als Teil des mittelalterlichen römischen Imperiums. An ihm lagen auch die bedeutendsten frühen Bischofssitze. Zunächst in spätrömischer Zeit Grenzfluss zwischen den römischen Provinzen und dem so genannten freien Germanien, bildete der Fluss nach der Eroberung durch die Franken zwar im Norden weiterhin die Grenze, im Süden jedoch die Verbindung zu den unter fränkische Oberhoheit geratenen Alemannen und ihren östlichen Nachbarn. Mit der Unterwerfung der Sachsen im Norden konnte Karl der Große aus den Ländern östlich des Rheins feste Bestandteile des karolingischen Reiches machen.

Dies war die Voraussetzung für die Teilung des Reiches unter seinen Enkeln 843 in Verdun, wo neben einem westfränkischen und dem merkwürdigen Mittelreich Lothars ein ostfränkisches Reich etabliert wurde. Ihm fiel zwischen 870 und 880 auch der nördliche Teil des Mittelreiches zu, nämlich Lothringen, dessen Westgrenze für Jahrhunderte die Grenze zum französischen Königreich bildete. Die Sprachgrenze war damit nicht identisch, sondern verlief weiter östlich. Erst die modernen Grenzverschiebungen seit dem 17. Jahrhundert haben den Rhein in seinem Oberlauf wieder zur Grenze nach Frankreich werden lassen.

Für dieses Regnum Germaniae war der Rhein die Mittelachse und eigentliche Schlagader, die zugleich zwei Teile mit unterschiedlicher Tradition miteinander verband: westlich die alten römischen Provinzen, östlich das ehemals freie Germanien, das zum Teil erst im 8. Jahrhundert unter Bonifatius und Karl dem Großen christianisiert worden war. Die Nachwirkungen dieser Teilung, die durch die Herrschaft der sächsischen Dynastie der Ottonen ebenso wie durch spätere Entwicklungen überdeckt wurden, blieben zweifellos bis weit in das 13. Jahrhundert hinein prägend. Nicht von ungefähr liegt die Mehrzahl der hier beschriebenen Bauten am Westufer des Rheins.

Die Auswahl der Bauten in dieser Darstellung beschränkt sich auf die Nähe zum Flusslauf. Wegen dessen freiem, ungezügeltem Bett gibt es jedoch kaum Kirchen, die wie in Köln oder am Mittelrhein unmittelbar am Ufer liegen. Hinsichtlich der Ausdehnung des Raumes in die Breite war Einschränkung nicht zu vermeiden, sodass zum Beispiel nur einige elsässische Bauten den Reichtum dieser Region repräsentieren. Gleiches gilt für den

Typische niederrheinische Apsisgliederung in Geschossen: Köln, St. Gereon

Mittel- und insbesondere den Niederrhein. Hier fehlt der Trierer Raum, der eine Brücke zur lothringischen Romanik bis nach Verdun bildete. Gleichfalls werden Aachen, Lüttich und Maastricht, aber auch Limburg an der Lahn nicht berücksichtigt.

Die Städte Deventer und Utrecht mit mehreren romanischen Kirchen hätten unseren Weg in die Niederlande fortgesetzt, ebenso wie am anderen Ende der Hochrhein mit dem Dom in Chur, immerhin einem Suffraganbistum von Mainz. Da jedoch diese Teile des Flusses weniger mit der Identität im allgemeinen Bewusstsein verbunden sind, soll ihre Erwähnung an dieser Stelle auf den Verzicht hinweisen.

Der Begriff Romanik

Romanik nennen wir die erste der großen Stilepochen des Abendlandes nach der Antike bis zum hohen Mittelalter. Der Begriff wurde zunächst auf die aus lateinischen Dialekten entwickelten »romanischen« Sprachen bezogen, von der französischen Romantik (de Gerville 1818) analog auf die Baukunst übertragen und alsbald von den ersten deutschen Kunsthistorikern (Waagen, Kugler, Schnaase) übernommen. Er folgt der falschen Vorstellung, dass sich die Romanik allmählich aus der römischen Baukunst unter dem Einfluss des Christentums und eines »germanischen Formgefühls« entwickelt habe. Hierbei wurde die tief greifende Unterbrechung der Kontinuität in den Zeiten der Völkerwanderung und der Merowinger übersehen.

Andere Begriffe des 19. Jahrhunderts, die sich eher auf die Malerei bezogen, wie »byzantinisch«, »langobardisch«, »altdeutsch« oder auch »Rundbogenstil«, haben sich nicht durchsetzen können. Im 20. Jahrhundert wurde der wie bei den meisten Hauptstilepochen falsche oder zumindest »schiefe« Begriff allgemein akzeptiert und sogar auf die Bildkünste ausgedehnt. Zeitlich wurde er jedoch auf die Zeit nach 1000 bis zum Beginn der Gotik eingegrenzt, weil man erkannte, dass es sich hierbei um eine selbstständige, spezifisch mittelalterliche Erscheinung nach einem langen Entwicklungsprozess von Aneignung, Umformung, aber auch Ablösung von der antiken Formenwelt handelt.

Für die vorausgehende Entwicklungsphase hat sich der Begriff »Vorromanik« durchgesetzt, der wiederum dynastische Untergliederungen erfahren hat: merowingisch (bis 750), karolingisch (750–920, in Frankreich bis 987), ottonisch (920–1024). Hier wird die Jahrtausendgrenze überschritten – genauso wie in England, wo die vorromanische angelsächsische Epoche erst mit der normannischen Eroberung 1066 zu Ende geht. Einige wenige vorromanische Bauten werden in diesem Zusammenhang miteinbezogen (Reichenau; Sulzburg; Lorsch; (Essen-)Werden; Köln, St. Pantaleon), andere liegen zu weit vom Rhein entfernt (Aachen; Seligenstadt; Steinbach).

Für Deutschland wird die zeitliche Unterteilung der Romanik ebenfalls mit den Dynastien verbunden: salisch (1025–1125) und staufisch (1138–1254), obwohl der Einfluss der Staufer auf den Kirchenbau als äußerst gering angesehen werden muss. Andererseits fällt das Ende der Romanik im Reichsgebiet (Deutschland, zum Teil auch Oberitalien) und die Rezeption hochgotischer Formen mit dem Ende der staufischen Herrschaft durch den Tod Kaiser Friedrichs II. (1250) zusammen (Kölner Dom, Grundsteinlegung 1248; Westchor des Naumburger Doms 1249; Straßburger Münster, Langhaus 1240), nachdem es zuvor bereits vereinzelte Rezeptionen gegeben hatte (Limburg/Lahn 1195; Skulpturen des Bamberger Doms nach 1225; Marburg, Elisabethkirche und Trier, Liebfrauenkirche, um 1235).

Niederrheinische Tradition mit gotischen Neuerungen auf römischem Kern: Dekagon von St. Gereon, Köln

In Nordfrankreich vollzieht sich der Übergang zur Gotik fließend ab 1140 (St. Denis; Noyon), wobei die erste Phase vor 1160 auch als Spätromanik der Île de France gedeutet werden kann.

Angesichts der Dichte, Vielfalt und Größe der Bauten überwiegt jedoch der westliche (Frankreich, England) und südliche (Italien) Teil bei weitem den östlichen. Ausgeklammert bleibt die mittelalterliche Kunst des byzantisch-orthodoxen Ostens, obwohl es dort durchaus Parallelen der Rezeption und Umformung antiker Vorbilder gibt.

Nach wie vor ungeklärt ist das Verhältnis der westlichen Hoch- und Spätromanik zu vergleichbaren Formen des Quaderbaus in Armenien und Georgien zwischen dem 6. und 10. Jahrhundert.

Eine alle Gattungen einschließlich der Architektur übergreifende inhaltliche Definition des Stilbegriffs ist heute nicht mehr möglich, weil die Zahl der Ausnahmen und gegenläufigen Entwicklungen durch genauere Analysen groß geworden ist. Gleichwohl kann von einer aus unserer Sicht weit verbreiteten Grundhaltung ausgegangen werden, die mit den folgenden Stichworten verbunden ist: Abstraktion vom Organischen, Blockhaftigkeit einerseits und Linearität mit Nähe zum Ornament andererseits, Unterordnung unter den Ausdruck, Schwere, Wucht und Wehrhaftigkeit beim Bau. Zu diesen Begriffen lassen sich aber zahlreiche ebenso treffende Gegenbegriffe entwickeln, sodass heute fast nur noch der Epochenbegriff bei stilistisch zum Teil gegensätzlichen Erscheinungsformen angewendet wird.

Die romanische Kunst im Allgemeinen und die Architektur im Besonderen gehören fast ausschließlich dem sakralen Bereich an. Dies spiegeln nicht nur die erhaltenen Denkmäler wider, sondern dies dürfte auch dem Selbstverständnis der Auftraggeber entsprochen haben.

An der Spitze des Profanbaus stehen beachtliche Leistungen des Festungs- und Burgenbaus, vor allem in England, Frankreich, Italien und dem Heiligen Land, sowie königliche und bischöfliche Pfalzen in Deutschland (Goslar; Gelnhausen) und Palasbauten auf Burgen (Gutenfels; Münzenberg; Wartburg). Der Einsatz künstlerischer Mittel bleibt jedoch quantitativ weit hinter einem Kirchenbau oder Kreuzgang zurück, bedient sich aber derselben Formen.

Vom steinernen städtischen Wohnbau gilt dasselbe, wobei die erhaltenen Reste ausreichen, um eine Vorstellung zu gewinnen (Häuser in Cluny, Karden, Köln, Trier, Seligenstadt, Lübeck). Um ein Bild der Epoche und der Kultur zu erhalten, sind diese Bereiche einschließlich des Fachwerkbaus volkstümlicher Prägung miteinzubeziehen. Hinsichtlich des künstlerischen Anspruchs dürfen sie jedoch vernachlässigt werden. Dies gilt auch für den reinen Wehrbau, der außer dem Verteidigungszweck die psychologische Wirkung der Veranschaulichung von Macht und Drohung zu erfüllen hatte. Der schmucklose Turm mit seinen Buckelquadern der Schwabsburg bei Nierstein verdeutlicht dies.

Auch für die sakralen Bauwerke gilt, dass sie grundsätzlich für eine spezifische Funktion und aus einem entsprechenden historischen Anlass geschaffen wurden, selbst wenn diese oft nicht mehr zu ermitteln sind.

Profanbau mit den gleichen (niederrheinischen) Gliederungen wie beim Sakralbau: Köln, Overstolzenhaus

Historische Landschaftsnamen

Hält man sich an den Rheinlauf und die umgebenden Gebirge und Ebenen, so ergibt sich eine geografische Bezugsgröße. Ebenso bedeutsam müssten aber die historischen Landschaften sein, die durch Konstanten territorialer Herrschaft oder kirchlicher Einteilung begründet sind.

Diese Verbindung ist in Deutschland aufgrund der seit dem Spätmittelalter bis zum Zusammenbruch des alten Reiches 1806 zunehmenden territorialen Zersplitterung und Verschachtelung sehr problematisch. Anders als bei den europäischen Nachbarn im Westen und im Süden existieren kaum konstante historische Landschaften, auch wenn uns dies heute anders erscheint und die nach 1945 völlig neu konstituierten und meist zusammengewürfelten heutigen Bundesländer alles dafür tun, ihre Existenz historisch zu legitimieren. Selbst das heutige Bayern ist erst 1815 entstanden, hat aber 1945 seine rheinische Pfalz verloren.

Westfalen, dessen spätromanische Architektur in mancherlei Weise mit der kölnisch-niederrheinischen verbunden ist, gilt als klar umrissene Region, doch fehlt zum einen der völlig untergegangene Begriff Ostfalen, zum anderen gehörte das Gebiet zum Stammesgebiet der von Karl dem Großen unterworfenen und bekehrten Sachsen. Diese wiederum werden gedanklich eher mit dem heutigen Niedersachsen verbunden, das seinerseits aus verschiedenen Herrschaftsbereichen zusammengefügt ist. Schließlich ist der Begriff Sachsen im Laufe der Zeit mit den Herrschaftsgebieten der Wettiner verbunden worden, was sich in den heutigen Bundesländern Sachsen und Sachsen-Anhalt niederschlägt.

Ähnliches lässt sich für die Landschaften am Rhein feststellen. Baden – heute mit Württemberg verbunden – ist erst 1806 aus Teilen der zähringischen Herrschaft und der ehemaligen Kurpfalz entstanden. Das Gleiche gilt für Rheinhessen, das seinen Namen erst 1815 durch den Anschluss ehemals kurmainzischer beziehungsweise kurpfälzischer Gebiete an das Großherzogtum Hessen-Darmstadt erhielt, wo es bis 1945 blieb.

Die heutige Pfalz existiert auch erst seit 1815 als bayerischer Regierungsbezirk (bis 1945). Hier liegt der Begriff der Kurpfalz zugrunde, deren zentrale Territorien am Mittelrhein lagen und sich erst im Spätmittelalter rheinaufwärts verschoben mit einer rechtsrheinischen Hauptstadt, nämlich Heidelberg. Der Name Pfalz rührt vom Ehrenamt des Pfalzgrafen her, der für die königliche Wohnstätte zuständig war. Es ist das eingedeutschte Wort für Palatium, für das heute Palast beziehungsweise Palas bei einer Burg verwendet wird. Es geht zurück auf den römischen Hügel Palatin, auf dem die Residenz – das Palatium – der römischen Imperatoren lag. Als historische Landschaft für die Romanik ist der Name unbrauchbar.

Für den Mittelrhein hat sich überhaupt kein historischer Landschaftsbegriff etabliert. Dort waren im Spätmittelalter, also nach der in diesem Band behandelten Zeit, die Kurfürstentümer Mainz, Trier und Köln neben der Kurpfalz präsent. Nach 1815 war er Teil der preußischen Rheinprovinz, von der wir im Allgemeinen als »dem Rheinland« sprechen.

Eine gewisse Sonderrolle spielt das Elsass, das im Spätmittelalter außer der Reichsstadt Straßburg in zahlreiche Herrschaften aufgeteilt war. Die einigende Kraft des französischen Nationalstaats hat daraus seit dem 18. Jahrhundert eine der historischen französischen Landschaften gemacht, die lediglich verwaltungsmäßig in zwei Departements unterteilt ist. Deren nördliche heißt verwirrend, aber aus französischer Sicht zutreffend »Bas-Rhin«, Niederrhein. Merkwürdigerweise gehörte das Elsass nicht zu einem der schon im 11. Jahrhundert verblassenden deutschen Stammesherzogtümer, wurde dann aber im 12. Jahrhundert zu einem der wichtigsten Gebiete der staufischen Hausmacht.

Es ist wenig Erfolg versprechend, für regionale Unterteilungen des Rheinlaufs in der uns interessierenden Epoche vom 11. bis zum 13. Jahrhundert andere als geografische Grundlagen verwenden zu wollen. Von daher gesehen bildet die Oberrheinische Tiefebene, auch Rheingraben genannt, zwischen Basel und Bingen beziehungsweise Mainz eine Einheit, die seitlich begrenzt wird von den Randgebirgen Schwarzwald und Vogesen, Odenwald und Pfälzer Wald beziehungsweise dem rheinhessischen Bergland.

Der lange Abschnitt des Niederrheins beginnt mit der Kölner Bucht, wo der Rhein in das nordeuropäische Flachland eintritt. Dazwischen schiebt sich der Abschnitt des Gebirgsdurchbruchs durch das geologisch uralte rheinische Schiefergebirge. Ihn bezeichnen wir mit dem Geografen als »Mittelrhein«, obwohl es in der Kunstgeschichte weit verbreitet ist, diesen bereits bei Worms oder sogar Speyer beginnen zu lassen. In der Romanik des 12. und 13. Jahrhunderts würde dies ohnehin gegen den Befund verstoßen, da der Mittelrhein von Bingen abwärts eindeutig nach Köln hin ausgerichtet ist.

Stifte, Klöster und ihre Reformbewegungen

Als gemeinsame gesellschaftliche Grundlage für die gesamteuropäische Ausprägung der Epochen von Vorromanik und Romanik wird die Gesellschaftsstruktur des Feudalismus betrachtet – die jedoch zwischen dem 8. und 13. Jahrhundert fundamentalen Wandlungen unterworfen war. Die Entwicklungen verliefen in den einzelnen Regionen durchaus unterschiedlich, wobei die zunehmende Bedeutung städtischer Strukturen – nicht nur in Oberitalien, sondern seit dem 11. und insbesondere dem 12. Jahrhundert auch am Rhein – eine entscheidende Rolle spielte.

Für die immer wieder einsetzenden Reformen des Klosterwesens war der regionale Adel von großer Bedeutung, weil – ausgehend vom Eigenkirchenwesen – möglichst Unabhängigkeit vom bischöflichen oder königlichen Zugriff erstrebt wurde. Die jeweiligen historischen Umstände sind oft entscheidend für die Beurteilung selbst formaler Erscheinungen in der Architektur. Sie können hier nur von Fall zu Fall angedeutet werden.

Für die früheste Phase des Kirchenbaus außerhalb der großen antiken Städte in Italien ist davon auszugehen, dass es sich um einfache Saalkirchen mit Rechteckchor oder Apsis handelte, die noch heute das Bild in den spät christianisierten Gebieten (12.–13. Jahrhundert) in Schleswig-Holstein und Mecklenburg prägen. Bei Grabungen tritt dieser Typ fast stets als ältester in Erscheinung. Die Rezeption der Basilika ist erst in karolingischer Zeit punktuell und von da ab zunehmend festzustellen, offenbar als bewusster geistiger Akt.

Die Dichte des Kirchenbaus war abhängig von der Stufe des Landausbaus und der städtischen Struktur, weil die Kirche die Grundzüge der römischen Verwaltung übernahm. Daraus ergibt sich die Dichte der Bistümer und Bischofskirchen in Italien, abnehmend in Gallien und noch stärker in Germanien, dort mit eindeutiger Konzentration linksrheinisch und südlich der Donau (Limes). Die Kirchen der Bischöfe, der Stifte und Klöster standen im Gegensatz zur neuzeitlichen Entwicklung eindeutig im Vordergrund, während die Gemeindekirchen trotz der ihnen eigenen Pfarrrechte dagegen meist unbedeutend blieben, zumal es Gemeinde und Gemeindegottesdienst im heutigen Sinne kaum gab.

Bischofskirchen sind zugleich auch immer die Stiftskirchen der Domkapitel und weisen daher die entsprechenden zugehörigen Kreuzgänge, Kapitelsäle und übrigen Kapitelgebäude auf. Bei ihnen dürfte oft genug der Dompropst die Funktion eines Bauherrn ausgeübt haben. Eine formale Trennung zwischen Stifts- und Klosterkirchen ist nicht möglich, zumal nicht selten Klöster in Stifte – manchmal auch umgekehrt – verwandelt wurden.

Stiftskonvente bestehen aus Weltgeistlichen, die manchmal schon im 11., häufiger jedoch im 12. und 13. Jahrhundert das gemeinsame Leben auf-

Plastische Struktur einer späten oberrheinischen Zwerggalerie: Westchor des Wormser Domes

gaben und nur die Liturgie gemeinsam vollzogen. Ihre Mitglieder entstammten dem Adel oder doch zumindest den Ministerialengeschlechtern. Nicht selten ließen sie sich durch Vikare vertreten.

Bei den reinen Mönchsklöstern spielten immer wieder Reformen eine große Rolle, die sich oft nicht leicht durchsetzen ließen. Gegründet im 10. Jahrhundert, wuchs die vor den Toren des Reiches gelegene burgundische Abtei Cluny zu weltpolitischer Geltung heran, weil ihre Grundforderung nach Trennung von Kirche und politischer Herrschaft die Grundfesten des Reichskirchensystems erschütterten, eines Systems, bei dem die Bischöfe nicht nur vom Kaiser ernannt wurden, sondern auch Stützen seiner Verwaltung waren. Die Folge war der Investiturstreit von 1077.

Die Abtei Cluny, die alsbald einen mächtigen Klosterverband bildete, hielt sich klug aus den aktuellen Auseinandersetzungen heraus. Der Reformbewegung schlossen sich zahlreiche Klöster in Deutschland an, allen voran das im Schwarzwald gelegene Hirsau, das seinerseits die Grundideen verbreitete.

Einführung

Oberrheinisch-wormsische Wucht und zisterziensische Strenge: Otterberg, Langhaus nach Osten

Die Rückwirkungen von Cluny auf die deutsche Architektur werden maßlos überschätzt. Die zweite Kirche dortselbst, deren Grundriss nur schemenhaft durch Ausgrabungen bekannt ist, von der wir uns aber durch zeitgenössische burgundische Bauten eine gewisse Vorstellung machen können, hat bis auf den Gedanken einer Vorkirche nichts mit Hirsau und den von ihm beeinflussten Bauten zu tun.

Ebenso wenig hat diese zweite Kirche von Cluny mit dem Bau der dritten nach 1088 zu tun, die wegen ihrer langen Vorkirche und ihrem gewaltigen Bauprogramm (fünf Schiffe, zwei Querhäuser, Chorumgang mit Radialkapellen) als größte romanische Kirche des Abendlandes gilt. Ihr anhand von Resten und Vergleichsbauten gut zu rekonstruierender Formenapparat von unerhörtem Reichtum hat ebenfalls im deutschen Raum keinen Einfluss ausgeübt, selbst in Frankreich kaum, wo ihr nur eine Handvoll unmittelbarer Nachfolger im westlichen Burgund, dem französischen Herzogtum, zuzurechnen ist. Im 11. und im 12. Jahrhundert ist überhaupt eine grundsätzliche Trennung von deutscher und französischer Architektur zu verzeichnen.

Die möglicherweise von Hirsau beeinflussten Bauten befinden sich vorwiegend am Oberrhein, aber auch in Franken, Thüringen und Niedersachsen, jedoch so gut wie gar nicht am Mittel- und Niederrhein. In vielen Fällen hat die Übernahme der geistigen Reform aus Hirsau überhaupt keine Auswirkungen auf die Architektur gehabt.

Gelegentlich ist der Umbau des Domes in Speyer unter Heinrich IV. (vor 1082 begonnen) vor allem wegen des Rückgriffs auf antikisierende Formen als eine Art »Anti-Cluny« interpretiert worden, mit dem der Kaiser hätte auftrumpfen und in Konkurrenz treten wollen. Das ist schon aus chronologischen Gründen falsch, weil der Umbau in Speyer sechs bis acht Jahre vorher einsetzte. Wahrscheinlich hat man wechselseitig kaum Kenntnis voneinander gehabt, selbst wenn man von den Bauvorgängen wusste.

Vorbilder und Traditionen führten sowohl vom Typ als auch von der Durchgestaltung her zu gänzlich gegensätzlichen Lösungen. Gemeinsam ist lediglich die Rezeption antiker Einzelformen, wobei noch nicht einmal klar ist, ob dafür inhaltliche Gründe maßgebend waren.

Bei der zweiten benediktinischen Reform um 1100, rund hundert Jahre nach dem ersten Aufblühen von Cluny, entstand ein erster Mönchsorden: die Zisterzienser. Er erfüllte offenbar dringende gesellschaftliche wie wirtschaftliche Bedürfnisse und hatte daher außerordentlichen Erfolg.

In der ersten Phase der Tochtergründungen im Reichsgebiet wurde zwar nicht die vereinfachte burgundische Formensprache übernommen, wohl aber die charakteristischen Kirchengrundrisse in Verbindung mit einem strengen Schema für die Klausuranlagen. Auf diesen Grundrissen entstanden in der Regel Bauten in der jeweiligen regionalen Tradition. Erst um 1200 änderte sich dies bei der zweiten Kirchengeneration, bei der die Übernahme französischer frühgotischer Einzelformen zu beobachten ist.

Liturgie und Kirchengebäude

Es entspricht der allgemeinen Vorstellung, dass die Kirchen des Mittelalters, insbesondere der Romanik, Ausdruck der in ihnen vollzogenen Liturgie seien und dieser ihre formale Ausgestaltung verdanken. Das ist nur in einem sehr allgemeinen und übertragenen Sinne richtig, denn sonst könnten bei grundsätzlich gleichartiger Funktion nicht so unterschiedliche, ganz individuelle Lösungen zustande gekommen sein.

Zunächst aber ist daran zu erinnern, wie grundsätzlich sich die Funktionen gegenüber dem Mittelalter trotz Fortbestehens des christlichen Gottesdienstes, insbesondere der katholischen Messe, gewandelt haben. Pfarrkirchen hatten zwar eine große rechtliche Bedeutung, waren aber als Gemeindekirchen eher unbedeutend, während heute in allen Bekenntnissen der Gemeindegottesdienst im Mittelpunkt steht. Diesen gab es nur im Vollzug der lateinisch gelesenen Messe, von der der Laie wenig verstanden haben dürfte. Gepredigt wurde kaum, nur an hohen Festtagen und erst im 13. Jahrhundert in der Volkssprache.

In den Kloster- und Stiftskirchen wurden Stundengebete gehalten und Messen vollzogen – ausschließlich für die Gemeinschaft der Mönche beziehungsweise der Kleriker. Zu dieser Gruppe gehören auch die Domkapitel als Hochstifte, die jede Bischofskirche besaß. Die Anwesenheit einer Gemeinde war für den Vollzug des Ritus nicht notwendig. Für den Laiengottesdienst gab es zudem gesonderte Altäre außerhalb der Mönchs- beziehungsweise der Klerikerchöre. Deren Ausgrenzung aus dem kirchlichen Raum erfolgte durch steinerne Schranken, die zu regelrechten Mauern emporwuchsen und ab dem 13. Jahrhundert durch Lettner ersetzt wurden. Der Hochaltar und die an ihm vollzogene Messe waren somit den Blicken der Laien entzogen.

Erst mit dem Tridentinischen Konzil im 16. Jahrhundert als Reaktion auf die Reformation wurde die Beseitigung der trennenden Abschrankungen eingeleitet.

Es war eine geniale Idee der Spätantike, die aus dem römischen Kaiserzeremoniell als Repräsentationsort von Kaiser und Hofstaat stammende Apsis als architektonisch ausgezeichneten Standort des christlichen Altars zu wählen. Dies blieb grundsätzlich so, auch als das römische Querhaus eingeführt wurde und Altarhäuser sich zwischen dieses und die Apsis schoben, sodass ausgeschiedene Vierungen entstanden. Obwohl diese von Türmen überhöht wurden, sind nicht sie der Mittelpunkt und Altarstandort des an das Kreuz Christi erinnernden Grundrisses, sondern die Hauptapsiden.

Die Konvente der Mönche oder Stiftsherren versammelten sich in ihren dazu bestimmten Gestühlen in der Regel nicht unmittelbar vor dem Altar im Altarhaus, das gemeinhin als »Chor« be-

Eine spätere niederrheinische Apsis: schlicht, aber mit verspielten Giebeln und Türmchen: Sinzig, St. Peter, von Osten

zeichnet wird, sondern in der Vierung und oft darüber hinaus am Ostende des Mittelschiffes. Dadurch wurde die Vierung ausgegrenzt und als Kreuzungspunkt der Hochräume in der unteren Zone nicht mehr wahrnehmbar.

Die Querarme wurden wie isolierte Kapellen abgetrennt und waren nur über die Seitenschiffe erreichbar. Nicht selten schob sich das erhöhte Niveau über einer Krypta in die Vierung hinein und isolierte diese noch stärker. Dies widerspricht eigentlich der architektonischen Struktur.

Ganz besonders deutlich wird dies bei den kölnischen Trikonchos- oder Kleeblattchören. Von der architektonischen Struktur her wäre zu erwarten, dass Altäre jeweils in den Achsen der zu Apsiden umgeformten Querarme stehen würden. Da christliche Altäre im Mittelalter in der Regel nach Osten ausgerichtet wurden wegen der erwarteten Wiederkehr Christi von Osten (nicht von Jerusalem!), standen die Altäre auch dort auf der Ostseite entgegen der architektonischen Form. In St. Maria im Kapitol

Einführung

Zweischalige Struktur mit Laufgang und filigranen Säulchen: St. Quirin in Neuss als markantes Beispiel spätromanischer Apsiden am Niederrhein

waren sogar Portale im Scheitel der Umgänge um die seitlichen Konchen eingefügt. Diese wurden zudem durch die Treppen zur Krypta abgetrennt.

Bei dreischiffigen Anlagen ohne Querhaus und Chorjoch wurde der liturgische Chor am Ostende des Langhauses durch Abschrankung zwischen den Stützen der Seitenschiffarkaden angeordnet. In diesen Fällen fand der liturgische Chor überhaupt keine architektonische Ausprägung, sondern man richtete sich gleichsam in der durch die Tradition überlieferten Form der Basilika ein. Dies macht deutlich, dass häufig die Tradition den Kirchenbau stärker bestimmte als die aktuelle Nutzung.

Andererseits hielt die Architektur genügend Möglichkeiten bereit, wichtige Orte im Kirchenraum auszuzeichnen. Hierbei sei nicht nur an Ziborien und Baldachine über Altären gedacht, sondern vor allem an die formale Bereicherung durch zusätzliche Gliederungen wie vorgelegte Säulen, Nischen, Blendarkaden und dergleichen.

Ab der zweiten Hälfte des 12. Jahrhunderts wurde es üblich, das Altarhaus (Sanktuarium, Presbyterium) durch Einwölbung auszuzeichnen, wobei die Gewölbe gleichsam die Funktion eines monumentalen Baldachins vor beziehungsweise über dem Altar übernahmen. Dies deutet darauf hin, dass das Festhalten an der Flachdecke in den übrigen Teilen nicht als Rückständigkeit, sondern als bewusstes Festhalten an der traditionellen Raumform zu deuten ist und als Differenzierungsmöglichkeit innerhalb einer Raumhierarchie willkommen war.

Bei Nebenchören, Querarmen und Krypten wurden kleinere Apsiden, Apsidiolen oder gar nur Nischen zur Hervorhebung weiterer Altarstandorte genutzt. Doch ist das nicht die Regel. Altarstandort und Kultnische bedingen einander nicht, andererseits kann die Nische auch eine reine architektonische Form darstellen. Schon auf dem berühmten Klosterplan von St. Gallen (nach 817) sind Altäre nicht nur frei im Mittelschiff aufgestellt, sondern von Schranken umgeben frei stehend, nach Osten ausgerichtet in den Seitenschiffen, was uns heute befremdlich erscheinen mag.

Bei Pfeilerbasiliken wurde häufig die Anlehnung an Pfeiler gesucht, deren Flächen zugleich in der Art eine Altarbildes bemalt werden konnten, auch wenn Letzteres erst im Laufe des 13. Jahrhunderts üblich wurde. Diese Altäre dienten natürlich nicht Gemeindegottesdiensten, sondern spezifischen Messen. Aber auch hier ist zu spüren, dass man sich in der traditionellen Bauform einrichtete.

Umso auffälliger ist es, dass die zunehmende architektonische Bereicherung der traditionellen Halbzylinderform der Apsis durch Blendarkaden und zweischalige Laufgangkonstruktionen verdeckt und untergliedert wird. Das gilt ganz besonders für die Wölbung, bei der die klare Viertelkugel der Kalotte, die sich als Fläche für die monumentale Darstellung des Weltenrichters hervorragend eignete, durch unterteilte Schirmkuppeln, Fächergewölbe und schließlich reine Rippengewölbe im Sinne der anbrechenden Gotik unterteilt und aufgelöst wurde, weil der einheitlichen architektonischen Form mehr Gewicht beigemessen wurde als der idealen, liturgisch einprägsamen Grundform mit Bemalung. Dies waren entscheidende Brüche gegenüber der Tradition und leichten Ablesbarkeit liturgischer Funktionen im Kirchenraum.

Das Vorbild aller rheinischen Apsiden in Speyer, in der Monumentalität typisch für den Oberrhein

Einführung

Steiler Raum, schwere Pfeiler, bewegtes Spiel der Rundfenster: der Wormser Westchor als Höhepunkt der Spätromanik am Oberrhein

Eindeutig liturgisch bedingt sind die Doppelchoranlagen, die uns heute schwer verständlich sind, weil wir durch die spätere Entwicklung an den Wegcharakter vom westlichen Portal zum einzigen liturgischen Zentrum im Osten gewöhnt sind. Dieser Typ hat seine Wurzeln in der Spätantike, wurde dann aber seit karolingischer (St. Gallen; Köln, Dom) und ottonischer Zeit bei großen Domen und Klosterkirchen verwendet. Da er fast nur im deutschsprachigen Teil des alten Imperiums anzutreffen ist, erscheint es uns Heutigen, aber vor allem unseren europäischen Nachbarn seltsam, eine Kirche von der Seite oder allenfalls neben einer Apsis zu betreten.

Im 19. Jahrhundert wollte man darin eine Darstellung der zwei Gewalten des mittelalterlichen Imperiums, des Kaisertums (imperium) einerseits und des Papsttums (sacerdotium) andererseits, nach der Staatstheorie des Kirchenvaters Augustin erblicken, wofür es jedoch nicht den geringsten Hinweis in den Quellen gibt. Es handelt sich einfach um eine andere liturgische Grundvorstellung, die dem Hauptaltar einen zweiten gegenüberstellt.

Im westlichen Frankenreich wurde dagegen der Chorumgang um die Apsis herum mit radial ausstrahlenden Kapellen entwickelt – ein Typ, der wiederum der deutschen Romanik fremd geblieben ist.

Die Anordnung von Türmen über Chören und Vierungen, die sich teilweise nach innen öffnen und so steile Raumschluchten bilden, ist möglicherweise auch liturgisch als Hinweis auf den darunter befindlichen Psallierchor der Kleriker zu verstehen. Ganz sicher liturgisch bedingt ist die Anlage von Krypten, die ihren Ursprung nicht in der Gruft als Begräbnisplatz haben, sondern aus der Verehrung des ursprünglichen Heiligen- oder Märtyrergrabes hervorgegangen sind. Dies blieb auch so, als im 12. Jahrhundert deren Gebeine in kostbaren Schreinen geborgen und auf oder über den Altären der Oberkirche aufgestellt wurden. Nicht unwichtig ist dabei der Wunsch gewesen, den heiligen Ort berühren zu können.

Alsbald entstanden auch Altäre an den ehemaligen Heiligengräbern, die eine Erweiterung der zunächst nur stollenartigen Anlagen erforderlich machten. So entwickelte sich im 10. Jahrhundert nördlich der Alpen die dreischiffige Hallenkrypta, die ab der Mitte des 13. Jahrhunderts mit Einzug der Gotik liturgisch unmodern wurde.

Letzteres gilt auch für das in karolingischer Zeit entwickelte Westwerk, das viele umgedeutete und vereinfachte Nachfolger in der Romanik bis zum Beginn der Gotik haben sollte. Der zentrale Raum, ursprünglich über einer kryptenartigen Eingangshalle gelegen, war an drei Seiten von einer Art Umgang mit Empore darüber umgeben. In ihm stand in der Regel ein Altar, sodass die Interpretation als repräsentative Empore, von der aus das weit entfernte Geschehen am Hauptaltar verfolgt werden konnte, hinfällig ist. Ein erhöhter Platz auf der Empore des Westwerks, von der aus in den zentralen Mittelraum hinabgeblickt werden konnte, ist dagegen vorstellbar und für das karolingische Corvey auch nachgewiesen.

War das Westwerk also ursprünglich eine repräsentative Eigenkirche des Herrschers, gewissermaßen eine dem Kirchenschiff angefügte Aachener Pfalzkapelle? Leider wissen wir fast nichts darüber, außer dass es bis ins 13. Jahrhundert eine lebhafte Nachfolge monumentaler Westbauten und Westemporen mit Altären gab.

Die schon frühzeitig hoch entwickelte differenzierte Liturgie hatte teilweise im Hinblick auf das Jenseits abbildenden Charakter. Davon legt die Vielzahl der Altäre und ihre hieratische Ordnung in der Fläche wie in der Vertikalen Zeugnis ab. In den durch Reliquien auf den Altären anwesenden Heiligen erblickte man reale handelnde Personen. Doch lässt sich daraus nur von Fall zu Fall ein spezifischer Einfluss auf die meist dominante Architektur ableiten.

Romanischer Wehrbau
Burg Gutenfels über Kaub

Auch wenn wir die ausschließliche Bedingtheit der romanischen Bauten durch die Liturgie ablehnen und dagegen den gestalterischen Ausdruckswillen der Baumeister und ihrer Auftraggeber hervorheben, so sollte nicht übersehen werden, dass nach der Vorstellung der Zeitgenossen Liturgie und Architektur eine Einheit bildeten, bei der die Architektur den als Realität empfundenen Tatsachen des Glaubens angemessen und höchst individuell Ausdruck verleihen sollte.

Auf den Kirchenbau konzentrierte sich somit die gesamte gestalterische Kraft mit einer Vielfalt der Formen, die weit über das Notwendige hinausging. Selbst die repräsentativsten Profanbauten, die Königs- und Bischofspfalzen und die Burgen, deren militärische Herrschaftsaussage unmittelbar einleuchtend ist und uns heute noch beeindruckt, bleiben in der künstlerischen Gestaltung und der Qualität ihrer Durchbildung weit hinter Kirchenbauten, selbst mittlerer Größe, zurück. Diese waren auch bautechnisch nicht nur das Größte, sondern auch das Kühnste, was diese Zeit hervorbringen konnte.

Die Bautechnik

Der seit 50 Jahren an industrialisiertes Bauen gewöhnte Laie staunt immer wieder über die großen technischen Leistungen des hohen Mittelalters, insbesondere beim Gewölbebau. Man macht sich

Einführung

Die oberrheinische Zwerggalerie: Ostapsis des Mainzer Doms

dabei nicht klar, dass der grundsätzliche Wandel bei Gerüsten, Hebezeug und Vorproduktion erst nach dem Zweiten Weltkrieg einsetzte. Bis dahin liefen viele Vorgänge im Prinzip wie im Mittelalter ab. Der Einsatz von Maschinenkraft sowohl beim Heben als auch beim Abbruch hat einen grundlegenden Wandel geschaffen.

Der am Seil hängende Quader, der über Rollen und Tretrad hochgezogen wurde, ließ sich trotz seines Gewichtes mit relativ geringem Kraftaufwand genau versetzen. Zwei Quaderschalen bestimmten die Stärke der Mauer, denn dazwischen befindet sich geschichtetes Steinmaterial in reichlichem Mörtelbett. Bögen mussten grundsätzlich über hölzernen Schalungen gemauert werden, ganz ähnlich wie es heute vom gegossenen Beton noch immer bekannt ist. Die Abdrücke der Schalungsbretter sind oft genug bei Gewölben oder Fenstern erhalten geblieben.

Das Gerüst lag auf der hochwachsenden Mauer auf, in der die Riegelbalken rechteckige Löcher in gleicher Höhenlage hinterließen. Manchmal finden sich darin noch die Balken, die – weil frisch geschlagen verwendet – heute, in dendrochronologischen Untersuchungen, genaue Datierungen über die Jahresringe erlauben. Die Werkzeuge zum Richten der Quader sind weitgehend die gleichen geblieben: Meißel, hölzerner Klöppel, Flächbeil

und Zahnfläche beziehungsweise Zahnmeißel. Allerdings werden die Quader heute in vorgesägtem Zustand aus dem Bruch geliefert. Sorgfältig bearbeitet war damals wie heute nur die Sichtfläche.

Die Architekturzeichnungen dürften aus einfachen Linien, in der Regel ohne Angabe der Mauerstärke, bestanden haben. Sie wurden auf Schnursysteme zum Abstecken im Gelände übertragen. Für einzelne Bauglieder wie Halbsäulen, Dienste, Basen, Profile wurden alsbald hölzerne Schablonen benutzt. Statische Berechnungen gab es nicht, weil die physikalischen und mathematischen Voraussetzungen noch nicht entwickelt waren. Hier half die Erfahrung und gelegentlich das Experiment.

Nach einer langen Phase mit zum Teil grafischen Verfahren in der Neuzeit entwickelte sich die gerechnete Statik erst im Laufe des 19. Jahrhunderts. Trotzdem fand man zu hervorragenden technischen Lösungen. So wurden in der Mauerstärke hölzerne Anker eingemauert, die Zugkräfte aufnehmen konnten. Teilweise wurden sie quer durch den Raum gespannt, was unser heutiges ästhetisches Gefühl verletzen mag. In vielen Bauten haben sich die Kanäle der Anker erhalten, nachdem das Holz vergangen ist.

Ungeklärt ist die Frage der Kontinuität des Mauerbaus mit Steinen und Mörtel in der Völkerwanderungszeit. Offenbar gab es in den weiter existierenden Städten Handwerker, die diesen beherrschten. Zu technologischen Hochleistungen der Frühzeit wie der Pfalzkapelle Karls des Großen in Aachen wurde vermutlich auf mediterrane Kräfte zurückgegriffen, weil jenen die Kontinuität gegeben war. Bei entsprechender Finanzierung war es schon frühzeitig möglich, steinmetzmäßige Höchstleistungen wie an der Lorscher Torhalle zu vollbringen.

Generell sind vor 1000 die Flächen der Wände aus hammerrechtem Kleinquaderwerk, das in aller Regel verputzt wurde, möglicherweise mit aufgemalten Fugen. Nur bei Kanten und architektonischen Gliedern ist die Verwendung großer Quader schon früh zu beobachten. Noch innerhalb von Bau I ist in Speyer der Übergang zu Flächen und Bögen aus großen Quadern abzulesen, offenbar aus Gründen gesteigerten Anspruchs. Bei bescheideneren Bauten oder abgewandten Seiten blieb auch danach der Putzbau die Regel.

Das lange Zögern bei der Übernahme des Gewölbebaus hat weniger mit technologischem Unvermögen zu tun, als mit dem Festhalten an der ungewölbten altchristlichen Basilika. Bei großen Apsiskalotten und gewölbten Zentralbauten wie in Aachen wurde die Technik schon frühzeitig perfekt beherrscht. Also dürfte die Bindung an die Tradition maßgeblich gewesen sein. Teilweise wurde die Wölbung als Auszeichnung verstanden und zunächst nur über dem Hochaltar im Chor eingeführt.

Der Übergang zu vollständigen Einwölbungen in der zweiten Hälfte des 12. Jahrhunderts bedeutete einen Bruch mit der Tradition aus ästhetischen Gründen wegen der Geschlossenheit der Steinarchitektur, aber auch aus praktischen Gründen des Brandschutzes. Manche Bauten haben im Zweiten Weltkrieg ein letztes Mal die Qualität ihrer Gewölbe unter Beweis gestellt, sofern sie nicht von Sprengbomben getroffen wurden.

Das verwendete Baumaterial trennt die beiden Hauptregionen des Rheinlaufs. Am gesamten Oberrhein handelt es sich um roten oder gelben Sandstein aus den entsprechenden Lagen der Randgebirge. Bis in das 12. Jahrhundert wurde insbesondere roter Sandstein als kostbares Baumaterial zu Schiff an den Niederrhein transportiert.

Das dort vorherrschende Baumaterial ist vulkanischer Tuff, im Backsteinformat geschnitten, und harter Trachyt für Kanten und Gliederungen. Der feuchtigkeitsanfällige Tuff wurde natürlich verputzt. An seiner Stelle wurde am Mittelrhein in der Regel für die Flächen Schieferbruchstein verwendet. Wegen seiner Leichtigkeit war der Tuff im Gewölbebau beliebt und wurde daher schon frühzeitig an den Oberrhein verschifft und ist dort immer wieder als Import anzutreffen, so etwa bei der großen Tonne über dem Chor von Speyer (Bau I).

Die Farbigkeit romanischer Bauten

Schon bei der ersten großen Restaurierungswelle des 19. Jahrhunderts war bekannt, dass die romanischen Kirchen nicht steinsichtig waren. Eine überreiche Dekorationsmalerei, manchmal basierend auf historischen Befunden, versuchte die Verluste auszugleichen. Der unhistorische Purismus, die Aversion gegen den Historismus führten im 20. Jahrhundert zur Steinsichtigkeit von Rohbauten.

Die grundsätzliche Anwendung von Putzflächen innen wie außen am Mittel- und Niederrhein hatten vermutlich in antiker Tradition eine lebhafte Farbigkeit zur Folge. Bei nur wenigen Bauten hat sie sich, wenn auch stark restauriert, erhalten, so in Schwarzrheindorf, Limburg an der Lahn (in der Abbildung S. 19 offenbart der Blick in Südquerarm und Langhaus den viergeschossigen Aufriss als Mischung von Niederrheinischem mit nordfranzösischer Gotik) und der Taufkapelle von St. Gereon in Köln. Die gliedernden Elemente sind meist durch besondere Farbsysteme hervorgehoben. Die weißen Flächen werden vor allem am Außenbau durch kräftige rote Gliederungen gerahmt, die ihrerseits mit Fugen versehen sind. Im 13. Jahrhundert ist nicht selten ein zarter rosa Farbton mit weißen Fugen und elfenbeinfarbenen Gliederungen nachzuweisen. Bei vielen Bauten wurden inzwischen als Analogie Farbfassungen rekonstruiert, was sicher auch als eine ästhetische Parallele zur sich entwickelnden Farbfotografie zu verstehen ist.

Am Oberrhein sind die Verhältnisse weit weniger eindeutig. Der wilde Farbwechsel von Rot und Gelb in den Pfeilern des Langhauses von Bau I in Speyer war sicher von einem Farbüberzug bedeckt und ausgeglichen. Ob die Verteilung im Obergaden – Rot

Erhaltene, gut restaurierte Farbigkeit in Limburg/Lahn, Blick in Südquerarm und Langhaus

für die Pfeilervorlagen und Gelb für die Halbsäulen – den Ausgangspunkt für ein regelrechtes System bildete, ist nicht bekannt. Sicher war jedoch der Farbwechsel in den Bögen beabsichtigt und durch Retuschen regularisiert. Vor Verallgemeinerungen muss jedoch gewarnt werden, zumal sich dort in der Krypta ein weiß getünchter Schildbogen mit rotem Rankenornament erhalten hat.

Auf der Limburg waren die zum Teil unregelmäßigen Kanten leuchtend rot, der Putz gelb und die Fenster mit weißen Rahmungen versehen. In Hersfeld sind die unregelmäßigen Kantenquader durch eine senkrecht verlaufende Putzkante regularisiert. Rosa Tünche überdeckt das Quaderwerk der Zisterzienserabtei in Maulbronn. Eine zusammenfassende Untersuchung der Befunde steht aus. In manchen Fällen dürfte das uns vertraute Bild sehr anders und überraschend gewesen sein.

Insgesamt wissen wir heute, dass Farbfassungen, genau wie bei Skulpturen, das Bauwerk interpretieren und seine steinerne Schwere entmaterialisieren. Dies mit zu bedenken ist nicht immer leicht. Die Ausstattung mit großen Wandbildern wie in Oberzell auf der Reichenau, St. Maria Lyskirchen in Köln und Schwarzrheindorf dürfte nicht die Regel gewesen sein, weil die Anbringung von *Picturae* in den Quellen häufiger als Besonderheit hervorgehoben wird. Oft dürfte es sich nur um Einzelbilder oder Einzelfiguren etwa an den Pfeilern gehandelt haben, wo sie über den dort aufgestellten Altären als Vorläufer späterer Altaraufsätze dienten.

Die zunehmende Gliederung der glatten Wandflächen wirkte großen Malereizyklen entgegen.

Ober- und Niederrhein

Für die Epoche der Romanik bilden Ober- und Niederrhein die beiden jeweils übergreifenden Architekturlandschaften. Auch wenn am Anfang des 11. Jahrhunderts das Verbindende stärker sein mag als das Trennende, so zeichnet sich mit dem Umbau des Domes in Speyer um 1080 nicht nur die zweite Epoche der Romanik ab, sondern auch die Herausbildung von charakteristischen Merkmalen des Oberrheingebietes, nämlich Steigerung der Mauerstärken und Zunahme plastischer Werte durch Reichtum der Profilbildung. Damit im Zusammenhang steht die Entwicklung einer zweischaligen Mauerstruktur, die durch Mauerkapellen im Innern und die Zwerggalerie im Äußeren anschaulich wird und plastische wie raumhaltige Elemente integriert. Sie ist allerdings nur in Speyer voll entwickelt und bleibt sonst vornehmlich auf die Apsisgalerien beschränkt.

Die Zwerggalerie des Oberrheins öffnet sich in voller Höhe nach außen. Bei ihr tragen Säulen Steinbalken, auf denen quergestellte kleine Tonnengewölbe ruhen. Nach einem vereinzelten Vorspiel in Trier um 1040 greift auch der Niederrhein mit den Apsiden von Bonn und St. Gereon in Köln rund 70 Jahre nach Speyer um 1150 die Zwerggalerie auf. Sie öffnet sich jedoch nicht voll nach außen, sondern besteht aus einem hohen Laufgang mit Brüstung und Längstonne mit zierlichen Arkaden, deren rhythmisch angeordnete Säulchen auf der Brüstung stehen. Von außen sind nur diese kleinen Öffnungen zu sehen, die in eine dunkle Schattenzone führen und meist die Rückwand nicht mehr erkennen lassen. Die filigrane Dünnschaligkeit ersetzt die pralle Plastizität des Oberrheins.

Ab 1170 (Köln, Groß St. Martin) setzt sich die Zweischaligkeit am Niederrhein auch im Innern von Apsiden und Trikonchosanlagen durch, später sogar auch an Obergaden mit Laufgängen auf zierlichen Säulen und Pfeilerstellungen, und nähert sich damit frühgotischen Konstruktionen in Nordfrankreich, aber auch England an. Dies blieb dem Oberrhein versagt. Charakteristisch für den Niederrhein ist zudem ab 1150 die Abwandlung der großen Blendarkaden der Speyerer Apsis in zwei übereinander liegende Geschosse, bei denen zunächst die Säulchen übereinander stehen, später zwei vollständige Blendarkaturen übereinander angeordnet werden, von denen nur die obere durch Säulchen ausgezeichnet ist. Diese Doppelgeschossigkeit wird auch ins Innere übertragen und unterstützt die Entwicklung der Laufgänge.

Bei der Entwicklung des Gewölbebaus geht ab 1080 wiederum der Oberrhein mit Speyer, alsbald darauf aber auch mit Mainz, Worms und dem Elsass dem Niederrhein voran, wo ab 1130/40 Knechtsteden und Brauweiler folgen. Möglicherweise gestützt auf das Vorbild Speyer wird grundsätzlich das gebundene System angewandt, das auch in Oberitalien dominiert. Ausnahmen sind Maria Laach und später das Bonner Münster. Der Stützenwechsel ist am Niederrhein stärker ausgeprägt. Der dreigeschossige Wandaufriss bildet am Oberrhein die Ausnahme: ganz versteckt in Mainz, mit deutlicheren Ansätzen in Worms und den Emporen in Basel. Am Niederrhein prägt er sehr viel stärker das Bild, nicht nur durch die zahlreichen Emporenanlagen seit 1140 (Köln, St. Ursula) mit besonderer Betonung des Mittelrheins, sondern auch durch Blend- oder Nischentriforien (Brauweiler) bis hin zu echten zweischaligen Laufgangkonstruktionen im Sinne nordfranzösischer Triforien (Bonn; Köln, Groß St. Martin). Im Einzelfall wird sogar der viergeschossige Aufriss übernommen (Limburg; Bacharach).

Rekonstruierte Farbigkeit des Äußeren: Schwarzrheindorf von Nordosten mit zierlicher niederrheinischer Galerie

Auch hierin ist also der Niederrhein enger mit den westlichen Entwicklungen verbunden.

Beiden Regionen gemeinsam und auf karolingischem Erbe fußend sind die zahlreichen bedeutenden Westbauten. Am Oberrhein stehen sie mehr oder minder in der Nachfolge von Speyer. Seit dem Anfang des 11. Jahrhunderts erscheint daneben die Doppelturmfassade. Am Niederrhein ist nicht nur die Zahl, sondern auch die Variationsbreite größer, ausgehend von echten Westwerken wie St. Pantaleon in Köln, daneben Dreiturmgruppen, Westchorhallen in Kombination mit Doppeltürmen, Querriegeln mit inneren Emporen und aufgesetzten Türmen sowie entsprechenden Mischformen. Häufig tritt auch der Einzelturm auf, zum Teil mit flankierenden doppelgeschossigen Kapellen.

So darf man feststellen, dass die beiden Architekturlandschaften seit dem Ende des 11. Jahrhunderts, insbesondere seit der Mitte des 12. Jahrhunderts, trotz grundlegender Gemeinsamkeiten getrennte Wege gingen, die sie unverwechselbar machten.

Zwischen Bodensee und Basel

Mit dem Rheinlauf zwischen Bodensee und Basel verbindet man außer dem berühmten Rheinfall bei Schaffhausen im Allgemeinen wenig. Letzterer verdeutlicht, dass sich der Fluss, aus den Alpen kommend, abermals zwischen zwei Gebirgen hindurchzwängt: den Südhängen des Schwarzwalds und den Nordhängen des Jura. Heute verläuft hier die Nordgrenze der Schweiz mit gelegentlichem Ausgreifen auf das Nordufer. Diese Grenze ist relativ jung und besagt für das hohe Mittelalter wenig.

Es ist die Region der Alemannen, die sich erst allmählich in Südbadener, Schweizer und Oberschwaben aufteilten. Ein bedeutsamer Verkehrsweg entlang des Flusses entwickelte sich nicht, dieser verlief südlich des Jura. Noch heute bildet der Bodensee einen eigenständigen Raum, der sich nach Norden und Süden orientiert, aber kaum Beziehungen zum Westen hat. Auch in späteren Jahrhunderten ist Seeschwaben deutlich vom Oberrheingebiet von Basel rheinabwärts zu trennen. Dazwischen liegt der Schwarzwald. Insofern ist es verständlich, wenn sich unter diesen Voraussetzungen in dem Abschnitt keine eigenständige Baukunst entwickelte.

Andererseits ist der Bodensee auch ein Teil des Rheinlaufs, sodass er mit seinen frühen und bedeutsamen kulturellen Zentren nicht übergangen werden darf. Von dem in der Schweiz gelegenen St. Gallen ist frühe Buchmalerei von hoher Qualität und der Grundriss einer karolingischen Klosterkirche bekannt, ganz zu schweigen von dem berühmten St. Galler Klosterplan, der auf der Reichenau entstand. Diese Insel im Untersee ist ein weiterer monastischer Schwerpunkt mit drei erhaltenen Kirchen. Außer auf wichtige Geschichtsschreiber wie Walahfried Strabo geht ihr Ruhm auf die Buchmalerei der Zeit um 1000 zurück, die Zeugnis ablegt für die führende Stellung der ottonischen Buchmalerei in Europa.

Daneben ist aber auch die Bedeutung von Konstanz als Bischofs- und Reichsstadt zu bedenken. Die Abgeschiedenheit der heutigen Exklave auf dem südlichen Seeufer als äußerster Zipfel Deutschlands vermittelt einen völlig falschen Eindruck von der historischen Realität. Das große Münster, eigentlich der Dom, vertritt monumental die frühe Romanik, zeigt aber vor allem in seinen Kapitellen, Basen und Kämpfern, ebenso wie die kleinere Schwester in Stein am Rhein, ungewöhnlich weit entwickelte Detailformen. Von ihnen ist in der strengen hirsauisch geprägten Klosterkirche im benachbarten Schaffhausen nichts zu spüren. Wie in Alpirsbach auf der Schwarzwaldhöhe herrscht hier die einfache Hochromanik der Salierzeit, die für die oberrheinische Architektur in der zweiten Hälfte des 11. Jahrhunderts prägend ist. Mit seinem dreiteiligen Chor und den gerade geschlossenen Nebenchören nimmt es jedoch eine vermittelnde Stellung ein. Dieser Typ tritt bereits früh in Konstanz auf, wird aber in Hirsau und Schaffhausen dahingehend abgewandelt, dass nunmehr Arkaden die Verbindung zwischen Haupt- und Nebenchören herstellen. Dieser Chortyp, oft zu Unrecht als »benediktinisch« bezeichnet, sollte im 12. Jahrhundert zu einer im deutschen Sprachgebiet besonders beliebten Lösung werden. Aufgrund der frühen Entstehungszeit hat keiner der genannten Bauten Anteil an der Entwicklung des Gewölbebaus. Abgesehen von dem prächtigen Turm in Schaffhausen, bleibt die Epoche der Spätromanik gänzlich ausgeblendet. Zwischen Schaffhausen und Basel hat die Romanik bis auf die nur auf die Krypta und wenige Reste reduzierte Kirche in Säckingen kaum Spuren hinterlassen.

Niederzell, St. Peter und Paul, Ansicht von Süden

Konstanz
St. Maria und Pelagius

Die heutige Lage von Konstanz als deutsche Exklave auf dem schweizerischen Südufer des Bodensees lässt vergessen, dass hier bis zum Ende des alten Reiches das Bistum für große Teile des alemannischen Raumes angesiedelt war, um 590 gegründet durch den alemannischen Herzog. Seit vorgeschichtlicher Zeit besiedelt, lag hier ein keltischer Ort, aus dem im 1. Jahrhundert n. Chr. eine römische Siedlung hervorging. Benannt nach Kaiser Constantius II. (373–361), entstand ein spätrömisches Kastell, dessen Name Constantia seit dem frühen 6. Jahrhundert überliefert ist.

Seit 615 ist die Bischofskirche bezeugt. 926 zerstörten die Ungarn die Stadt, die danach in der Reichsgeschichte eine bedeutende Rolle spielte. 1212 öffnete sie als erste dem jungen Staufer Friedrich II. die Tore und verdeutlichte damit die neue Stellung der Städte im Reich. 1414 bis 1418 tagte im Münster das Konstanzer Konzil, das unter anderem den böhmischen Vorreformator Johannes Hus zum Tod auf dem Scheiterhaufen verurteilte. 1821 wurde das Bistum aufgehoben und nach Freiburg im Breisgau verlegt.

Von einem vorromanischen Bau stammt die eigenartige Krypta. Ihre langen Stollenzugänge beginnen am Ostende der Seitenschiffe und führen unter den Querarmen hindurch unter die Nebenchöre, wo sie sich zu kleinen Kapellen erweitern. Von dort verbindet sie ein Querstollen im rechten Winkel, der unter dem Hauptchor eine kleine rechteckige Hallenkrypta mit sechs Stützen durchquert. Der Abstand der Stollen setzt einen großen Vorgängerbau von 23 m Breite voraus. Umstritten ist die Datierung der Ostteile der Krypta: Einerseits ist ein derartig u-förmig geführter Stollen aus der karolingischen Klosterkirche von St. Gallen bekannt, andererseits ist der Typ der Hallenkrypta kaum vor 1000 zu erwarten. Da der Raum ursprünglich nur vier Säulen aufwies und erst im 12. Jahrhundert auf sechs Säulen nach Westen erweitert wurde, ergibt sich ein Vergleich zu Reichenau-Oberzell. Dazu passen Baunachrichten aus der Zeit Bischof Lamberts (959–1018).

Ein vollständiger Neubau wurde nach einem Einsturz 1052 notwendig. 1065 konnte ein Querhausaltar geweiht werden, 1089 erfolgte die Gesamtweihe. Dieser Bau bildet trotz tief greifender Veränderungen den Kern des heutigen Münsters. Er weist alle Merkmale der romanischen Architektur und des Oberrheins auf. Die lang gestreckte Säulenbasilika mit ausgeschiedener quadratischer Vierung und quadratischen Querarmen besitzt einen dreiteiligen Chor, der im Osten mit gerader Flucht schließt. Der wiederum quadratische Hauptchor der ehemals bischöflichen Kathedralkirche wird von zwei längsrechteckigen Nebenchören begleitet. Vergleiche mit der ein Vierteljahrhundert älteren Klosterkirche Limburg an der Haardt, aber auch mit dem jüngeren Hirsau bieten sich an.

Heute besteht der Westbau aus einer Doppelturmfront, die durch einen gotischen Mittelteil zu einem Querriegel zusammengefasst und von einem mittleren Turm des 19. Jahrhunderts bekrönt wird. Es ist unklar, ob das romanische Münster eine Doppelturmfassade erhalten sollte. Ausgeführt wurde nur der Nordturm, der 1128 einstürzte und in seinem oberen Teil wieder aufgebaut wurde. Der Südturm wurde erst Anfang des 14. Jahrhunderts errichtet. Er besaß vermutlich keinen romanischen Vorgänger.

In den folgenden Jahrhunderten wurde das Münster stark verändert, sodass vom Außenbau nur der Obergaden und Teile des nördlichen Querhauses in ihrer ursprünglichen Form zu erkennen sind. Die Seitenschiffe wurden nicht nur eingewölbt, sondern spätgotische Kapellenreihen wurden auf beiden Seiten angefügt. Auch die Ostteile erhielten innen reich figurierte spätgotische Gewölbe und entsprechende Fenster. Als letzter Hauptraum wurde das Mittelschiff 1680 mit einem spätgotisch wirkenden Parallelrippengewölbe ausgestattet.

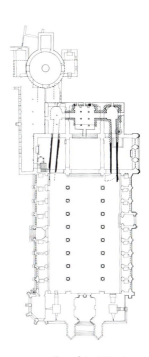

Grundriss Münster und Mauritiusrotunde, nach Hecht, Reisser, Eggenberger, Stöckli

Krypta – Blick nach Osten

Mittelschiff nach Osten

darstellen, das als kleinere Imitation mit reichem Figurenzyklus um 1280 in ihr aufgestellt wurde. Ursprünglich besaß der kreisrunde Zentralbau, der noch Bausubstanz aus dem 10. Jahrhundert enthält, vier Kreuzarme und bildet damit das älteste erhaltene Beispiel unter den Nachbildungen des Heiligen Grabes.

Krypta Der östliche, ältere Teil weist basislose Säulen und flache, verschliffene Kapitellformen mit flächiger Palmettenblattauflage auf. Altertümlich sind auch die gurtbogenlosen Durchdringungsgewölbe, die noch nicht die klare Form des Kreuzgratgewölbes besitzen.

Die feuervergoldeten Medaillons aus Kupferblech, die ehemals den Ostgiebel schmückten, sind einzigartig. Das mittlere ist das älteste und zeigt den thronenden Christus. Ihrer strengen Stilisierung nach dürften sie zwischen der Mitte des 11. und dem Anfang des 12. Jahrhunderts entstanden sein.

Langhaus Trotz der gotisierenden Barockgewölbe anstelle der ursprünglichen Flachdecke hat der Raum seinen strengen hochromanischen Charakter bewahrt. Eindrucksvoll die lange Reihe der Säulenarkaden, die durch Quaderung bis zum Horizontalgesims hervorgehoben wird. Besonders markant sind die der Würfelform angenäherten, achteckigen Polsterkapitelle mit aufgelegten Halbkreisschilden, die deutlich belegen, dass hier bereits die strenge stereometrische Form des Würfelkapitells dekorativ uminterpretiert ist. Dafür wurde der unbefriedigende Übergang zu den einfachen Arkadenbögen in Kauf genommen.

Die Grundform der Kapitelle wurde möglicherweise aus der nur in Zeichnungen überlieferten, 1050 geweihten Stiftskirche in Goslar übernommen. Angesichts der entwickelten Kämpferprofile und der Eckzehen bei den Basen, die die frühesten bekannten Beispiele darstellen, könnte der ganze Bau stilistisch Ende des 11. Jahrhunderts/Anfang des 12. Jahrhunderts datiert werden, doch bieten die Schriftquellen nur 1052 bis 1089 als Möglichkeit an.

Unmittelbar östlich vor dem nördlichen Nebenchor wurde vermutlich unter Bischof Konrad dem Heiligen (934–975) die Mauritiusrotunde errichtet, nachdem er dreimal nach Jerusalem gepilgert war. Sie sollte eine Nachbildung des Heiligen Grabes

Die Reichenau

In der Epoche seiner Blüte vom 9. bis zum 11. Jahrhundert bildete das Inselkloster im Bodensee einen der wichtigsten Mittelpunkte für die Entwicklung von Kultur und Kunst des südwestdeutschen Raumes. Die Namen seiner drei fast eine Familie bildenden Kirchen in Ober-, Mittel- und Niederzell deuten darauf hin, dass es hier vielleicht schon vor der Gründung durch den heiligen Pirmin, einen iro-fränkischen Abtbischof, Zellen von Einsiedlern gegeben haben mag. Die Stiftung steht im Zusammenhang der politischen und kirchlichen Neuordnung nach Unterwerfung der Alemannen durch den fränkischen Regenten Karl Martell.

Erster bedeutender Abt war Waldo (786 bis 806), Begründer der Reichenauer Gelehrtenschule und Bibliothek, Erzieher und Berater des ältesten Sohnes Karls des Großen, Bischof der langobardischen Hauptstadt Pavia und später Abt von St. Denis. Unter seinem Nachfolger Abt Heito (Hatto) I. (806 bis 823) wuchs die Bibliothek zu einer der größten des Abendlandes.

Um 830 entstand auf der Reichenau – als Geschenk und Vorschlag für den Neubau des Klosters St. Gallen südlich des Bodensees – der berühmte und einzigartige Klosterplan, der in der rasterartigen Anordnung eines römischen Legionslagers die Gesamtanlage eines autarken Klosters mit allen Wirtschaftsbetrieben wie ein Schema auf dem Reißbrett wiedergibt. Er vermittelt eine inhaltliche wie technische Vorstellung eines Klosterbetriebes der Karolingerzeit, der für die abendländische Kultur- und Wirtschaftsentwicklung so außerordentlich wichtig war. Eng mit dem karolingischen Herrscherhaus verbunden, insbesondere mit Ludwig dem Frommen und seinen Söhnen, in deren Kämpfe er eingriff, war der Dichter Walahfried Strabo, Abt von 842 bis 849. Durch Schenkungen Kaiser Karls des Dicken, der in der Klosterkirche begraben wurde, wuchs der Besitz des Klosters in der zweiten Hälfte des 9. Jahrhunderts enorm. Abt Hatto III. (888–913) wurde Erzbischof von Mainz und Erzkanzler des Reiches. Unter ihm entstand die Georgskirche in Oberzell.

Eine weitere glanzvolle Periode bildeten die Jahrzehnte vor und nach der Jahrtausendwende, als auf der Reichenau die bedeutendsten Buchmalereien der ottonischen Dynastie entstanden. Neben den Handschriften der Hof- und Palastschule Karls des Großen und seiner Enkel dürfen die im kaiserlichen Auftrag geschaffenen illuminierten Codices der Reichenau als die herausragenden des frühen Hochmittelalters angesehen werden. Ihre Stellung zwischen Erfindungsreichtum, Expressivität, Feinheit der Ausführung einerseits und beginnender Stilisierung andererseits signalisiert die Wende zur Romanik (Evangeliar Ottos III., Perikopenbuch Heinrichs II., Bamberger Apokalypse, Aachener Ottonen-Evangeliar u. a.).

Die fast vollständig erhaltene Ausmalung von St. Georg in Oberzell mit großen Wandbildern und reicher Ornamentik sowie die in der Sylvesterkapelle in Goldbach sind einzigartige Zeugen der auf der Reichenau blühenden Bildkünste der ottonischen Zeit.

Nachdem zunächst eine Gleichstellung mit dem Bischof von Konstanz erreicht worden war, führten ab dem 13. Jahrhundert eine enge Verbindung mit dem Bischofssitz und die Konkurrenz der Zisterzienser von Salem nördlich des Sees zu einem kontinuierlichen Abstieg, erst zum Priorat und 1757 zur Auflösung. Der Besitz ging mit der Aufhebung des Bistums Konstanz 1803 an den badischen Staat.

Mittelzell
St. Maria und Markus
(ehemals auch St. Petrus und Paulus)

Der erste Bau von 724 lag in der Nordhälfte der heutigen Anlage und war eine Saalkirche mit stark abgetrenntem eingezogenem Rechteckchor. Sie wurde bald auf die stattliche Länge von 49 m erweitert. Die nachfolgende Baugeschichte ist ungewöhnlich kompliziert und in der Forschung zum Teil kontrovers diskutiert worden. Nach den scharfen, zum Teil eingreifenden Restaurierungen der letzten Jahrzehnte ist sie am Bau kaum noch ablesbar, muss aber wegen markanter Besonderheiten zusammenfassend referiert werden.

816 wurde ein vollständiger Neubau geweiht, eine dreischiffige Basilika mit kurzem Langhaus, schmalen Seitenschiffen und einem Querhaus gleicher Höhe und fast quadratischen Querarmen. Diese und die ebenfalls fast quadratische ausgeschiedene Vierung mit kreuzförmigen Pfeilern blieben weitgehend unverändert erhalten, Letztere gab die breit lagernden Raumproportionen für den Bau auch in späteren Abschnitten vor. Ob sie einen Vierungsturm trug, wie allgemein angenommen, ist ungesichert. Die ausgeschiedene Vierung mit vier gleich hohen Bögen ist in dieser frühen Zeit singulär und nimmt ein Prinzip vorweg, das erst zwei Jahrhunderte später mit der Romanik allgemeine Verbreitung fand. Dies gilt auch für das östlich anschließende, wiederum fast quadratische Altarhaus, dessen Längswände stehen blieben. Einzigartig war

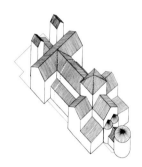

Mittelzell, Abteikirche nach Umbauten unter Hatto III.

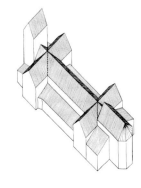

Mittelzell, heutiger Zustand mit spätgotischem Chor, Rek. Erdmann/Zchg. Widmann

Mittelzell, Grundriss

Mittelzell, »Apsisturm« – seitliche Vorhallen und südwestlicher Querarm von Südwesten

der östliche Abschluss mit zwei parallelen hufeisenförmigen Apsiden, in denen offenbar die Altäre der beiden Apostelfürsten standen, während der Marienaltar davor frei stehend nachgewiesen ist.

In kurzem Abstand wurde vor der Westfassade auf erheblich stärkeren Fundamenten ein mächtiger Westbau errichtet, der in seiner T-förmigen Grundrissgestalt mit in den Winkeln eingestellten Türmen eine gewisse Ähnlichkeit mit dem Westwerk von St. Pantaleon in Köln aufweist. Da er jedoch vollständig verschwunden ist, kann nichts über die innere Struktur gesagt werden. Ebenso schwankt die Datierung zwischen dem Ende des 9. und dem des 10. Jahrhunderts. Im Osten wurde außen vor den Doppelapsiden eine große Chorscheitelrotunde, ähnlich wie in St. Kastor in Koblenz, in der ersten Hälfte des 10. Jahrhunderts angefügt, die bis zum Neubau des gotischen Chores bestand.

Zwischen 988 und 993 wurde der Westbau, von dem nicht bekannt ist, ob er jemals ausgeführt war, durch eine Verlängerung des Langhauses mit längsrechteckigen Pfeilern und eine erhebliche Verbreiterung der Seitenschiffe auf das heutige Maß ersetzt.

Durch Quellen sind Treppentürme und eine hoch liegende Michaelskapelle überliefert. Seine endgültige Gestalt erhielt der Bau nach einem Brand 1006 durch die Erweiterung um ein zweites, westliches Querhaus mit ausgeschiedener Vierung (wie in St. Michael in Hildesheim) und einer direkt anschließenden Westapsis, sodass sich nunmehr eine eindeutige Doppelchoranlage ergab.

Über der Westapsis wurde ein mächtiger querrechteckiger Westturm errichtet, der diese nicht nur ummantelt, sondern der um fast das doppelte Maß nach Westen vortritt. Die so entstandenen gewaltigen Mauermassive sind ausgehöhlt durch eine kleine quadratische Empore im Apsisscheitel, die vermutlich der Präsentation von Markusreliquien diente, und zwei gewaltige seitliche Treppenaufgänge, von denen aus eine obere Kapelle (St. Michael) erreichbar ist. Seitlich flankiert wird der »Apsisturm« von großen, offenen Vorhallen vor den beiden Portalen zum Westquerhaus. Über den Vorhallen, die sich außen mit Pultdächern an das Querhaus anlehnen, sind Emporen angeordnet, die sich zum Querhaus mit schönen Viererarkaden öffnen. Eine Weihe ist für 1048 überliefert.

Die Doppelchoranlage mit Westquerhaus, Westeingängen und ehemals kleinen Nebenapsiden am Westquerhaus lässt an den spätkarolingischen Dom zu Köln denken. Die Anlage des Apsisturmes mit der Verschiebung seines Grundrisses im Verhältnis zur Apsis und den beiden Treppentürmen mit Westempore erinnert an das fast gleichzeitige Westwerk des Essener Münsters, aber auch an die Ostapsis des Wernher-Baus in Straßburg (1015). Der dort nach dem Reichenauer Modell stets rekonstruierte Turm ist eher unwahrscheinlich. Offenbar gab es auf der Reichenau Bestrebungen, jeweils alle aktuellen Strömungen in die Neubauten zu integrieren.

Ab 1172 wurde der östliche Teil des Langhauses erneuert, und dabei wurden die zugehörigen Seitenschiffarkaden geschlossen. Nach einem Brand 1235 wurde über dem Mittelschiff der heutige offene Dachstuhl errichtet, der an eine Holztonne erinnert und erst seit den jüngsten Restaurierungen wieder zu sehen ist. Der gotische Anbau eines Chorpolygons, dem die Doppelapsiden und die Rotunde weichen mussten, erfolgte ab 1447 in zwei Etappen bis zur Weihe 1477.

Die Mittelschiffarkaden und ihre Pfeiler, die nun einen quadratischen Querschnitt erhielten, wurden 1688 ausgewechselt. Sämtliche Fenster des Langhauses wurden dabei in barocke Okuli verwandelt. Diese Maßnahme wurde bei der jüngsten Restaurierung rückgängig gemacht, doch gab es für Größe und Gewände der neuen Rundbogenfenster keine sicheren Anhaltspunkte.

Apsisturm Die leider vollständig erneuerten durchlaufenden Lisenen mit den horizontalen Bogenfriesen am Turm lassen die Entstehung im 11. Jahrhundert erkennen. Das abrupte Ende dieser Gliederung unter den Schallarkaden weist auf einen Planwechsel hin. Charakteristisch ist das quer laufende Satteldach, dessen Krüppelwalm allerdings erst jüngeren Datums ist. Die kleinen Fenster in den Seitenachsen des Turmes markieren die Lage der Wendeltreppen, der obere Okulus beleuchtet die Michaelskapelle.

Innenraum Mit den gedrungenen Proportionen von Mittelschiff und beiden Vierungen setzt sich der karolingische Raum als Vorbedingung bis in das 11. Jahrhundert durch. Die Mittelschiffarkaden stammen von 1688, die Fenster vom Ende des 20. Jahrhunderts. Der beeindruckende offene Dachstuhl von 1236 weitet den Raum. Mit seinem bogenförmigen Gespärre unter Kehlbalken und Dachfüßen deutet er die Form einer hölzernen Tonne an, die bei Auskleidung mit Brettern entstehen würde.

Oberzell
St. Georg

Wegen ihres hohen Alters und der erhaltenen Ausmalung im Langhaus zählt die kleine Basilika zu den Inkunabeln der Kunstgeschichte. Sie wurde unter Hatto III. (888–913), gleichzeitig Erzbischof von Mainz, errichtet und zur Weihe 896 mit einer Georgs-Reliquie ausgestattet, die er als Geschenk erhalten hatte. Vermutlich lebte hier zunächst eine kleine Gruppe von Reichenauer Mönchen, aus der Anfang des 11. Jahrhunderts ein Konvent von Regularkanonikern hervorging. Der großenteils erhaltene Ursprungsbau besteht aus einer dreischiffigen Basilika mit nur vier Säulenarkaden, die östlich in langen geschlossenen Mauerabschnitten enden, da hier das hohe Bodenniveau der Vierung in das Mittelschiff hineinreicht. Es überdeckt die winkelförmigen Zugänge zur Krypta.

Der Vierungsbereich ist schmaler als das Mittelschiff, jedoch breiter als der kleine quadratische Chor. Er ist durch weit vortretende Mauerzungen von den umgebenden Räumen zellenartig abgetrennt und war vermutlich dazu bestimmt, einen Turm zu tragen. Der jetzige ist in seiner Bausubstanz jedoch spätmittelalterlich. Die Querarme, die nicht aus der Flucht der Seitenschiffe vortraten, hatten anfänglich wohl die Form halbkreisförmiger Konchen. Sie wurden fast vollständig beseitigt, sodass die Seitenschiffe im Osten gerade schließen und ihr Dach über die ehemaligen Querarme hinweggezogen ist. Nur die schlanken Öffnungen zu den Querarmen sind in der »Vierung« noch ablesbar.

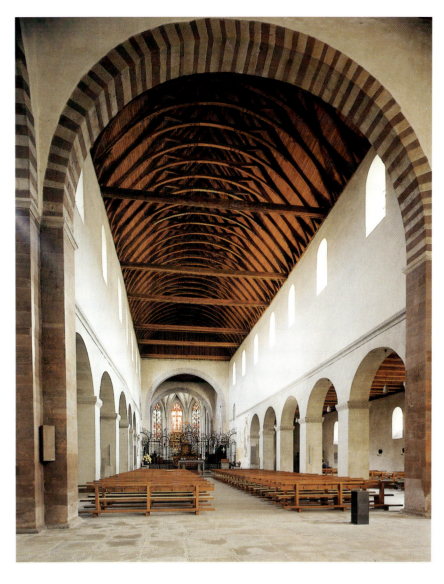

Vermutlich geht auch der kleine quadratische Chorraum auf eine Veränderung um 1000 zurück, wobei unklar ist, ob er eine Ostkonche ersetzte. Unter ihm wurde eine kleine Hallenkrypta mit vier Säulen angelegt, die mittels eines langen tonnengewölbten Stollens unter der Vierung hindurch mit den winkelförmigen Zugängen verbunden wurde.

Nur wenige Jahre später wurde der Westabschluss um eine Apsis erweitert, die von Anfang an nicht als Doppelchoranlage gedacht war, sondern als Eingangskonche dienen sollte, denn das Portal ist in der Achse in den Bauverband integriert. Die seitlich angeordneten Fenster sowie die beiden Zwillingsöffnungen neben der Mittelachse beziehen sich auf die schmale lang gestreckte doppelgeschossige Vorhalle, deren Obergeschoss an der Außenseite der Apsis einen Altar mit zugehöriger Nische aufweist. Zu dessen Seiten stellen die Zwillingsöffnungen, wie bei Westemporen häufig, die Verbindung zum Inneren her. Die Wandfläche über

Mittelzell, Innenraum – Blick von der Westvierung nach Osten

Oberzell, Grundriss (u.) mit Krypta (o.), nach Jacobsen

Oberzell, Außenansicht von Südosten

Oberzell, Krypta unter dem Ostchor

beziehen. Medaillons und Ornamentik der Arkadenzone sind ebenso wie die großen Standfiguren zwischen den Fenstern nach Resten stark erneuert. Aus dem 19. Jahrhundert stammen die Leibungen der barock erweiterten Korbbogenfenster des Obergadens.

Charakteristisch für den spätkarolingischen Bau ist die starke Trennung der einzelnen Räume voneinander und ihr fehlender Bezug zueinander mangels durchgehender Mauerfluchten.

Außenansicht Das Äußere wirkt unscheinbar. Die Querarme sind reduziert und in die Seitenschiffe integriert. Unter dem spätmittelalterlichen Turm sind ihre Anschlüsse zu erahnen. Gegen die ausweichenden Seitenschiffmauern lehnen sich blockartige Stützen. Sämtliche Fenster sind verändert: Am Obergaden haben sie die Form des 18. Jahrhunderts behalten, im Seitenschiff wurden sie wieder auf die vermutete Größe reduziert.

Krypta Der kleine Vierstützenraum wirkt rustikal. Seine Kreuzgratgewölbe ohne Gurte geben sich als Durchdringung von Tonnen zu erkennen. Die basislosen Säulen stecken ohne Fundamente im Bodenestrich. Die verschliffenen flachen Kapitellkissen haben die antike Form ganz abgelegt, aber noch nicht zur klaren Form des romanischen Würfelkapitells gefunden. Sie unterscheiden sich deutlich von den 100 Jahre älteren des Langhauses. Leider wurde ihre Oberfläche neuzeitlich überarbeitet.

Innenraum Der Vierungsbogen ist nicht nur wegen der schmaleren Vierung dahinter stark eingezogen und daher schmal und hoch, in extremem Gegensatz zu Mittelzell. Daneben haben zwei Altäre auf dem in das Mittelschiff vorgezogenen hohen Bodenniveau Platz. Darunter befinden sich die Eingänge in die Krypta. Dieser Bereich ist durch geschlossene Mauern von den Seitenschiffen getrennt. Erst westlich davor beginnen die niedrigen Seitenschiffarkaden.

Die unterschiedlich starken Säulen mit ihren leicht differierenden glatten kelchblockartigen Kapitellen verweisen auf die frühe Entstehung. Die Aufteilung der enorm großen Wandfelder zwischen Arkaden und Fenstern hält sich nicht an die vorgegebenen vertikalen Achsen von Fenstern und Arkaden, sondern folgt einem eigenen horizontalen Rhythmus.

Dargestellt sind auf den Langhauswänden die Wunder Jesu: auf der Nordwand von West nach Ost: Heilung des Besessenen bei Geraza/Heilung des Wassersüchtigen/Beruhigung des Sturmes/Heilung des Blindgeborenen.

dem Altar zeigt als Wandmalerei eine monumentale Darstellung des Jüngsten Gerichts (um 1070/90).

Als einzigartig gilt die Bewahrung der tausend Jahre alten, vollständigen Ausmalung des Mittelschiffes. Im engeren Sinn ist dies allerdings nur auf die großen szenischen Wandbilder und die beiden rahmenden Friese aus perspektivischem Mäander zu

Oberzell, Langhaus nach Osten

Auf der Südwand von Ost nach West: Heilung des Aussätzigen/Auferweckung des Jünglings von Nain/Auferweckung der Tochter des Jairus und Heilung der Frau mit Blutfluss/Auferweckung des Lazarus. Stilistisch gibt es Beziehungen zu den Miniaturen aus der berühmten Reichenauer Malerschule. Wie im Mittelalter die Regel, handelt es sich auch hier nicht um Fresken, also in den frischen Putz gemalte Bilder, sondern um Wandmalerei in Mischtechnik auf weitgehend älteren trockenen Untergründen. Trotz der damit verbundenen Gefährdung der Oberfläche ist der Erhaltungszustand erstaunlich.

Niederzell
St. Peter und Paul

Für die Kirche des ehemaligen kleinen Chorherrenstiftes ist eine erste Weihe 799 überliefert. Eine geräumige Saalkirche mit stark eingezogener Apsis konnte unter dem Mittelschiff und dem Nordseitenschiff der heutigen Anlage nachgewiesen werden. Alsbald erfolgte eine Erweiterung auf der Südseite durch einen kapellenartigen Anbau gleicher Länge mit Apsis. Auf der Nordseite schlossen sich die Räume der Kanoniker an. Bei den Grabungen wurden Reste einer umfangreichen skulptierten Ausstattung gefunden, unter anderem Schrankenplatten, wie sie aus Oberitalien in karolingisch-lombardischer Zeit bekannt sind. Einmalig ist der Fund einer Altarplatte mit mehr als 400 Namensinschriften aus dem 9. bis zum 11. Jahrhundert, die vermutlich auf eine Gebetsverbrüderung zurückgehen. Mehrfache Umbauten nach Bränden führten um 1080 zu einem vollständigen Neubau. Nach Aussage der Holzproben vom Dach zog sich dessen Herstellung von 1104 bis 1134 hin, was unter normalen Umständen kaum möglich erscheint.

Die kleine querschifflose Säulenbasilika hat im Osten drei Apsiden auf gleicher Höhe, die außen nicht in Erscheinung treten, sondern in einem gliederungslosen Block zusammengefasst sind. Er dient zwei Türmen über den Nebenchören als Unterbau. Ein Chorbogen trennt im Innern das Mittelschiff von dem leicht längsrechteckigen Chor, der keine

*St. Peter und Paul,
Innenraum nach Osten*

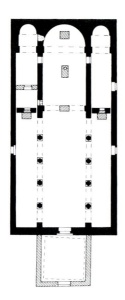

*Niederzell, Planskizze,
W. Erdmann; H. U. Behm*

Arkadenstellungen, sondern nur kleine Türen zu den Seitenschiffen hin aufweist. Letztere sind offenbar seit alters her neben dem Chorbogen zu selbstständigen Kapellen- bzw. Sakristeiräumen abgeteilt. Obwohl dieser Grundriss altertümlich wirkt, hat er doch nichts mit dem ergrabenen karolingischen gemein. Die bemerkenswerte Ostlösung, die gleichsam die Ansichtsseite nach Osten verlegt, ist bedingt durch die Lage auf der Insel, die den Weg von Mittelzell aus von Osten auf die Kirche zuführt.

Innenraum Das ursprünglich flachgedeckte Mittelschiff erhielt im 18. Jahrhundert ein flaches Muldengewölbe (aus Holzlatten) mit Stichkappen, verziert durch edlen Rocaillestuck von 1757, der jetzt etwas beziehungslos zu dem streng romanischen Raum steht. Die Vergrößerung der segmentbogigen Fenster in allen drei Schiffen geht ebenfalls auf das 18. Jahrhundert zurück.

Die mit einem Gesims abgeschlossene Arkadenzone ist sorgfältig gequadert. Bemerkenswert sind für diese Zeit die flachen polsterähnlichen Kapitelle, die ein wenig an die Grundform der Krypta in Oberzell erinnern. Einige weisen wie Basen spornförmige Eckzehen auf. Teils werden sie als Umarbeitung älterer Stücke, teils als Ergebnis langsamen Baufortschritts gedeutet, doch handelt es sich vermutlich um eine Sonderform, die sich absichtlich auf die alte Reichenauer Tradition bezieht. Die romanische Ausmalung der Apsis und über dem Apsisbogen blieb unter der barocken Tünche erhalten und konnte freigelegt werden. Sie entstand kurz nach 1100 und zeigt den Weltenrichter als Maiestas Domini, umgeben von Evangelistensymbolen, Seraphim und den Patronen Petrus und Paulus. Darunter sind in zwei Reihen gemalter Arkaden die Apostel über den Propheten angeordnet, unterbrochen von dem vergrößerten spätgotischen Mittelfenster.

Stein am Rhein
St. Georgen

Zwischen Konstanz und Schaffhausen, auf dem Nordufer des Rheins gelegen, wo dieser wieder aus dem Bodensee austritt, bildet die heutige Stadtkirche den Mittelpunkt einer kleinen, im Mittelalter nicht unbedeutenden Stadt. Die Klostergründung erfolgte um 966 auf dem Hohentwiel, doch wurde das Kloster schon 1007 unter Kaiser Heinrich II. (1002–1024) nach Stein verlegt und mit dem neu gegründeten Bamberger Bischofssitz verbunden. Trotzdem richtete man sich beim Bau der Kirche am Anfang des 12. Jahrhunderts nach dem benachbarten Münster in Konstanz, als dessen verkleinerte Ausgabe sie gelten kann. Lediglich Querhaus, Vierung und Krypta wurden eingespart.

Auch hier ist der Chor quadratisch und wird flankiert von zwei längsrechteckigen Nebenchören, die in einer Flucht mit dem Hauptchor gerade schließen. Der nördliche wurde später erneuert, während der südliche schon früh abgetrennt wurde. Die Zahl der Arkaden und damit auch der Säulen wurde gegenüber Konstanz um eine reduziert (neun zu acht). Wie dort sind die Verhältnisse bei der Westanlage nicht ganz eindeutig. Der kräftige quadratische Nordturm, mit ihm die Vorhalle und die darüber liegende Empore stammen aus dem 16. Jahrhundert, während der längsrechteckige zweigeschossige Baukörper auf der Südseite nach älteren Ansichten einen Turm getragen haben könnte, doch zeugen weder der Grundriss noch die relativ dünnen Mauern davon, dass dies der ursprünglichen Absicht entsprach. Nur die stärkeren Mauern zur mittleren Vorhalle hin lassen auf einen erhöhten Baukörper über der Mitte schließen.

Innenraum nach Nordosten

Innenraum Die klassisch ausgewogenen Proportionen der flachgedeckten Säulenbasilika geben einen guten Eindruck von der ursprünglichen Wirkung des Konstanzer Münsters. Von ihm wurden auch die achteckigen polsterförmigen Schildkapitelle übernommen, allerdings mit einer bezeichnenden Korrektur: Durch eine leichte Drehung um 22,5 Grad wurde erreicht, dass die Bogenanfänger nicht mehr störend die Schrägen des Achtecks berühren. Dafür weisen die Kapitelle mit ihren Kanten in den Raum und sind noch stärker diagonal ansichtig geworden. Die Verdoppelung der Schilde und die prallere Form zeigt ebenso wie die kräftigeren Eckzehen der Basen die spätere Entstehung, möglicherweise sogar erst im 2. Viertel des 12. Jahrhunderts, an. Auffällig sind die gestuften Bogenrücken der Arkaden, wie in Speyer (Bau I) und Basel.

Schaffhausen
Benediktinerabtei Allerheiligen
(ehemals auch Salvator und Maria)

Die Klosterkirche gehört zu den bedeutendsten Nachfolgern der zerstörten Abteikirche von Hirsau. Dort hatte die Klosterreform von Cluny Eingang in den deutschen Sprachraum gefunden. Zu ihren Auswirkungen gehörte der berühmte Investiturstreit zwischen Kaiser Heinrich IV. und Papst Gregor VII., der 1077 zum Bann gegen den Kaiser und einer tiefen Erschütterung des Reiches führte. Abt Wilhelm von Hirsau war 1080 bis 1082 Abt in Schaffhausen. Die enge Verbindung mit dem burgundischen Cluny hatte nahezu keine Rückwirkungen in architektonischer Hinsicht auf die deutschsprachigen Klöster, allenfalls im Hinblick auf Vorhallen oder Vorkirchen. Dies gilt sowohl für die zweite als auch für die dritte Abteikirche in Cluny.

Das Kloster wurde vor 1050 von Graf Eberhard III. von Nellenburg gegründet. In einer älteren Kirche, die als Saal mit drei Apsiden ergraben werden konn-

Langhaus nach Osten

te, weihte Papst Leo IX. 1049 einen Altar. An diese Kirche schloss sich im Westen ein von Mauern begrenzter, großer rautenförmiger Hof an, an dessen Nord- und Südecke je ein kleiner Zentralbau mit vier Konchen stand. Sie waren vermutlich für Begräbnisse bestimmt. Die Mauerzüge endeten an den Kanten des Querhauses der ersten Klosterkirche, die 1050 begonnen und 1064 geweiht wurde. Sie war erheblich kleiner und lag südlich der heutigen unter dem großen Kreuzgangareal.

Mit durchgehendem Querhaus, Langchor mit Halbkreisapsis sowie zwei kleinen rechteckigen Nebenchören ausgestattet, besaß sie ein kurzes Langhaus mit kräftiger, seitlich weit vortretender Doppelturmfassade sowie ein großes Atrium, vor dem noch einmal zwei Baukörper angeordnet waren. An die Ostapsis wurde alsbald eine quadratische Halle mit vier Stützen und neun Jochen angebaut, die als Außenkrypta gedeutet und als Grablege interpretiert wird.

Ausgrabungen legten unter dem Chor der heutigen Kirche eine gewaltige Apsis und das Raster einer fünfschiffigen Anlage mit fluchtendem Querhaus frei, von der aufgrund der Mächtigkeit der Fundamente vermutet werden kann, dass sie gewölbt werden sollte. Der Baubeginn dieser nie ausgeführten Anlage wird 1087 angenommen.

Unmittelbar im Anschluss wurde die heutige Klosterkirche nach einheitlichem Plan errichtet. Die zunächst turmlose, flachgedeckte Säulenbasilika mit ausgeschiedener quadratischer Vierung und nicht ganz quadratischen Querarmen besitzt wie Konstanz und Hirsau einen dreiteiligen Chor, dessen gerade geschlossenen Nebenchöre die Fortsetzung der Seitenschiffe bilden. Diese Raumabschnitte sind durch Zwillingsarkaden auf Pfeilern mit dem quadratischen Hauptchor verbunden. Von diesem trennen sie an der Ostseite Mauerzungen, sodass in den entstehenden Nischen wie in Hirsau Altäre Platz finden konnten.

Der Chorschluss wurde zunächst gerade wie in Konstanz vermutet, doch haben die Grabungen hier eine Apsis ergeben, die möglicherweise wie in Alpirsbach mit einem geraden Sockelgeschoss und eingetieften Altarnischen ausgestattet war. Sie wurde in der zweiten Hälfte des 12. Jahrhunderts durch einen leicht eingezogenen, quadratischen Altarraum ersetzt, sodass jetzt auf das Presbyterium ein weiterer rechteckiger Raum folgt. Die Querarme besitzen seitlich neben den Nebenchören kleine, aus der Mauerstärke ausgesparte Apsidiolen.

1103/04 erfolgte bereits die Schlussweihe. Um 1200 wurde im Anschluss an den nördlichen Nebenchor, der dabei abgebrochen und vergrößert wurde, ein mächtiger Turm auf quadratischem Grundriss errichtet, dessen Untergeschoss als Altarraum für den vergrößerten Nebenchor dient. Im Gegensatz zu dem völlig ungegliederten Äußeren der Klosterkirche ist er in drei würfelförmige Geschosse mit Blendarkaden gegliedert, die unten Lisenen, in der Mitte Halbsäulen und oben Doppelsäulchen aufweisen. Der obere Abschluss entstand im 19. Jahrhundert.

Das Grundmotiv der Gliederung geht auf den Hirsauer Eulenturm zurück, doch ist es hier ins Prächtige gesteigert. Ob die wie in Hirsau zu erwartende dreischiffige Vorkirche ausgeführt war, erscheint fraglich.

Teil der Ausstattung sind die Sarkophagdeckel der Stiftergräber, die große Liegefiguren in Form flacher Muldenreliefs zeigen und ins zweite Viertel des 12. Jahrhunderts datiert werden. Sie gehören damit zu den ältesten ihrer Art. 1529 wurde das Kloster aufgehoben.

Innenraum Der strenge Raum setzt sich additiv zusammen, was an den durchkreuzenden Bögen der Vierung und des Altarhauses deutlich wird. Der Hirsauer Einfluss ergibt sich aus dem einzelnen Pfeilerpaar, das im Osten die Säulenreihe anführt. Bis hierher reicht der liturgische Chor, der auch als »chorus minor« bezeichnet wird.

Auffällig sind die geringen Mauerstärken, die in den Arkaden- und Fensterleibungen sichtbar werden. Einfache Kämpfer aus Platte und Schräge und strenge Würfelkapitelle stehen im Kontrast zu Konstanz und Stein am Rhein, die älter bzw. zeitgleich sind. Bei den Basen deutet sich ein Eckpolster über den Plinthen an.

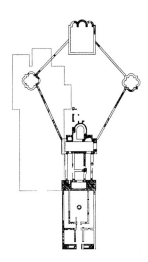

Grundriss Bau I/II

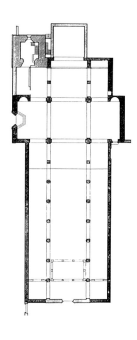

Grundriss (heutiger Zustand)

Der südliche Oberrhein

Erdgeschichtlich und geografisch betrachtet, bildet die Oberrheinische Tiefebene von Basel bis Mainz und dem Taunusabhang eine Einheit, eine Absenkung zwischen den aufgestiegenen Randgebirgen. Diese bieten gutes Baumaterial, während die Ebene zum Teil aus dem Schwemmland des Rheines besteht. Dieser formte mit seinen vielen mäandrierenden Schlingen ein breites, zum Teil sumpfiges Auenland, das sich bei Hochwasser füllte und in dem der Fluss häufig mehrere Arme mit wechselndem Verlauf ausbildete. Seine heutige Begradigung verdankt er dem 19. Jahrhundert und seine Degeneration zu einem Nebenlauf eines großen Kanals im südlichen Abschnitt der Zeit nach 1920.

Nach den Einfällen der Alemannen in der Mitte des 3. Jahrhunderts musste der germanische und der rätische Limes aufgegeben werden und der Rhein wurde, wie im mittleren und nördlichen Abschnitt, auch hier zur Grenze des Römischen Reiches bis zu dessen allmählichem Untergang am Ende des 4. bis ins 5. Jahrhundert. Schon vor der Aufgabe des Limes entwickelten sich die bedeutenderen Militär- und Zivilsiedlungen und ihnen folgend die Bischofssitze auf der rechten Seite des Rheines, allerdings im hochwassergeschützten Bereich in gebührendem Abstand vom Auengebiet. Von diesen Voraussetzungen her gibt es keinen Grund, die Rheinebene in Bezug zur romanischen Baukunst in einen südlichen und einen nördlichen Abschnitt zu teilen.

Die Forschung hat diese Frage unterschiedlich behandelt. Ausgehend vom Einzeldenkmal und entsprechenden regionalen Zentren ist trotz der Verbindungen nach Norden zum Beispiel das Elsass als geschlossene Region hervorgehoben worden. Von einer stärker kunstgeografischen Warte aus, insbesondere vom Niederrhein aus, ist der Zusammenhang des Oberrheins als eine einheitliche, von einem gemeinsamen Grundcharakter geprägte Architekturlandschaft betont worden. Auch wenn man dem grundsätzlich zustimmt, ist nicht zu verkennen, dass die Ausbildung kleinerer Gruppen und Regionen am Oberrhein stärker entwickelt ist.

Es bietet sich an, die Teilung entlang der Nordgrenze des Elsass vorzunehmen, die der Grenze zwischen den deutschen Stammesherzogtümern im 10. und 11. Jahrhundert entspricht: im Süden die Alemannen mit dem Herzogtum Schwaben, im Norden die Rheinfranken im Herzogtum Franken. Die Bedeutung der Herzogtümer nahm allerdings rasch ab und spielte für die Architektur vor allem des 12. Jahrhunderts keine Rolle mehr. Dies gilt auch für die Dialektgrenzen. Noch heute ist das Südpfälzische im nördlichen Elsass unüberhörbar.

Für die uns interessierenden Jahrhunderte muss daran erinnert werden, dass das Elsass ein Teil des römisch-deutschen Reiches war. Nominell gehörte es im 10. und 11. Jahrhundert zum Herzogtum Schwaben, konnte sich aber in der Folge nicht zu einem selbstständigen Territorium entwickeln. Im 12. Jahrhundert lagen wichtige Teile des Hausbesitzes der Staufer in diesem Gebiet. Die alte Sprachgrenze zum Französischen verlief weiter westlich, etwa entlang der Mosel, mitten durch Metz.

Unabhängig davon umfasste das alte Reich mit dem Herzogtum Oberlothringen große Teile des französischen Sprachgebiets und reichte bis knapp 60 Kilometer östlich von Châlons-sur-Marne. Erst die praktische Umsetzung der Theorie natürli-

Straßburg, St. Thomas, Westbau

cher Staatsgrenzen unter Ludwig XIV. von Frankreich im 17. Jahrhundert machte den Rhein in diesem Abschnitt zur Grenze.

Das südliche Elsass gehörte zum Bistum Basel, Südbaden dagegen zum Bistum Konstanz. Nördlich davon griff das Bistum Straßburg ein wenig über die Rheingrenze hinaus nach Osten. Diese Aufteilung mag zur Gruppenbildung beigetragen haben, die sich allerdings wie am Niederrhein erst im 12. und frühen 13. Jahrhundert abzuzeichnen beginnt. Auch wenn man grundsätzlich das Gemeinsame hervorhebt, ist nicht zu übersehen, dass es im Elsass eine charakteristische Gruppe relativ früher rippengewölbter Bauten kleineren bis mittleren Formates gibt, die sich durch besondere Schwere der Mauermassen und gedrungene Proportionen auszeichnen. Man würde gerne das bedeutende Straßburg als Zentrum dieser Entwicklung ansehen, doch betritt dieses mit seinem spätromanischen Münsterumbau fast als Letztes die Szene. Nur mit seiner Doppelturmfassade des frühen 11. Jahrhunderts und der dreibogigen Eingangshalle dazwischen hat es bis in das 13. Jahrhundert als Vorbild gedient (Limburg; Lautenbach; Maursmünster; Straßburg, St. Thomas).

Von nahem betrachtet, könnte der Gegensatz von Straßburg zu dem gleichzeitigen Neubau in Basel nicht größer sein. Basel beeinflusste nicht nur Freiburg, sondern auch in seiner elsässischen Diözese Gebweiler und Pfaffenheim. Die Blüte der elsässischen Baukunst im 12. und 13. Jahrhundert, zu der auch der Burgenbau zu rechnen ist, hat mit Ausnahme von Breisach und Schwarzach keine Rückwirkungen rechts des Rheines erzeugt.

Die geringere Dichte der rechtsrheinischen Bauten hängt möglicherweise auch mit der Fortschreibung von Siedlungsstrukturen der Römerzeit zusammen, die dem Elsass eine größere Wirtschaftskraft verliehen. Dafür ist rechtsrheinisch eine Gruppe bedeutender Klosterkirchen als flachgedeckte Säulenbasiliken mit Beziehungen zu Hirsau zu finden, die angesichts der Entwicklung des Gewölbebaus auf der anderen Seite konservativ wirken, was jedoch nicht zutrifft, weil sie einem völlig anderen Ideal verpflichtet waren und der Gewölbebau für Großbauten ohnehin noch nicht Standard war. Außerdem täuscht das Bild, weil im Elsass die flachgedeckten Langhäuser der großen Klosterkirchen in Murbach und Marbach verloren sind. Noch bis ins

Schwarzach, Außenansicht von Süden

13. Jahrhundert hinein wurde außerdem das flachgedeckte Langhaus der Pfarrkirche St. Georg in Hagenau als Säulenbasilika errichtet.

Es fällt auf, dass außer der abgebrochenen Kirche in Tennenbach bei Freiburg keine bedeutenden Zisterzienserkirchen in diesem Abschnitt zu finden sind, die sonst das Bild der Spätromanik maßgeblich mitbestimmen.

Die Verbindungen des Elsass nach Norden sind deutlich. Zeitweilig wurde angenommen, dass Worms maßgeblich von der südlichen Region bestimmt sei. Nach der gesicherten früheren Datierung des Wormser Domes hat sich das Verhältnis teilweise umgekehrt. Abgesehen von der frühen Verbindung zum südlichen Murbach sind im Norden Neuweiler und Altdorf wormsisch mitbestimmt, während umgekehrt die abgebrochene Johanneskirche in Worms, die Turmabschlüsse des Domes und vielleicht Einzelheiten des Westchores auf elsässische Einwirkungen zurückgehen. Sehr eigentümlich ist die Gruppe von Saint-Dié und Schlettstadt, dem maßgebliche Impulse für die Bauzier des Elsass zugeschrieben werden. Von der Vogesenstadt führen jedoch bisher keine erkennbaren Wege nach Westen. Selbst intensive Forschung wird diese Frage ebenso wenig klären können wie die Beziehungen des Elsass, aber auch Basels nach Oberitalien, die mehr auf einer gefühlsmäßigen Wahrnehmung beruhen. Insgesamt ist das Bild heterogener als gleichzeitig am Mittel- und Niederrhein.

Basel
Münster St. Maria

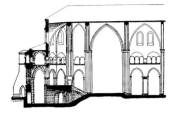

Längsschnitt Chor, Rek.

Schon im 11. Jahrhundert beschreibt ein Chronist die strategisch und verkehrstechnisch günstige Lage der Stadt »zwischen Deutschland, Frankreich und Burgund« und betont, »die Stadt selbst aber gehört zu Burgund«. Folglich unterstand das Bistum Basel, an das unter anderem das gesamte Oberelsass bis Schlettstadt angegliedert war, nicht der Erzdiözese Mainz, sondern Besançon.

Vorgeschichtlich besiedelt, entstand die römische Zivilsiedlung zunächst 44 v. Chr. in Augst (bzw. Kaiseraugst) als Colonia Augusta Raurica. Die Einfälle der Alemannen führten zur Anlage eines spätrömischen Kastells in dem strategisch günstiger gelegenen Basel, auf dem heutigen Münsterplatz. Der frühchristliche Bischofssitz war zunächst in Augst, in fränkischer Zeit 618 in Augst und Basel, ab 740 gibt es eine durchgehende Bischofsliste. 802 bis 823 war Hatto (Haito), der berühmte Abt der Reichenau und Erzbischof von Mainz, Bischof von Basel. Auf ihn geht die erste archäologisch ermittelte Anlage als Saalkirche zurück; sie umfasste in der Breite das heutige Mittelschiff und zwei lange Seitenräume in der Breite der heutigen Seitenschiffe mit Rundtürmen am Westende. Östlich außerhalb des heutigen Münsters wurde eine Außenkrypta mit drei Apsiden zusätzlich mit einem langen Quergang und einer weiteren Nebenapsis angebaut. 917 zerstörten die Ungarn die Stadt.

Als eigentlichen Gründer der Bischofskirche betrachtet die mittelalterliche Überlieferung jedoch Kaiser Heinrich II. (1002–1024), der 1006 die Stadt vom König Hochburgunds übernahm, den Bischof zum Stadtherrn machte, das Münster neu errichtete und ihm das berühmte vergoldete Antependium (Tafel vor dem Altartisch) schenkte, das sich heute in Paris im Cluny-Museum befindet. Der Bau stand vollständig auf den älteren karolingischen Fundamenten, war aber eine Basilika. Im Osten schloss er mit einer Apsis, möglicherweise mit einem Umgang in Höhe der Krypta. Diese war geteilt und in ihrem westlichen Abschnitt sogar fünfschiffig. Ein Querhaus fehlte.

Bisher wurde der nördliche der beiden Türme der heutigen Doppelturmfassade diesem 1019 im Beisein Kaiser Heinrichs II. geweihten Dom zugeschrieben, doch hat sich dies als falsch erwiesen. Dieser Turm wurde, wie es seiner Gliederung und seiner Bautechnik aus großen Quadern entspricht, Ende des 11. Jahrhunderts, nach Abbruch der Rundtürme dem Nordseitenschiff vorgestellt. Sein südliches Gegenstück wurde möglicherweise zerstört und erst im 13. Jahrhundert erneuert. Dazwischen lag eine Vorhalle in der Breite des Mittelschiffes, sodass Basel um 1100 wie Straßburg und Limburg den Typ der Doppelturmfassade mit Eingangshalle vertritt.

Ein überlieferter Brand von 1185 wird von der gesamten Forschung als Ursache für den vollständigen Münsterneubau angesehen, jedoch fehlen Baunachrichten, sodass die Datierung auf Grund stilistischer Merkmale erfolgen muss. Die Erwähnung eines Marienaltars 1193 besagt wenig. Um 1225 wird die Vollendung des Neubaus vermutet. Dem Langhaus wurden im 14. Jahrhundert seitliche Kapellen angefügt. 1356 machte ein schweres Erdbeben die Erneuerung sämtlicher Hochschiffgewölbe notwendig und führte zu einem gotischen Umbau des Hochchores. Die Osttürme baute man nicht wieder auf. Die Obergeschosse der Westtürme mit ihren Maßwerkhelmen stammen aus dem 15. Jahrhundert.

1501 ging die Stadt einen Bund mit den Schweizer Eidgenossen ein, deren Gebiet Teile des alten Königreiches Hochburgund umfasste. Darauf ist ihre Zugehörigkeit zur später selbstständigen Schweiz zurückzuführen und der Verlust ihres Einflusses im Elsass und dem südlichen Oberrheingebiet. 1529 wurde die Reformation eingeführt.

Das Baseler Münster gehört wegen seines einzigartigen Chorumgangs, seiner Emporen und seines Figurenportals zu den bedeutendsten Bauten der oberrheinischen Architektur. Die Fundamentfluchten der Vorgängerbauten wurden beibehalten, jedoch kam ein Querhaus mit nahezu quadratischen Querarmen hinzu. Der anschließende Chor besteht aus einem ungewöhnlich schmalen querrechteckigen Joch und anschließendem 5/10-Schluss. Darum legt sich ein Umgang in der Breite der Seitenschiffe mit trapezförmigen Jochen. Binnenchor und Umgang sind polygonal, was ungewöhnlich ist, weil die französischen Vorbilder bis ins 13. Jahrhundert über Halbkreisen errichtet wurden.

Ebenso bemerkenswert ist die Kombination des Umgangschores mit einer Krypta unter dem Binnenchor, die dort ein stark erhöhtes Bodenniveau zur Folge hat. Ursprünglich lag das Bodenniveau des Umgangs in Höhe der Krypta, sodass man zum Umschreiten hinabsteigen musste. Der Höhe nach umfasste er als hoher Raum die Krypta und die Arkaden des Binnenchores. Erst 1356 unterteilte man ihn durch Einziehen von Gewölben in zwei Geschosse und näherte ihn damit einer Normallösung an. Die spornförmigen Pfeiler des Kryptengeschosses tragen oben äußerst komplizierte gestufte Pfeiler, die in

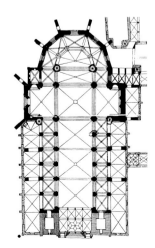

relativ großem Abstand von frei stehenden dickeren und dünneren Säulchen umstellt sind. Eine derart komplizierte Lösung, die weit über das Heisterbacher Beispiel hinausgeht, könnte allenfalls von englischen Vorstellungen angeregt sein.

Über den quadratischen Eckjochen des Umgangs standen ursprünglich Türme. Die Pfeiler des Apsisbogens sind als Bündelstützen kräftig verstärkt, weil sie innen die Wendeltreppen zu den Emporen und den Türmen aufnehmen. Ihre Zugänge vom Hochchor aus sind als markante Gehäuse wahrnehmbar. Die Vierungspfeiler sind als mächtige Bündelpfeiler mit rautenförmigem Kern ausgebildet, entsprechend französischen Vorbildern, jedoch mit doppelt so dicken Diensten. Sämtliche Räume, also auch die Seitenschiffe, sind mit Rippengewölben ausgestattet, die aber im Mittelschiff, Querhaus und im gesamten Chorbereich 1356 gotisch erneuert wurden. Dies gilt auch für den oberen Teil des Chorpolygons, das in einer sehr ausgewogenen Lösung einen hochgotischen Lichtgaden erhielt. Unter dem Binnenchor befindet sich eine dreischiffige Hallenkrypta, deren Stützen und Gewölbe ebenfalls 1356 erneuert wurden.

Der Umgang ist in Basel ein räumlich sehr eigenwillig interpretiertes französisches Element: Obwohl unten drei Nischen in die Mauerstärke eingelassen sind, fehlen aber die ausstrahlenden Radialkapellen. Das deutet auf burgundische Vorbilder hin (Sens; Langres; Lausanne). Französischen Ursprungs ist wohl auch das große Radfenster im Nordquerarm, das außen als Glücksrad gestaltet ist.

Die Weite des Raumes von 12 m geht auf den Vorgängerbau zurück, wird aber in Verbindung mit der niedrigen Scheitelhöhe der Gewölbe (20 m) zu einem spezifisch elsässischen Eindruck. Die Emporen, die außer in Basel nur in Freiburg geplant, dort aber nicht ausgeführt wurden, stellen für den Oberrhein einen Sonderfall dar, was ihr häufiges Auftreten am Mittel- und Niederrhein umso mehr hervorhebt.

Chorumgang, außen Auffällig sind die weit ausgreifenden Strebemauern mit kleinen Durchgängen und langen Schrägen als Abschluss. Sie stehen auch diagonal am Nordquerhaus. Ähnliche sind aus Straßburg und Rufach bekannt. Vermutlich ist das gemeinsame Vorbild der einzelne Strebepfeiler am Südquerarm des Domes in Speyer.

Anstelle der heutigen Maßwerkbrüstung ist als oberer, ursprünglicher Abschluss eine Zwerggalerie vor den Emporenfenstern zu vermuten. Sie antwortete auf die Blendarkatur am Sockel unter den Fenstern, die in Freiburg wiederkehrt und auf eine Anregung aus dem Innern französischer und bur-

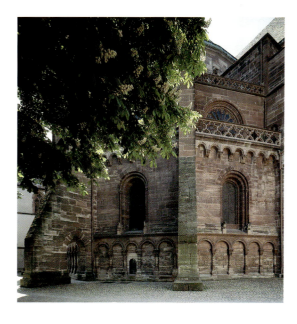

Chorumgang von Nordosten

gundischer Kirchen zurückgehen dürfte. Das Bodenniveau des Umgangs liegt im Innern entsprechend der Krypta deutlich tiefer.

Galluspforte Es handelt sich um das älteste Figurenportal im deutschen Sprachgebiet. Es vertritt mit seinen dünnen Gewändesäulen und den reich gestuften, mit Wulsten versehenen Bogenläufen sowie der rechteckigen Rahmung einen oberitalienischen Typ, der sich seit der zweiten Hälfte des 12. Jahrhunderts im süddeutschen Raum durchsetzte. Die Säulchen stehen jedoch frei vor den Gewändestufen, die ihrerseits zu großen Standfiguren ausgear-

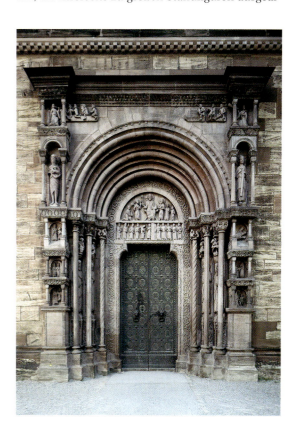

Galluspforte am Nordquerarm

Südlicher Oberrhein

Nördliche Mittelschiffwand von Südwesten

beitet sind. Dahinter steht die Kenntnis des nordfranzösischen Figurenportals, das seinen Siegeszug ebenfalls in der zweiten Hälfte des 12. Jahrhunderts angetreten hatte. Trotz des strengen, abstrahierenden und eindeutig romanischen Charakters ist diese Herkunft den Figuren leicht anzusehen. Vermutlich stammt auch die Idee zu den Figurentabernakeln rechts und links der Gewände aus Frankreich, auch wenn deren Gestaltung sowie die Ornamentik in den oberrheinischen Kontext gehört. Das Thema des Jüngsten Gerichts mit der Hauptszene im Tympanon verteilt sich auf alle Figuren bis hin zu den Auferstehenden unter dem Abschlussgesims.

Innenraum Die drei Doppeljoche des gebundenen Systems erfordern einen Stützenwechsel, bei dem jedem zweiten Pfeiler ein Dreierbündel aus Runddiensten für die Gewölbe vorgelegt wird. Zum Seitenschiff hin haben alle Pfeiler eine entsprechende Vorlage. Halbsäulen in den Pfeilerleibungen tragen kräftige Arkadenunterzüge. Auffällig ist der offenbar gesuchte Kontrast zwischen den ausgeprägt spitzbogigen Arkaden und den breit lagernden Rundbögen der Emporen, die auf Pfeilern ruhen und ihrerseits drei rundbogige Emporenöffnungen auf Doppelsäulchen überfangen. Dieser Emporentyp ist eindeutig oberitalienisch (Modena; Piacenza) und könnte vielleicht über das Zürcher Großmünster vermittelt worden sein, zumal dort ein ähnlicher Portaltyp (ohne Figuren) auftritt.

Die Zuspitzung der Arkaden, die zuvor schon in Schlettstadt und anderen Bauten des Elsass zu beobachten ist, wird gerne als burgundisch angesehen, doch passen dazu nicht die Pfeilerformen, sodass nur eine allgemeine Rezeption westlicher Formen vermutet werden darf, gegen die sich die Empore bewusst absetzt.

Die Reihung der Emporenöffnungen wirkt insgesamt wie ein Triforium. Die Fenster im Obergaden sind unter den zugespitzten romanischen Schildbögen zusammengerückt. Die romanischen Gewölbe besaßen ungefähr die gleiche Form wie die gotischen, nur sehr viel kräftigere Gurte und Rippen. Die im Steinschnitt gestuften Bogenrücken der Arkaden – eine römische Technik – treten in dieser Form sonst nur in Speyer auf.

Ottmarsheim
St. Maria

An dem 881 erstmals erwähnten Ort gründete Graf Rudolph von Altenburg, Neffe Bischof Wernhers von Straßburg aus dem Geschlecht der Habsburger, ein Benediktinerinnenkloster, das später wegen der hochadligen Herkunft seiner Mitglieder in ein Stift verwandelt wurde. 1049 wurde die Kirche von Papst Leo IX. geweiht, was nicht unbedingt ihre Vollendung anzeigen muss. 1055 soll der Stifter in ihr bestattet worden sein, 1063 sicherte Kaiser Heinrich IV. (1056–1106) Rechte und Besitzungen des Klosters. Nach Zerstörungen und Brandschatzungen im 15. und 16. Jahrhundert konnte sich das Stift nicht mehr erholen und wurde 1790 aufgehoben. Allein die Kirche blieb weitgehend unversehrt. Sie stellt nicht nur die am besten erhaltene, sondern auch vollständigste Kopie der Aachener Pfalzkapelle Karls des Großen dar. Im Gegensatz zu dieser hat sie sogar ihren kleinen tonnengewölbten Rechteckchor bewahrt.

Der achteckige Zentralbau besitzt einen ebenfalls achteckigen Umgang (in Aachen 16-eckig) und darüber eine Empore, die deutlich höher ist als das Erdgeschoss. Oberhalb eines niedrigen Tambours überwölbt ein Klostergewölbe den Mittelraum, während der Umgang wie in Aachen über quadratische Kreuzgratgewölbe und dreieckige Zwischenjoche verfügt. Der romanische Charakter der Gewölbe zeigt sich an den jochetrennenden Gurtbögen, die in Aachen fehlen. Die Rechteckjoche des Obergeschosses weisen über niedrigen Schwibbögen quer gestellte, zur Mitte hin ansteigende Tonnengewölbe auf, die den Schub nach außen ableiten, und in den Zwickeln kegelartige Wölbungen.

Der Bau entstand fast gleichzeitig mit den teilweisen Aachen-Nachbildungen in Essen und St. Maria im Kapitol in Köln. In allen drei Fällen handelt es sich um adlige Frauenkonvente, am Niederrhein mit besonderer Nähe zu der erloschenen ottonischen Dynastie. Daraus glaubte man den ottonischen Charakter dieser Bauten, die alle in der frühen Salierzeit entstanden sind, ableiten zu können. Der salische, das heißt frühromanische Stil von Ottmarsheim ist jedoch nicht zu übersehen.

Außenansicht Noch fehlen dem Bau jegliche Gliederungen durch Lisenen und Bogenfriese sowie am mittleren oktogonalen Tambour die pilasterartigen Pfeilervorlagen Aachens. Die Fenster sind vergleichsweise winzig. Hinter dem hohen Aufsatz verbirgt sich das Klostergewölbe im Innern. Der Westbau ist zu einem querrechteckigen Turm vereinfacht, mit dem typischen quer gestellten Satteldach des Oberrheins. Zwischen den gotischen Kapellenanbauten ist der kleine doppelgeschossige Chor mit selbstständigem Walmdach erkennbar. Selbstverständlich war der Bau innen wie außen verputzt.

Innenraum Die Säulengitter, die Aachen der römischen Baukunst verdankt, zeichnen auch hier die Empore festlich aus. Der romanische Charakter offenbart sich nicht nur in der durchgehenden Verwendung des Würfelkapitells, sondern auch in den Gesimsen, die alle vereinfacht nur aus Platte und Schräge bestehen und nicht weit in den Raum vorspringen. Bei den winkelförmigen Pfeilern des Erdgeschosses und unter dem Klostergewölbe oben wurde ganz auf Kämpfer verzichtet.

Die Fenster sind nur halb so groß wie in Aachen und besitzen nur ein Viertel der Glasfläche. Die Proportionen des Untergeschosses sind noch gedrungener, und der ohnehin kürzeren oberen Säulenstellung fehlt der fein abgesetzte Sichelbogen sowie den unteren Säulen die Kämpferblöcke. Alle Teile, auch Pfeiler und Bögen, bestehen aus kleinteiligen hammerrechten Steinen im Gegensatz zu den Großquadern in Aachen (dort hinter der modernen Marmorverkleidung).

Die verkleinerte Aachenkopie ist nicht zuletzt aus Kostengründen gezielt vereinfacht worden, was in diesem Fall den Schritt von der karolingischen Hofkunst zur Romanik bedeutet, aber gleichzeitig größere Klarheit und Festigkeit bewirkt. Ein erkennbares Motiv für die Aachenkopie an diesem Ort konnte von der Forschung bisher noch nicht ermittelt werden.

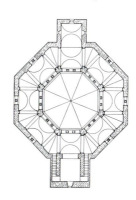

Grundriss Obergeschoss

Außenansicht von Südosten

Südlicher Oberrhein

*Ottmarsheim,
Innenraum nach Nordosten*

Murbach

St. Leodegar

Schottenmönche, ein Graf Eberhardt von Nordgau sowie der heilige Pirmin waren an der Gründung des Benediktinerklosters 728 beteiligt. Die aufblühende Abtei gründete nicht nur mehrere Klöster (u. a. Luzern) und Pfarreien, sondern stellte auch mehrere Bischöfe in Augsburg, Metz und Basel. Alkuin, Berater Karls des Großen, rühmte Kunst und Wissenschaften in der Klosterschule. Karolingische Annalen und lateinische Brevier-Gesänge entstanden dort. Im 11. Jahrhundert wird von Goldschmiedekunst berichtet. Murbach nahm die Reformbewegung von Cluny und Hirsau auf. Nach dem schädigenden Investiturstreit blühte die Abtei abermals auf. Die Äbte waren an der Seite der Staufer zu sehen. 1335 wurde das gemeinsame Leben aufgehoben, und die Abtei wurde de facto in ein Stift umgewandelt. 1525 plünderten Bauern das Kloster, trotzdem wurde ihm 1544 das Münzrecht verliehen. Bis ins 18. Jahrhundert waren die Fürstäbte auf dem Reichstag vertreten.

1738 wurde mit dem Neubau einer Kirche begonnen, für den das Langhaus der bestehenden abgebrochen wurde. Die Umwandlung in ein weltliches Ritterstift 1764 und dessen Übersiedlung 1785 in eine neue Kirche in das benachbarte Gebweiler (Guebwiller) bezeichnen Etappen bis zur Auflösung 1789.

Da es keine Baunachrichten für die Kirche gibt, wird deren Entstehungszeit in der Forschung diskutiert. Abt Berthold (ab 1122) weihte 1134 ein Oratorium, mit dem der Chor oder eine seiner Kapellen gemeint sein könnte. Wegen der mit Speyer und Worms vergleichbaren Bandrippengewölbe, die bis vor kurzem um 1160/70 datiert wurden, wurde Murbach dem dritten Viertel des 12. Jahrhunderts zugeschrieben. Die jüngeren Forschungsergebnisse zu den großen Domen lassen nunmehr eine frühere Entstehungszeit möglich erscheinen.

Der erhaltene Ostbau gehört wegen der Gruppierung seiner Kuben zu den eindrucksvollsten Lösungen der deutschen Romanik. Er ist ein frühes Beispiel für die von Anfang an beabsichtigte Verbindung einer vollständig gewölbten, mit Türmen ausgestatteten Choranlage und einem traditionell flachgedeckten Langhaus. Dieses war eine Pfeilerbasilika mit sechs Arkaden und einer einfachen Querschnittsfassade im Westen. Seine Raumproportionen von 8,65 m Breite zu beachtlichen 20 m der Höhe waren im Hinblick auf die übrigen Kirchen des Elsass ungewöhnlich steil und erinnern damit noch ganz an das 11. Jahrhundert. Die monumentale Überhöhung der Ostanlage ist einerseits liturgisch begründet, nimmt andererseits aber Bezug auf die Lage im Tal, die dem Ankommenden fassadenartig die Ostseite zuwendet.

Der klaren Disposition des Äußeren entspricht im Innern ein komplizierterer Aufbau. Der quadratische, gerade geschlossene Chor wird flankiert von zwei ebenfalls gerade geschlossenen Nebenchören, die jedoch etwas kürzer sind. Eine Doppelarkade stellt die Verbindung her. Im Prinzip entspricht dieser Typ Hirsau und Schaffhausen, etwas allgemeiner auch Konstanz. Einzigartig sind jedoch die Kapellen über den Nebenchören, die nur durch jeweils zwei kleine Doppelöffnungen mit dem Hauptchor in Verbindung stehen und dort seitliche Fenster verhindern. Daher erhält der Hauptchor sein Licht nur durch zwei Reihen von jeweils drei Fenstern an der Stirnseite.

Anstelle eines Querhauses schiebt sich ein schmaler Querriegel zwischen Chor und Langhaus. Er besteht aus zwei quadratischen Türmen in der Flucht von Seitenschiffen und Nebenchören, einem schmalen querrechteckigen Joch zwischen ihnen, das außen überhöht und mit einem quer laufenden Satteldach gedeckt ist, sowie zwei ganz kurzen Querarmen. Letztere haben offenbar nur die Funktion, zwei Ostportale als Zugang zur Kirche aufzunehmen und in ihren Stirnseiten Mauertreppen, die zu den oberen Kapellen hinaufführen. Der Querbau tritt innen, anders als der Grundriss es erwarten lässt, räumlich kaum in Erscheinung. Das Mitteljoch erreicht zwar die Höhe des Chores, doch die flankierenden Turmjoche sind gleich hoch wie die Nebenchöre und besitzen nur eine etwas größere Arkadenöffnung. Die Räume darüber haben keine Verbindung zum Innenraum und sind den oberen Kapellen zuzurechnen.

Der gesamte Ostbau ist gewölbt, wobei der Chor und die Joche unter und zwischen den Türmen Bandrippengewölbe über Eckdiensten aufweisen, die nach Speyer und gemeinsam mit Worms die frühesten am Oberrhein darstellen. Die Eckdienste belegen, dass die Gewölbe von Anfang an geplant waren. Die Gewölbe der Nebenchöre sind oberhalb der Arkaden zum Hauptchor angeordnet, die daher besonders niedrig wirken.

Der Sinn dieser komplizierten Ostgruppe erklärt sich aus Lage und Funktion. Querriegel mit zwei Türmen sind eher ein Motiv von Westfassaden, das hier auf die Ostseite versetzt erscheint und sich mit dem Prinzip des Querhauses auseinander setzen muss. Daher wird dieses schmal, und da es im Innern in Geschosse aufgeteilt ist, wirkt es fast wie ein Zitat. Es verstärkt jedoch die Querriegelwirkung und schirmte den Blick auf das schmucklose Langhaus

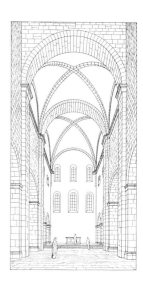

Blick vom Langhaus zum Ostchor

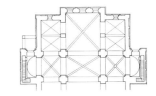

Grundriss Ostbau

Südlicher Oberrhein

Ansicht von Südosten

ursprünglich vollständig ab. Der enorm in der Höhe gesteigerte Chor erhält durch die Aufstockung der Nebenchöre nicht nur fassadenartige Wirkung, sondern zugleich das Volumen, das sonst nur bei großen Westbauten zu finden ist. Die oberen Kapellen erinnern an Westbauten, hier jedoch mit dem Ostchor verbunden. Damit die Kubatur der Baukörper erhalten bleibt, tritt der Hauptchor nach außen risalitartig vor und hebt sich oben aus den Dächern der Nebenchöre heraus. Die kleinen Querarme sind etwas höher als die Nebenchöre, aber niedriger als der Hauptchor. Insgesamt stellt sich der Ostbau als eine hochintellektuelle Durchdringung von Räumen und Baukörpern dar, die gleichzeitig anschaulich bleibt.

Der Gegensatz zwischen spartanischer Einfachheit im Innern, die sicher reformorientiert ist und die Zisterzienserarchitektur vorwegzunehmen scheint, kontrastiert mit der lebhaften Prachtentfaltung nach außen, die nur noch von den großen Domen in Speyer und Worms übertroffen wird. Damit reduzieren sich die Bezüge zu Hirsau auf den Grundriss der Choranlage. Im Hinblick auf Cluny gibt es weder zu dessen zweiter noch zu dessen dritter damals im Bau befindlichen Kirche konkret fassbare Verbindungen.

Chor Die neue Epoche der Hochromanik bestimmt das Äußere durch vorzügliches Großquaderwerk und die reiche Gliederung durch Lisenen und Bogenfriese. Der Hauptchor wird beherrscht von einer zweigeschossigen Blendengliederung, die die Fenster mit gestuften Gewänden umrahmt. Im Gegensatz zu dem im Prinzip ähnlichen Ostchor des Wormser Domes fehlen hier sämtliche Kantenprofile und Rundstäbe in den Fensterlaibungen. In Verbindung mit dem lebhaften Farbwechsel in den Bögen entsteht dadurch der herbe Stilcharakter frühsalischer Bauten. Die Blendarkatur als oberer Abschluss imitiert eine echte Zwerggalerie, wobei die Säulchen wie in Worms auf Tierprotomen, Köpfen und dekorierten Basen stehen. Sie wechseln sich ab mit vertikalen Bändern, die teilweise Schachbrettmuster zeigen. Auch in der Giebelfläche sind nach italienischem Vorbild vereinzelt Reliefs angebracht.

Die Gliederung des vorspringenden Hauptchores ist nicht nur großformiger, sondern auch in der Höhe bewusst von den Nebenchören abgesetzt. Diese verzichten ebenso wie der Hauptchor auf seitliche Fenster.

Innenraum Der Innenraum verzichtet vollständig auf Bauzier. An ihre Stelle sind die vom Würfelkapitell abgeleiteten schmucklosen Polsterkapitelle getreten, die auch den Dom in Worms beherrschen. Die stummelartig abgekragten Eckdienste für die Bandrippen im Hauptchor nehmen einen später bei den Zisterziensern weit verbreiteten Ausdruck für Askese vorweg und deuten nicht auf einen Planwechsel hin, da sie in den Turmjochen seitlich vollständig vorhanden sind.

Um demonstrativ große Wandflächen zeigen zu können, wurden die Arkaden zum Nebenchor niedriger gehalten als erforderlich und die Doppelöffnungen zu den emporenartigen oberen Kapellen auf ein Mindestmaß reduziert. Der rechts in der Abbildung sichtbare niedrige Bogen macht deutlich, dass es kein echtes Querhaus gibt. Wegen des fehlenden Langhauses und der großen Steilheit ist der Raum nur in Ausschnitten fotografisch zu erfassen.

Hauptchor nach Südosten

Südlicher Oberrhein

Sulzburg
St. Cyriakus

Rechts: Ansicht von Osten

Die ehemalige Benediktinerinnenkirche wird 993 erstmals erwähnt, als der Graf des Breisgaues, Birchtilo, von Kaiser Otto III. (983–1002) Schenkungen für sein eigenes Kloster erbittet und erhält. 1005 wurde der Stifter in der Kirche beigesetzt, das Kloster, dessen Gebäude verschwunden sind, wurde 1556 aufgehoben. Die Kirche verlor im Laufe der Zeit ihre westlichen Arkaden und große Teile der Seitenschiffe, konnte aber bis 1964 nach Befund wiederhergestellt werden. Nur drei der südlichen Obergadenfenster behielten ihre vergrößerte Form aus späterer Zeit.

Die kleine dreischiffige Pfeilerbasilika ist neben Gernrode der einzige weitgehend erhaltene Kirchenbau aus ottonischer Zeit. Außer der stark eingezogenen, leicht oval gestelzten Ostapsis besaß der Bau ursprünglich eine Westapsis, deren Fundamente ergraben sind. Nach Ausweis eines dendrochronologisch bestimmten Holzes wurde sie jedoch schon 996 durch einen einzelnen vorgestellten Turm mit quer laufendem Satteldach ersetzt, den ältesten erhaltenen Vertreter dieses Typs. Die gerade und ohne Apsiden abschließenden Seitenschiffe von leicht unregelmäßiger Breite begleiten das Mittelschiff nicht auf ganzer Länge, sondern lassen dieses als kurzes Sanktuarium nach Osten vorspringen.

Dieser Teil, der ursprünglich sicher von einer Schranke abgetrennt war, erhielt um 1000 eine Krypta mit seitlichen Zugängen und tonnengewölbtem Querraum. Er erweitert sich in die Apsis hinein, unterteilt durch eine Mittelstütze, auf der die unregelmäßigen Durchdringungsgewölbe ruhen. Die Stütze zeigt ein Polsterkapitell, das, wie die ganze Anlage, an Oberzell auf der Reichenau erinnert. Ein Querschiff fehlt.

Ostansicht Das als Chor verlängerte Mittelschiff und die starke Einziehung der Ostapsis sind am Außenbau gut zu erkennen. Gliederungen fehlen noch. Das Material besteht durchweg aus kleinen Steinen. Die beiden Fenster zu Seiten des Apsisdaches gehen auf spätere Veränderungen zurück, ebenso ist der Giebel erneuert. Die Dächer werden ursprünglich erheblich flacher gewesen sein.

Innenraum Der schlichte Raum wird belichtet durch kleine hoch liegende Fenster, die nicht exakt über den Arkaden angeordnet sind. Diese stellen sich als niedrige Mauerdurchbrüche dar, zumal die Pfeiler kämpferlos und längsrechteckig sind, was sie zu einem Teil der Mauer werden lässt. Das westliche Pfeilerpaar ist ergänzt. Da die Krypta mit ihren seitlichen Eingängen kaum in den Boden eingetieft ist, liegt das Bodenniveau vor und in der Apsis besonders hoch. Ursprünglich trennte eine Schranke in der Mitte des Raumes Nonnen und Laien voneinander. Unter der Decke haben sich Teile eines gemalten Mäanderfrieses erhalten.

Langhaus nach Osten

Freiburg im Breisgau
Münster Unserer Lieben Frau

Die Stadt ist die bedeutendste unter den Neugründungen der Markgrafen von Zähringen. Zunächst als planmäßige Siedlung unter der 1091 errichteten Burg, wurde sie 1120 von Konrad von Zähringen mit Marktrecht, einem planmäßigen Straßennetz und einheitlicher Parzellengröße ausgestattet – eine Frühform der späteren Stadtgründungen der deutschen Siedlung in Mittel- und Ostdeutschland. Wie dort häufig liegt auch hier das Münster als Hauptpfarrkirche der Stadt diagonal auf einem großen freien Platz. Der erste Bau aus der Gründungszeit ist als dreischiffige Basilika mit dreiapsidialem Schluss und quadratischem Chorjoch sowie einzelnem Westturm archäologisch nachgewiesen.

Das Freiburger Münster – eine Pfarrkirche, die nicht zum Stift aufstieg, seit 1827 bischöfliche Kathedralkirche – ist im allgemeinen Bewusstsein verankert durch seinen einzigartigen hochgotischen Westturm (1301–1330/40), den spätgotischen Kathedralchor (1354–1510) und das gotische Langhaus (1245–1301) als vereinfachter Nachfolger des Straßburger Münsters. Es besitzt jedoch ähnlich wie dieses ein romanisches Querhaus, das erheblich niedriger und zwischen den höheren Räumen des Langhauses und Chores geradezu eingeklemmt ist. Zwischen diesen geht es auch im Außenbau unter.

Für den spätromanischen Neubau sind keine Daten überliefert. Seinen Bauformen und seiner Ornamentik nach gehört er zu den engsten und bedeutendsten Nachfolgern des Baseler Münsters, obwohl rechtsrheinisch gelegen und damit zur Diözese Konstanz gehörig. Ausgeführt wurden nur Chor und Querhaus mit Chorwinkeltürmen und einem bekrönenden Vierungsturm. Vom Langhaus stand lediglich wie in Straßburg der östliche Ansatz. Da sich über den Seitenschiffen Drillingsarkaden in die Querarme öffneten, steht fest, dass es ebenfalls als Emporenbasilika und mit großer Wahrscheinlichkeit im gebundenen System geplant war. Der Bau dürfte unmittelbar im Anschluss an Basel oder sogar parallel dazu im zweiten Jahrzehnt des 13. Jahrhunderts begonnen worden sein.

Der polygonale Chor besaß im Gegensatz zu Basel keinen Umgang und folglich auch keine Empore. Er war kürzer, weil das Sanktuarium nur aus einem extrem schmalen tonnengewölbten Joch bestand. Im Grundriss glich die Anlage eher derjenigen von Straßburg. Die Apsis, die dem spätgotischen Chor weichen musste, war aus fünf Seiten des Achtecks gebildet, wobei die mittlere Seite erheblich breiter war. Dies wurde durch Grabungen bestätigt.

Südquerarm und Hahnenturm von Süden

Die Anschluss-Seiten des Polygons liegen in der gleichen Flucht wie die des Sanktuariums und blieben daher erhalten. Insofern ist bekannt, dass sie unten mit einer Blendarkatur nach Basler Vorbild geschmückt waren. Außen traten nur drei Seiten der Apsis vor die Winkeltürme vor. Ihre Kanten erhielten erst nachträglich Strebepfeiler wie in Basel. Die Winkeltürme wurden in die Gliederung dadurch einbezogen, dass ihre freien Kanten abgeschrägt waren und somit das Motiv der Hauptapsis wiederholten. Gleichzeitig entwickelten sie daraus die Grundrissgestalt ihrer achteckigen Freigeschosse oberhalb der Traufe.

Das Innere der Türme nimmt unten kleine quadratische Kapellen auf, die man wegen der engen Durchlässe zum Querhaus nicht als Nebenchöre bezeichnen kann. Sie zeigen die gleiche Sockelarkatur wie die ursprüngliche Hauptapsis. Alle Räume, auch die schmucklosen Querarme, werden von Kreuzrippengewölben überspannt. Die Apsis dürfte ein rippenbesetztes Klostergewölbe oder eine entsprechende Schirmkuppel besessen haben, was die kleine Nachfolgerin im elsässischen Pfaffenheim nahe legt.

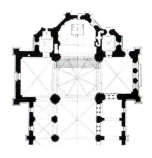

Grundriss Ostteile, Rek.

Südlicher Oberrhein

Vierung und Nordquerarm von Süden, rechts der Chor

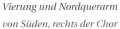

Oben rechts: Längsschnitt, Rek. C. Schuster, 1906

Unten links: Ansicht des Chores, Rek. nach Osteneck

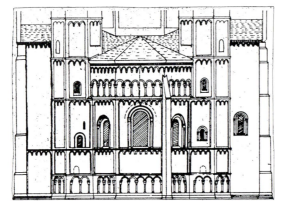

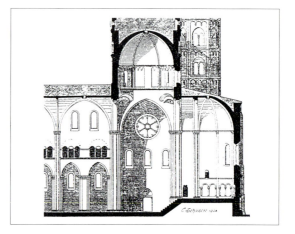

Die Vierung, die ursprünglich den liturgischen Chor bildete, wird nach oberrheinischem Vorbild von einem achteckigen offenen, allerdings nur mäßig belichteten Vierungsturm bekrönt, dessen Tambour mit Lisenen und Bogenfriesen ausgestattet ist. Auch hier ist das Klostergewölbe mit Rippen besetzt. Die spitzbogigen, gestuften, aber nicht profilierten Vierungsbögen ruhen wie in Basel auf mächtigen Bündelpfeilern mit dicken Diensten. Aus ihnen leiten sich ganz zwanglos mittels etwas geringeren Querschnitts die Bündelpfeiler des gotischen Langhauses ab. Der Vierungsturm, dessen oberer äußerer Abschluss nie vollendet wurde, liegt heute ganz im Dachraum verborgen.

Südquerarm, Hahnenturm Die Fassade des Südquerarmes mit der charakteristischen Gruppierung aus drei Rundbogenfenstern und einem großen Rundfenster mit Speichen, das von Basel übernommen wurde, sowie den strebepfeilerartigen Verstärkungen an den Kanten ist im unteren Teil durch eine Renaissancevorhalle verdeckt, hinter der sich ein romanisches Säulenstufenportal verbirgt. Die schlanke Achteckform der Türme ist am Rhein eher selten.

Vierung Über den Bündelpfeilern der Vierung und der zugespitzten Bögen erscheinen die Trompen des achteckigen Vierungsturmes. Die Dienste rechts und die anschließende doppelte Blendarkade gehören zu der abgebrochenen romanischen Apsis.

Breisach
St. Stephan

Die Pfarrkirche dominiert die unmittelbar am Rhein auf einem Vulkanfelsen als Ausläufer des Kaiserstuhls gelegene Stadt, die wegen ihrer verkehrstechnisch wie militärisch günstigen Lage auf eine lange Siedlungsgeschichte zurückblicken kann. Als römisches Kastell Brisiacum wird sie 369 erwähnt. Aus dem fränkischen Fiskalgut entwickelte sich eine Reichsburg, die 938 im Zusammenhang mit den Thronkämpfen Ottos I. (936–973) genannt wird. Später gelangte sie an das Hochstift Basel, mit dem 1185 Heinrich VI. den gemeinsamen Ausbau vereinbarte, was wohl einer gegen Freiburg gerichteten Stadtgründung gleichkommt. Sie dürfte zum Bau der Stadtpfarrkirche in dominanter Lage am Südende der Stadt geführt haben, doch zog sich dieser sicher bis 1220/30 hin. Die Stadt spielte in den Auseinandersetzungen mit Frankreich eine wichtige Rolle und wurde mehrfach zerstört, zuletzt 1945.

Trotz des erneuerten gotischen Chores und des spätgotischen Westbaus (1472/88), der als mächtige quer gelagerte Halle mit Ansatz eines Mittelturmes heute den Bau abschließt, ist der romanische Charakter der kreuzförmigen, im gebundenen System gewölbten Basilika mit zwei Doppeljochen erhalten geblieben. Der Grundriss zeigt zahlreiche Unregelmäßigkeiten, wobei der verkürzte Südquerarm auf die Lage am Bergabhang zurückzuführen ist. Die halbkreisförmigen Nebenapsiden, die jeweils die ganze Breite der Querarme einnehmen, scheinen auf eine ältere Tradition zurückzugehen, wurden aber von Anfang an mit den beiden Chorflankentürmen verbunden, die ursprünglich den östlichen Chorschluss markierten. Ob dieser wie in Murbach gerade war oder aus einer halbkreisförmigen Apsis bestand, ist noch nicht geklärt, ebenso wenig wie der ursprüngliche Abschluss im Westen: entweder an der Grenze zum Westbau oder um ein weiteres Joch nach Westen vorgeschoben. Sämtliche Räume sind zwischen schweren, leicht zugespitzten Gurten kreuzrippengewölbt, wobei die Bandrippen einen relativ schlanken Querschnitt zeigen.

Außenansicht Die malerische Silhouette wird von den späteren Ergänzungen im Osten und Westen bestimmt, nur die etwas unterschiedlichen Türme sind im Kern romanisch. Der schlichte Putzbau verzichtet ganz auf Dekoration.

Langhaus Die gedrungenen Proportionen, bei denen die Gewölbe fast die Hälfte der Raumhöhe einnehmen, wirken elsässisch, ebenso wie die schweren, sogar längsrechteckig gestreckten Pfeiler. Die Zahl der Fenster in den großen Schildwänden ist auf eines über den Zwischenpfeilern reduziert, was nicht häufig, aber zum Beispiel beim Dom von Bamberg vorkommt. Die weitmaschigen Parallelrippengewölbe des Westbaus überspannen auch das zweite romanische Doppeljoch, wo die geplanten Gewölbe vermutlich niemals ausgeführt waren. Obwohl zum Hochstift Basel gehörig, besitzt der Bau keine spezifisch Basler Eigenschaften, hingegen ist er der Einzige mit Merkmalen des elsässischen Gewölbebaus östlich des Rheins.

Ansicht von Südosten

Langhaus nach Osten

Schlettstadt/Sélestat
St. Fides

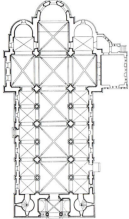

In dem 728 erwähnten fränkischen Königshof soll Karl der Große 775 Weihnachten begangen haben. Die Gründung der Propstei 1087 geht auf Hildegard, Witwe des ersten bekannten Staufers Friedrich von Büren zurück. 1094 wurde sie der auf dem Pilgerweg gelegenen Abtei gleichen Patroziniums, Sainte-Foy in Conques, angegliedert und 1106 päpstlich bestätigt. Unmittelbar nach seinem Regierungsantritt unterstellte Kaiser Friedrich I. Barbarossa sie seinem persönlichen und des Reiches Schutz. 1162 stiftete er, von dem keine kirchlichen Stiftungen bekannt sind, Glasmalereien für den Chor.

Um dieses nicht sicher überlieferte Datum gruppiert die Forschung die Entstehungszeit der Kirche: entweder – was wahrscheinlich ist – als Ende oder aber als Beginn. 1615 bis 1766 betreuten Jesuiten die Kirche. Sie errichteten Emporen über den Seitenschiffen und öffneten diese zum Hauptschiff durch Ausbrechen der Schildwände. Eine tief greifende Restaurierung nach 1875 machte diese Maßnahme rückgängig und rekonstruierte Teile des Obergadens.

Die ehemalige Benediktinerprobsteikirche ist, wie alle elsässischen Gewölbebauten, nicht sehr groß. Den drei Doppeljochen des gebundenen Systems folgt eine quadratische Vierung mit querrechteckigen Querarmen und ein quadratisches Chorjoch mit Halbkreisapsis. Es wird flankiert von zwei erheblich kürzeren Nebenchören, die aus einem querrechteckigen Joch und gestelzten Halbkreisapsiden bestehen. Alle Haupträume besitzen Rippengewölbe mit wulstförmigem Profil, die sich aus spitz zulaufenden Anfängern mit einem Kapitell entwickeln – einer elsässischen Besonderheit. Die Seitenschiffe zeigen Gratgewölbe.

Über der Vierung steht ein schlanker achteckiger zweigeschossiger Turm mit steilem Steinhelm, der sich nicht nach innen öffnet. Ihm antwortet im Westen eine klassische Doppelturmfassade, die nach elsässischer Art eine querrechteckige Vorhalle mit einem Rippengewölbe und zwei kurzen Tonnengewölben zwischen sich nimmt.

Im Innern ist der Wechsel von quadratischen, mit vier Halbsäulen umstellten Hauptpfeilern und vierpassförmigen, aus je vier Halbsäulen zusammengesetzten Zwischenstützen charakteristisch, weil das gleiche System in Saint-Dié in den lothringischen Vogesen bei Notre-Dame und abgeschwächt auch bei der Kathedrale fast gleichzeitig zu beobachten ist. Auch wenn diese beiden Kirchen, von denen Notre-Dame älter als St. Fides zu sein scheint, in der lothringischen und angrenzenden Baukunst isoliert stehen, ergibt sich damit doch eine Beziehung nach Westen, die insbesondere in der Bauzier zum Ausdruck kommt. Interessanterweise sind in Schlettstadt weder Vierungspfeiler noch -bögen trotz des darüber stehenden Turmes betont, sondern gleichen den Hauptpfeilern. Auch das ist häufiger in der westlichen Baukunst anzutreffen.

Unter der Vierung führen zwei rekonstruierte Treppen zu einer Kammer mit Grab, von der angenommen wird, dass sie die Nachbildung des heiligen Grabes ist, die in der Gründungsnachricht 1087 erwähnt wird.

Westfassade Die gliederungslosen Türme sind mit der Mitte zu einem Block verschmolzen. Nur die Vorhalle ist durch eine Blendgliederung hervorgehoben, deren drei Bögen an den elsässischen Typ erinnern. Geöffnet sind nur ein Mittelbogen und zwei flankierende Zwillingsfenster. Die beiden oberen Turmgeschosse sind durch Blendarkaden geglie-

Westfassade von Nordwesten

dert; reiche Rahmungen steigen wie beim Vierungsturm zu den Kanten hin stufenförmig an. Es handelt sich um schachbrettartige Röllchenfriese. Die Gliederungen erscheinen so ein wenig fremdartig, was auf den lothringischen Einfluss zurückzuführen ist.

Der Mittelgiebel und die Turmgiebel mit den niederrheinischen Rautendächern aus Steinplatten sind Zutaten des 19. Jahrhunderts, die nicht in die Landschaft passen. Ergänzt wurde auch das oberste Geschoss des Südturmes. An den Seitenschiffen wie am Obergaden sind strebepfeilerartige Vorlagen zu erkennen, die in dieser Zeit noch nicht zum Formengut der deutschen Romanik gehören.

Innenraum Der gedrungene Raum mit den extrem schweren gestuften Gurtbögen entspricht der Charakteristik des elsässischen Gewölbebaus. Als Einzige sind die schlichten, nicht profilierten Arkadenbögen leicht zugespitzt, während sie in Saint-Dié noch rundbogig sind. Die Pfeilervorlagen und Halbsäulen für die Gurte steigen ohne Unterbrechung von den Pfeilern auf. Ungewöhnlich sind die funktionslosen Halbsäulenvorlagen in der Jochmitte, die sich aus der Vierpassform der Zwischenstütze entwickeln. Ihr Kapitell und die Aufsätze darüber sind Zutaten der Restaurierung.

Das System entspricht demjenigen von Saint-Dié. Angesichts dessen vermeintlicher Unlogik sei daran erinnert, dass es insbesondere in Italien zahlreiche Beispiele funktionsloser, nur die Wand bereichernder Halbsäulen- und Pfeilervorlagen gibt. Im Hinblick auf den Gesamtcharakter ist darum zu fragen, ob außer westlichen auch italienische Erinnerungen den Raum prägen. Immerhin enthielt die Inschrift in dem Glasfenster von 1162 einen Hinweis auf den soeben errungenen Sieg Kaiser Barbarossas über Mailand.

Langhaus nach Osten

Wandsysteme von Saint-Dié, Notre-Dame (links), und Schlettstadt, St. Fides (rechts)

Südlicher Oberrhein

Ansicht von Osten

Langhaus nach Osten

Eschau
St. Trophimus und Sophia

Das ehemalige Benediktinerinnenkloster wurde um 770 vom Straßburger Bischof gegründet und 926 von den Ungarn zerstört. Eine Wiederherstellung durch Bischof Widerold von Straßburg erfolgte vor 996. Dieses Datum wird von einem Teil der Forschung auf den stehenden Bau bezogen, jedoch spricht die Apsisgliederung eher für das zweite Viertel oder die Mitte des 11. Jahrhunderts.

Die kleine flachgedeckte Pfeilerbasilika mit kurzem, insgesamt fast quadratischem Langhaus besitzt niedrige, aber relativ große Querarme, deren Firste unter der Traufe des Mittelschiffes bleiben und seitlich für kleine Fenster Platz lassen. Unmittelbar östlich schließt die etwas eingezogene gestelzte Apsis an; der Bereich der Vierung, der ehemals sicher als Chor diente, wird nach Westen durch eine Bogenstellung mit niedrigem Scheitel entsprechend dem Apsisbogen ausgegrenzt. Im Südseitenschiff ist die westliche der sechs Arkaden durch eine Bogenstellung abgeteilt. Möglicherweise sollte hier asymmetrisch ein Turm stehen.

Außenansicht Deutlich treten die niedrigen Querarme, die mit dem Ostende des Mittelschiffes fluchten, nach außen vor. Dieser im Prinzip noch karolingische Bautyp veranlasste eine frühe Datierung in das 10. Jahrhundert, doch ist er auch im 11. und 12. Jahrhundert zu finden. Die Apsis ist hervorgehoben durch eine Abfolge schmaler, hoher und sehr flacher Blendarkaden auf Werksteinlisenen, wie sie die Westtürme des Wormser Domes (1020) und die Nebenapsiden in Limburg (nach 1025) auszeichnen. Da die Apsis nicht später angefügt wurde, dürfte der Bau trotz seiner altertümlichen Züge gegen Mitte des 11. Jahrhunderts entstanden sein. Die Dächer des Mittelschiffes und der Apsis sind spätmittelalterlich und zu steil.

Innenraum Trotz der ohnehin geringen Raumhöhe und des daher lagernd wirkenden Eindrucks erscheinen die Arkaden besonders niedrig. Der weiter gespannte Bogen zum Nordquerarm ist tief heruntergezogen und setzt auf gleicher Kämpferhöhe wie die Arkaden an. Schwibbogenartig teilt der westliche Vierungsbogen den ehemaligen Chorbereich ab. Auch sein Scheitel ist niedrig und lässt über sich eine hohe Wandzone stehen. Die Obergadenfenster sind barock aufgeweitet.

Straßburg

Aus der militärisch und verkehrstechnisch günstig gelegenen Keltensiedlung auf einer Insel der Ill wurde die römische Lagerstadt Argentorate, dessen letzte, im Rechteck geführte Mauer aus dem 3. und 4. Jahrhundert westlich und südlich des Münsters in Teilen nachweisbar ist. Von den Synoden in Sardika 343 und Köln 346 ist ein Straßburger Bischof bekannt. 406 eroberten die Alemannen die Stadt und gaben der Region den Namen (Ill-Sassen, d. i. Elsässer). 451 von den Hunnen zerstört, wurde sie ein Teil des Frankenreiches unter Chlodwig (466 bis 510), der das Münster gegründet haben soll. Der Name änderte sich in Stratis burgo als Hinweis auf die sich kreuzenden Verkehrswege. Der lateinische Name lebte als Argentina im Mittelalter weiter. 742 entstanden die Straßburger Eide, in Altfranzösisch und Althochdeutsch, als Bündnisschwur der Enkel Karls des Großen, Ludwigs des Deutschen und Karls des Kahlen gegen ihren Bruder Lothar I.

Zunächst war der Bischof Stadtherr, doch konnte sich die Stadt aus dem Zugriff lösen, sie wurde 1263/75 freie Reichsstadt und spielte eine führende Rolle in der Stadtentwicklung des süddeutschen Raumes. Aus ihrer späteren Geschichte sei an folgende Ereignisse erinnert: 1520/30 setzte sich die Reformation durch. 1681 wurde sie von den Truppen König Ludwigs XIV. von Frankreich besetzt. 1770/71 studierte Goethe an der deutschen Universität und schrieb seinen berühmten Traktat »Von deutscher Baukunst« über den Münsterbaumeister Erwin. 1792 dichtete Rouget de l'Isle im Hause des deutschen Bürgermeisters die französische Marseillaise. Im Hoch- und Spätmittelalter war Straßburg die bedeutendste Stadt am Oberrhein.

Münster St. Maria (Unserer Lieben Frau)

Von den frühen Vorgängerbauten der bischöflichen Kathedralkirche ist nichts bekannt. 1015 errichtete Bischof Wernher aus dem Geschlecht der späteren Habsburger einen riesenhaften Neubau, dem das gotische Münster weitgehend seinen Grundriss verdankt. Mit 16 m Weite des Mittelschiffes übertraf dieses den mächtigen Bau von Fulda ebenso wie den jüngeren Dom in Speyer (14 m). Ob diese Basilika Pfeiler oder Säulen besaß, ist ungeklärt, doch dürfte es sich entgegen allgemeinen Vermutungen um Pfeiler gehandelt haben, weil die Beschaffung großer Säulen ein technisches Problem darstellte.

Das östlich anschließende Querhaus, auf dessen Fundamenten vermutlich das spätromanische steht, lud demnach weit aus und folgte dem Vorbild von Alt St. Peter in Rom und der Erzkathedrale in Mainz. Ob es durchgehend war oder eine Ausgrenzung der Vierung besaß, ist unklar. Daran schloss sich wie heute eine leicht gestelzte Apsis an, von der sich Teile in den Umfassungsmauern der Krypta erhalten haben. Vermutlich war sie außen rechteckig ummantelt. Wendeltreppen in den Zwickeln und die starke Ostmauer, in der heute eine Kammer eingelassen ist, fordern zu Vergleichen mit dem »Apsisturm« von Reichenau/Mittelzell auf. Da die spätromanische Apsis jedoch niedriger als das Querhaus ist, gilt dies wohl auch für die Vorgängerin, sodass sie vermutlich keinen Turm besessen hat.

Die beiden Rechteckkapellen neben der Apsis, die gern dem ottonischen Bau zugerechnet werden, sind erst für das späte 12. Jahrhundert nachweisbar. Auch im Westen steht die gotische Doppelturmfassade auf den verstärkten Fundamenten des Wernher-Baus, sodass dieser wohl ebenfalls eine solche besaß. Dazwischen lag eine Vorhalle, die sich nach außen in drei Arkaden öffnete und in der Tiefe durch zwei weitere Stützen unterteilt war, wodurch sich wie auf der Limburg drei Schiffe mit insgesamt sechs Jochen ergaben. Das Mittelportal lag an der Ostseite dieser Vorhalle. Halbrunde Sockel am Westende der Mittelschiffarkaden deuten darauf hin, dass in die Turmkanten Wendeltreppen eingelassen waren. Ein blockförmiger Unterbau im Winkel zwischen Nordquerarm und Nordseitenschiff könnte ebenfalls eine Treppe aufgenommen haben.

Die eigentümliche, tonnengewölbte Hallenkrypta unter der Apsis mit Stützenwechsel zwischen Säulen und kreuzförmigen Pfeilern, die stets als Teil des Wernher-Baus galt, ist aufgrund ihrer Bauzier erst im späteren 11. Jahrhundert entstanden. Im 12. Jahrhundert wurde sie um vier Joche nach Westen verlängert, nunmehr in der regulären Form mit Kreuzgratgewölben zwischen Gurtbögen, Säulen mit Würfelkapitellen und Basen mit Eckzier. Sie diente dem Zweck, das Niveau in der Vierung, in der sich der liturgische Chor befand, auf die Höhe wie in der Apsis anzuheben. Für die Jahre 1136, 1140, 1150 und 1176 gibt es Nachrichten über Brände, von denen der letzte Anlass zum spätromanischen Neubau gewesen sein soll. Über diesen schweigen die Schriftquellen.

Der Neubau richtete sich weitgehend nach der Disposition seines Vorgängers, ausgeführt in vorzüglichem Großquaderwerk in den Formen der oberrheinisch-elsässischen Spätromanik. Der Bauverlauf war kompliziert und schleppend.

Jede Seite der beiden Querarme folgt voneinander abweichenden Planungen, häufig sogar auf halber Höhe. Die Längsbögen der Vierung wurden

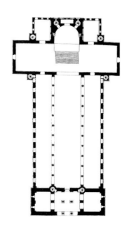

Münster, Grundriss I (Wernher-Bau)

Südlicher Oberrhein

Münster, Nordquerarm

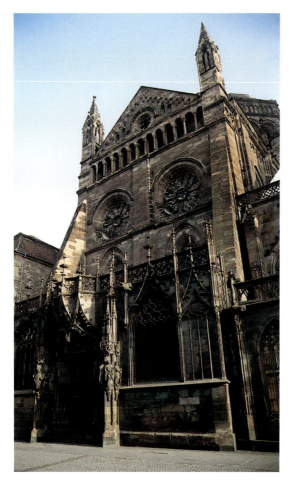

in jeweils zwei schlanke Arkaden unterteilt, die auf gewaltigen Rundpfeilern ruhen. Damit wurde die zweischiffige Unterteilung der Querarme durch jeweils eine Mittelstütze vorbereitet, weil sie wegen ihrer Größe durch die spätromanischen Gewölbe nicht befriedigend zu überspannen waren. Sie wurden nunmehr in jeweils vier kreuzrippengewölbte Joche unterteilt und wirken durch die Mittelstützen wie zwei isolierte Zentralräume. Für ihre Fassaden ergaben sich automatisch zwei Achsen anstelle einer mittleren.

Münster, Krypta

Münster, Grundriss Krypta

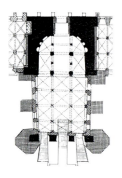

Ab 1220 wurde der Südquerarm in seinen oberen Teilen und Gewölben von einer bereits in Frankreich geschulten Steinmetzgruppe vollendet, der wir auch die Verwandlung der Mittelstütze in den berühmten Gerichts-(Engels-)Pfeiler verdanken. Die Vierung erhielt über Trompen einen achteckigen Vierungsturm mit rippenbesetztem Klostergewölbe, das jedoch, da der Tambour fehlt, unmittelbar über den Trompen ansetzt. Das Baumaterial ist hier bereits Backstein. Außen umgibt ihn eine Zwerggalerie wie bei den großen Nachbardomen im Norden. In der Gesamtansicht ist dieser Turm ganz verschwunden hinter dem sehr viel höheren Mittelschiff und unter einem wuchtigen neuromanischen Aufbau vom Ende des 19. Jahrhunderts.

Um 1240, nach der schleppenden Baugeschichte von mehr als sechs Jahrzehnten, wurde radikal mit der Tradition gebrochen und in nur 35 Jahren ein Langhaus in ausgereiftem hochgotischen Stil nordfranzösischer Kathedralen errichtet. Wahrscheinlich war – wenn auch inoffiziell – die Bauträgerschaft an die Stadt übergegangen. Nicht nur die Fundamente, sondern auch die Anschlüsse an den spätromanischen Bau forderten eine Auseinandersetzung mit diesem, was zu erheblichen Rückwirkungen auf den Raum führte. So haben die Seitenschiffe und ihre Arkaden ungefähr die gleichen Proportionen wie die geplanten spätromanischen. Nur dem Mittelschiff wurde ein mäßiger Höhenzuwachs gewährt. Der formenreiche Ostbau des Münsters steht am Ende der Epoche und hat daher als zentraler Bau der Region doch nur geringfügigen Einfluss ausgeübt. Der Vergleich mit Basel offenbart mehr Unterschiede als Gemeinsamkeiten.

Nordquerarm Auch wenn der untere Teil von der spätgotischen Laurentiuskapelle verdeckt ist, ist der romanische Charakter der Fassade eindeutig. In den zwei Achsen spiegelt sich die Unterteilung im Innern. Die beiden Speichenrosen erinnern an Basel und Freiburg, mit denen sie etwa gleichzeitig sind.

Wie beim Südquerarm setzen seitlich diagonal gestellte Strebemauern mit enorm langen Schrägen und unteren Durchlässen an, die entsprechend in Basel zu finden sind und im Strebepfeiler des Südquerarmes in Speyer ihr Vorbild haben. Dorthin weist auch die Zwerggalerie als oberer Abschluss, weil sie nur dort an einem Querhaus anzutreffen ist. Die großen seitlichen Fialen neben dem Giebel sind eine gotische Zutat.

Krypta Trotz ihrer einfachen Erscheinung weisen die Einzelformen der Krypta unter der Vierung in das 12. Jahrhundert.

Straßburg, Münster St. Maria

Münster, Apsis – Innenraum

Münster, Grundriss mit späteren Kapellen

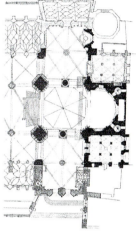

Apsis Die frühchristlich-byzantinisch anmutende goldgrundige Ausmalung des 19. Jahrhunderts täuscht darüber hinweg, dass diese relativ späte Apsis im oberen Teil völlig glatt ist und hinter dem leicht zugespitzten Apsisbogen eine ungegliederte Kalotte aufweist. Nur die gestuften Fensterbögen sind in das Rund eingeschnitten. Die kräftige spitzbogige Blendarkatur der unteren Zone mit rhythmisch variierten Einzelformen bildet dazu einen lebhaften Kontrast. Unter den Fenstern sind die Blenden portalartig gestuft und bereichert, ein Spiel mit den Assoziationen an Fassade und Umgang. Ungeheuer dick und mächtig, den Raum fast erdrückend, sind die Vierungspfeiler, darin typisch elsässisch, allerdings wegen der Größe des Baus noch gesteigert.

Vierung und Querhaus Gewaltig sind auch die Rundpfeiler, die das Querhaus seitlich von der Vierung durch eine Doppelarkade abtrennen und in zwei Schiffe teilen.

Münster, Blick quer durch die Vierung nach Süden

St. Stephan

Die Damenstiftskirche wird erstmals 801 erwähnt und wurde 1003 mit königlicher Urkunde von Heinrich II. (1002–1024) dem Straßburger Bischof geschenkt. 1172 ist ein Neubau überliefert, von dem nur das Querhaus und die drei Apsiden erhalten blieben. Die anschließende Kirche, die einen westlichen Querbau mit Mittelturm besaß, war schon seit 1805 abgebrochen worden. Vor der Westseite wurde ein Saalbau mit Apsis ausgegraben, möglicherweise Sitz des römischen Prätors, später des Herzogs. Dieser soll bereits um 700 das Stift gegründet haben.

Das erhaltene Querhaus, das vor dem Münster begonnen wurde, zeigt mit seinen weit ausladenden Querarmen und der direkt an die quadratische Vierung anschließenden Hauptapsis auffällige Gemeinsamkeiten mit diesem. Anstelle der rechteckigen Kapellen erscheinen hier halbkreisförmige Nebenapsiden. Die Rippengewölbe ruhen auf Diensten mit Polsterkapitellen, in den Querarmen auf Konsolen. Die altertümliche Form der Ostanlage beruht nicht auf einem Vorgängerbau, sondern folgt dem Vorbild des ottonischen Münsters. Auch hier ist die Apsis niedriger und über der Vierung erhebt sich ein turmartiger Aufsatz, dessen Überleitung vom Quadrat zum Achteck nach elsässischer Art oberhalb der Dachlinien erfolgt.

St. Thomas

Die ehemalige Stiftskirche soll ihre Gründung dem Schotten Florentius, Bischof von Straßburg, Ende des 7. Jahrhunderts verdanken, doch gilt als eigentlicher Gründer Bischof Adeloch (786–822), der in ihr

Rechts: St. Stephan, Ansicht von Nordosten

bestattet wurde. Ein Neubau ist für 1002/31 überliefert, ein weiterer nach mehreren Bränden ab 1196. Von ihm wurde parallel mit dem Münster nur der mächtige Westbau ausgeführt, während das Langhaus Anfang des 14. Jahrhunderts die Form einer fünfschiffigen gotischen Halle erhielt. In seiner endgültigen Gestalt präsentiert sich der Westbau als Querbau mit entsprechendem Satteldach und einem quadratischen Mittelturm. Er nimmt damit die Gegenposition zur Doppelturmfassade ein. An der Lisenengliederung ist jedoch zu erkennen, dass eine solche zunächst geplant war, das heißt über den seitlichen Eckjochen sollten zwei Türme stehen.

Deutlich erscheint zwischen den Türmen die typisch elsässische Vorhalle, mit drei Arkaden und hier einem großen Übergreifungsbogen darüber. Sie sind vermauert zugunsten einer einfachen Tür in der Mitte. Im Bauverlauf wurden die folgenden östlichen Joche hinzugenommen und damit die Grundfläche des Westbaus vergrößert, der an der Nordseite sogar eine Zwerggalerie erhielt. Die Empore in der Mitte wurde aufgegeben, sodass das Mittelschiff bis zur Stirnseite durchläuft, wo es von einem großen Radfenster mit Kreisfüllungen belichtet wird.

Der Turm lässt mit seinen spitzbogigen Zwillingsöffnungen die Endphase der Romanik erkennen. Über seinem großen Traufgesims wurde später noch ein weiteres Geschoss aufgesetzt. Die runden Treppengehäuse an den östlichen Kanten des Turmes erscheinen an der gleichen Stelle, wie sie im Fundament des Wernher-Münsters angelegt sind. Es ist nicht ganz auszuschließen, dass auch dort die geplante Doppelturmfassade oben mit quer laufendem Satteldach und Mittelturm bekrönt war. Dieser Typ hat seine Entsprechung in Speyer und St. Paul in Worms. Im Innern deuten Knospenkapitelle, Dienste und spitze Bögen die Endphase der Romanik an.

St. Thomas, Ansicht von Südwesten

Gengenbach
St. Maria

Die spät überlieferte Gründungslegende nennt für 725 einen fränkischen Grafen und für 750 den heiligen Pirmin. Um 820 war es mit 70 Mönchen das größte Kloster der Region. Kaiser Heinrich II. gab es 1007 wie viele andere Klöster an seine neue Gründung Bamberg. 1094 führten Hirsauer Mönche die Reform ein, was sich 1117 von St. Georgen im Schwarzwald aus wiederholte. 1689 von französischen Truppen zerstört, wurde das Kloster 1803 säkularisiert und 1807 aufgehoben.

Die fast vollständig erhaltene ehemalige Benediktinerklosterkirche entstand im ersten Drittel des 12. Jahrhunderts im Anschluss an die Hirsauer Reform und stellt ein charakteristisches Beispiel für eine deutsche Klosterkirche dieser Zeit dar. Das Langhaus ist hoch aufgerichtet und flach gedeckt, und an die ausgeschiedene Vierung schließen seitlich zwei etwas überquadratische Querarme an. Bei dem dreiteiligen Chor begleiten zwei Nebenchöre das fast quadratische Sanktuarium, alle drei schließen mit Apsiden. Zwei weitere Nebenapsiden füllen den freien Raum der Querarme außen neben den Nebenchören. Diese sind mit dem Sanktuarium jeweils durch eine Doppelarkade verbunden. Ihre Gewölbe sind nachmittelalterlich.

Bis auf den barocken Fassadenturm vor dem Südseitenschiff sind keine Spuren von Türmen erkennbar, obwohl ältere Ansichten deren zwei zeigen.

Westansicht Außer den Apsiden ist bei dem schlichten Putzbau nur die Westfassade mit reicheren Quadergliederungen versehen. Der Turm und die kleine Vorhalle sind barock. Die Blendarkaden deuten auf eine größere Vorhalle hin. Deren Obergeschoss nahm vor der erhaltenen Nische – über dem heutigen Vorhallendach – einen Altar auf, während die beiden Zwillingsfenster von der Empore herab sich ins Innere öffneten. Der große Bogen darüber ist vermutlich der Schildbogen eines Gewölbes, das hier anschloss. Ähnliche Lösungen sind von den burgundischen Klosterkirchen – zum Beispiel Cluny und Vézelay –, aber auch von den nahe gelegenen in Alpirsbach und sehr ähnlich in Schwarzach bekannt.

Innenraum Vordergründig bestimmt heute die intensive Farbigkeit der reichen historistischen Ausmalung von 1895/96 das Bild in Verbindung mit der aufwändig und kompliziert gestalteten Kassettendecke. Die ursprüngliche Farbfassung dürfte erheblich schlichter gewesen sein.

St. Maria, Ansicht von Westen

So treten die ausgewogenen strengen Formen erst allmählich hervor. Die Langhausarkaden zeigen einen belebenden Stützenwechsel, der nach Hirsauer Art mit einem Pfeiler als Kennzeichnung des »chorus minor« beginnt. Der von einer Wölbung unabhängige Stützenwechsel ist ein ottonisches Motiv, das auch im 11. und 12. Jahrhundert weiterlebte. Die Kämpferprofile und das Horizontalgesims bestehen

St. Maria, Innenraum nach Osten

St. Peter und Paul, Ansicht von Nordwesten

nur aus Platte und Schräge und weisen wie die einfachen Würfelkapitelle eher zurück ins 11. Jahrhundert, sind hier aber wohl als Ausdruck bewusster Einfachheit zu verstehen. Auffällig bei der Größe des Baus ist die in den Arkadenleibungen sichtbare geringe Mauerstärke. Der Oberteil der Apsis ist wie die Gewölbe der Nebenchöre nachmittelalterlich in gotischem Stil erneuert.

Schwarzach
St. Peter und Paul

Die ehemalige Benediktinerklosterkirche wird bereits in Quellen des 9. Jahrhunderts wie Gengenbach und das nicht mehr erhaltene Schuttern dem heiligen Pirmin (727–753) als Gründung zugeschrieben.

St. Peter und Paul, Ansicht von Osten

Seit 828 gilt sie als Reichskloster und wurde 1016 von Heinrich II. (1002–1024) dem Bischof von Straßburg und 1032 durch Konrad II. (1024–1039) dem Bischof von Speyer unterstellt. Nach dem Niedergang um 1100 brachten Äbte aus Hirsau das Kloster wieder zur Blüte.

Baunachrichten liegen nicht vor, aber Grabungen haben eine längere Vorgeschichte klären können, die wie üblich mit einer relativ stattlichen Saalkirche mit eingezogenem Rechteckchor beginnt. Sie bestand nach Erweiterungen, Umbauten und teilweisen Erneuerungen bis zum Bau der bestehenden Kirche, der sie von Osten her umfasste. Er dürfte Ende des 12. Jahrhunderts begonnen und um 1220 vollendet worden sein. Im 18. Jahrhundert erhielt die Abtei bedeutende Klosterbauten, bevor sie 1803 aufgehoben wurde.

Im 19. Jahrhundert wurden die Seitenschiffe abgebrochen und verbreitert, gleichzeitig wurden fast sämtliche Säulen und Kapitelle wegen weitgehender Zerstörungen ausgetauscht. Bei einer umfangreichen Restaurierung 1964/69 wurden die Seitenschiffe unter Verwendung alter Werkstücke in ihrer ursprünglichen Form rekonstruiert und eine für 1299 gesicherte Farbfassung des Innern wiederhergestellt.

Im Grundriss hält sich die Säulenbasilika von acht Arkaden Länge mit ausladendem Querhaus und dreiteiligem Chor ganz an das allgemeine, auch in Gengenbach vertretene Schema mit leicht abgewandelten Proportionen. Die Querarme laden weiter aus und ermöglichen daher größere Nebenapsiden. Verändert sind die Einzelformen entsprechend dem gewandelten Zeitstil aber auch wegen des Straßburger Einflusses. Die Polsterkapitelle und die figurierten Bogenanfänger der Arkaden weisen auf das dortige St. Stephan.

Die Nebenchöre sind gratgewölbt, der Hauptchor mit einem stark steigenden Rippengewölbe mit Wulstprofil, das auf Eckdiensten ruht. Eckdienste deuten darauf hin, dass auch die Vierung gewölbt werden sollte, andererseits sprechen die figurierten Füße der zugespitzten Vierungsbögen, die sich mit Rippen nicht vertragen würden, gegen eine solche Lösung. Gewölbte Sanktuarien in Verbindung mit flachgedeckten Langhäusern sind in dieser Zeit auch am Niederrhein anzutreffen (vgl. Kaiserswerth).

Außenansicht Schwarzach dürfte die einzige große romanische Kirche am Oberrhein sein, deren Mauerwerk fast durchweg aus großformatigem Backstein besteht, der sich in dieser Zeit als Baumaterial vor allem im Profanbau durchzusetzen beginnt. Nur die repräsentative Westfassade wurde

St. Peter und Paul, Langhaus nach Osten mit Blick auf die südliche Hochschiffwand

aus Sandsteinquadern gefertigt. Sie zeigt neben dem mächtigen, vom Sockelwulst umfangenen Westportal Vorlagen und Schildbögen einer geplanten, aber wohl nicht ausgeführten Vorhalle. Deren Obergeschoss sollte wie in Gengenbach einen mittleren Altar vor einer kleinen Nische erhalten, während die beiden Zwillingsöffnungen von dieser Empore in das Innere führten. Über dem Portal ist dekorativ eine Mischung aus Dreiecksgiebel und Bogen eingefügt.

Außer einem Bogenfries ziert den Obergaden eine Abfolge flacher Blenden zwischen den Fenstern, ein Motiv, das eher am Niederrhein zu suchen ist. In der Querhausstirnwand deutet ein Rundfenster die späte Entstehungszeit an. Der quadratische Vierungsturm, der von Anfang an geplant war, stammt in der Substanz aus gotischer Zeit.

Ostansicht Aus dem Dunst der flachen Oberrheinebene erhebt sich der monumentale Ostchor mit seinem basilikal gestuften Querschnitt und den drei Apsiden. Die Hauptapsis zeigt erstaunlicherweise zwei Fensterreihen übereinander, deren obere wiederum durch flache Blenden ausgezeichnet ist.

Innenraum Die stark verjüngten Säulen auf mächtigen, mit reicher Eckzier ausgestatteten Basen und Kelchblock- beziehungsweise Polsterkapitellen mit typisch elsässisch Straßburger Bauzier deuten ebenso wie die zugespitzten Vierungsbögen die spätromanische Entstehungszeit sowie den oberrheinischen Formencharakter an. Dazu gehören die gestuften, mit Rahmenprofil ausgestatteten Scheidbögen mit ihren monumentalen figurierten Bogenfüßen, die sich in der wormsisch geprägten Zisterzienserabtei Otterberg (Abb. S. 12) wiederfinden. Ein Pfeiler am Ostende der Arkade deutet wieder den »chorus minor« an. Ein Vergleich mit dem ein Dreivierteljahrhundert älteren Gengenbach offenbart die Unterschiede bei gleichem Bautyp. Auffällig ist die nach Befund rekonstruierte Balkenverankerung in den Arkaden, Seitenschiffen und Vierungsbögen.

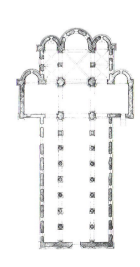

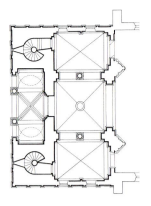

Grundriss Westbau

Ansicht von Westen

Maursmünster / Marmoutier
St. Peter, Paul und Martin, später Stephan

Die Abtei, die ihren Namen auf den ersten Abt Maurus (724) zurückführt, war eine der bedeutendsten des Elsass. Die erste Gründung an anderer Stelle erfolgte bereits 590. Nach einem Brand um 700 wurde das Kloster an den heutigen Ort verlegt. 740 führte der heilige Pirmin die Benediktinerregel ein, 814/15 war hier der karolingische Reformer Benedikt von Aniane vor seiner Übersiedlung ins rheinische Kornelimünster Abt.

Nach einem Brand wurde anstelle einer Saalkirche eine kleine Basilika errichtet und 971 geweiht. 1140/50 war der Baubeginn einer neuen Kirche mit dem großen Westbau. Erst danach schloss sich der Konvent der Hirsauer Reform an, wobei der Westbau als Vorkirche dienen konnte. Mit der Ausführung des Langhauses dauerte es jedoch bis in die Mitte des 13. Jahrhunderts, wobei man sich mit starker Vereinfachung an den Formen des nunmehr gotischen Straßburger Münsters orientierte. Erst gegen Ende des 13. Jahrhunderts folgte das Querhaus, während der Chor in gotisierenden Formen 1763/69 erneuert wurde. Mit der Revolution 1789 wurde das Benediktinerkloster aufgehoben.

Westbau Der Baubeginn im Westen belegt, dass es um eine keineswegs notwendige repräsentative Eingangsfront ging, ähnlich wie in Murbach. Die bekrönende Dreiturmgruppe mit zurückgesetztem quadratischem Mittelturm und vorgestellten niedrigen Achtecktürmen macht deutlich, dass es sich um die umgekehrte Anordnung des Speyerer Westbaus handelt, wobei der Grundgedanke karolingischer Westwerke mitschwingt.

Die Struktur ist auch als Kombination einer elsässischen Doppelturmfassade mit dahinter liegendem Querbau zu verstehen, beides in einem Block fest zusammengeschlossen. Zwischen den Treppentürmen erscheint die übliche Straßburg-elsässische Vorhalle, die sich mit drei gestaffelten Bögen über zwei Säulen öffnet und innen – wie später in Schlettstadt – mit einem Kreuzrippengewölbe zwischen zwei kurzen Tonnenarmen gewölbt ist. Das Obergeschoss nimmt eine Kapelle auf. Anders als in Speyer bietet der zurückgesetzte Mittelturm Gelegenheit, die Mitte mit einem Giebel abzuschließen. Die beiden Treppentürme werden quadratisch um ein mit Blendarkaden geschmücktes Halbgeschoss weiter nach oben geführt, um dann zwischen vier Giebeln und Dreiecksschrägen in das Achteck übergeleitet zu werden, wie man es von elsässischen Vierungstürmen her kennt. Die kurzen, achteckigen Aufsätze besitzen zwar einen Bogenfries und Kantenlisenen, jedoch keine offenen Arkaden, wie sie bei Turmabschlüssen üblich sind. Vielleicht haben sie ihre geplante Höhe nicht erreicht. Der Mittel- und zugleich Glockenturm weist auf jeder Seite zwei blendengerahmte Zwillingsöffnungen auf, darüber drei kleine Okuli.

Die Flächengliederung des Baukörpers erfolgt durch dicht gestellte Lisenen und Rundbogenfriese, im Untergeschoss nur unter den Ecktürmen und ohne Kantenprofil, im Obergeschoss mit Kantenprofil, aufwändigen Konsolen und den Baukörper gleichmäßig umlaufend, um diesen zu vereinheitlichen. In die Fassade sind nach oberitalienischem Vorbild einzelne Löwenreliefs eingelassen. Würfelkapitelle mit verdoppelten Schilden und flacher Ornamentauflage bekrönen die stämmigen Eingangssäulen. Die Gliederung wird unterstützt durch differenzierte Profile und hervorragendes Großquaderwerk, das im oberen Bereich am Farbwechsel festhält.

In der Seitenansicht werden die Giebel des quer laufenden Satteldaches neben dem Mittelturm hinter den Ecktürmen sichtbar und lassen die Umkehrung des Speyerer Prinzips anschaulich werden. Im Innern ist der Querbau hinter der Doppelturmfassade entsprechend der geplanten Langhauslösung in drei gratgewölbte Joche unterteilt: ein quadratisches in der Mitte, zwei längsrechteckige an den Seiten. Dies erinnert an die Vorhalle des Speyerer Domes. Die Abtrennung der Seitenjoche durch eine Doppelarkade auf mächtigen Säulen greift die Grundform des Obergeschosses in Speyer auf, das ebenso Kaisersaal genannt wird wie ein entsprechender Raum über der Westchorhalle von St. Servatius in Maastricht. Dies verdeutlicht den übergreifenden Zusammenhang derartiger Lösungen.

Im Obergeschoss, das sich als durchgehender Emporenraum zum Mittelschiff öffnen sollte, wurden die beiden Seitenjoche später abgetrennt. Gewölbe und Verputz wurden nicht mehr ausgeführt, weil der Westbau seine geplante Funktion niemals ausfüllte. Er bildet formal in seiner Außenerscheinung einen Höhe- und zugleich auch Endpunkt, zu einer Zeit, als seine komplizierte innere Struktur längst ihre liturgische und gesellschaftliche Funktion verloren hatte.

Maursmünster/Marmoutier

St. Johann bei Zabern / St. Jean-le-Saverne
Benediktinernonnenkloster

Das ehemalige Benediktinernonnenkloster gab dem Ort Mayenheimsweiler den Namen, nachdem hier 1126 durch Peter von Lützelburg ein Kloster gegründet und St. Georgen im Schwarzwald unterstellt worden war. Das mehrfach verwüstete Kloster wurde 1789 aufgehoben. Zuvor war im 18. Jahrhundert an der Westseite ein Turm errichtet worden.

Innenraum Die Bedeutung der kleinen querschifflosen, im gebundenen System gewölbten Pfeilerbasilika mit dreiapsidialem Schluss und fünf Doppeljochen liegt darin, dass sie trotz ihrer rustikalen Formen die älteste der gedrungenen elsässischen Gewölbebasiliken mit Wulsten unter den Bandrippen darstellt, parallel mit Murbach. Konkrete Anhaltspunkte für die Datierung gibt es nicht. Ob die Seitenschiffmauern einer älteren Kirche integriert wurden und der Baubeginn mit 1127 und einem späten Ende um 1145 anzusetzen ist, bleibt offen.

Das System des Stützenwechsels aus rechteckigen und kreuzförmigen Pfeilern, dem in den Seitenschiffen gleichmäßige Wandvorlagen entsprechen, ist auf Wölbung angelegt. Da die Rippen in den Ostjochen neben den Pfeilervorlagen auf Konsolen ruhen und erst in den Westjochen Dienste erhalten, könnte man auf eine Planung von Gratgewölben schließen, wie sie in den Seitenschiffen ausgeführt sind, doch ist das nicht zwingend. Typisch sind neben den großen Mauerstärken und den wuchtigen, den Raum fast erdrückenden Einzelformen die niedrig ansetzenden Gewölbe und der ganz in Schildwände aufgeteilte Obergaden.

Unklar ist die Bewertung, ob die handwerklichen Unsicherheiten, die durch spätere statische Verformungen unterstrichen werden, der frühen Entstehungszeit oder dem provinziellen Charakter zuzuschreiben sind. Unbestritten ist jedenfalls die bedeutende architektonische Errungenschaft der Rippenwölbung. Vielleicht ist die gedrungene Form auf die Einwirkung oberitalienischer Vorbilder zurückzuführen. Am schlichten, oft reparierten Außenbau ist die Bereicherung der Ostapsis durch Großquaderwerk, vorgelegte Halbsäulen und in das Achsfenster eingestellte Wulste mit Fischgrätmuster hervorzuheben, ebenso wie die Löwen auf der Fenstersohlbank, vergleichbar denen am Ostbau des Wormser Domes.

Surburg
St. Martin, später St. Arbogast

Die ehemalige Stiftskirche wurde möglicherweise schon im 6. Jahrhundert vom Straßburger Bischof Arbogast gegründet, zumal seine Gebeine im 10. Jahrhundert großenteils nach Surburg überführt wurden. Das Kloster wurde im 11. Jahrhundert in ein Stift umgewandelt. Vielleicht hängt damit der Neubau der heutigen Kirche zusammen. 1738 erfolgte die Zusammenlegung mit der Pfarrei St. Georg in Hagenau.

Innenraum Die kleine, flachgedeckte kreuzförmige Basilika mit ausgeschiedener Vierung, quadratischem Vierungsturm und ebensolchem Chor mit Apsis repräsentiert die frühe Romanik der Salierzeit. Die kräftige Mauerstärke, die in den Arkaden sichtbar wird, deutet den elsässischen Charakter an. In dem Stützenwechsel aus quadratischen Pfeilern und gedrungenen Säulen, mit einfachen Würfelkapitellen und ohne übergreifenden Bogen, lebt eine

St. Johann, Langhaus nach Osten

*St. Martin,
Langhaus nach Osten*

ottonische Tradition weiter. Sowohl die Form der Kapitelle als auch die einfachen Kämpfer aus Platte und Schräge deuten einen Bezug zur Limburg und zum Speyerer Dom an. Dahin weisen auch die doppelten Blendarkaden, die die Seitenwände des Chores auszeichnen.

Die Apsis wurde im 12. Jahrhundert in Großquaderwerk erneuert, die Einwölbung von Chor und Vierung erfolgte erst in der Gotik. Das Äußere, das ursprünglich verputzt war, ist geprägt durch vorzügliches hammerrechtes Kleinquaderwerk, verzichtet aber auf Lisenengliederungen. Die Giebel der Westseite und der Querarme sind verloren und durch Walme ersetzt. Die Nordseitenschifffenster wurden im 18. Jahrhundert um das Vierfache vergrößert. Das Westportal mit mächtigem geradem Sturz und Entlastungsbogen darüber gleicht den Portalen der Limburg.

Speyer, Worms, Mainz und der nördliche Oberrhein

Der nördliche Oberrhein zwischen dem Elsass und dem Taunus bis zum Eintritt in das Schiefergebirge wird in der romanischen Baukunst bestimmt durch die drei großen Dome in Speyer, Worms und Mainz, für die sich seit dem Ende des 19. Jahrhunderts der Begriff »Kaiserdome« eingebürgert hat. Als Grablege der vier salischen Kaiser, die alle den Dombau gefördert haben, kann im engeren Sinne allein Speyer diesen Titel beanspruchen. Mainz hingegen ist eine erzbischöfliche Kathedrale, die nur in geringem Umfange Zuwendungen von Heinrich IV. erhielt, während Worms eine normale Bischofskirche ist, für die eine Unterstützung durch die Staufer nicht nachzuweisen ist. Gleichwohl beziehen sich die beiden jüngeren Bauten so eindeutig auf Speyer, dass von einer zusammengehörenden Gruppe gesprochen werden kann. Das ist umso bemerkenswerter, als alle drei im engeren Sinne keine Nachfolge gefunden haben. Nur Worms darf im weiteren Sinne als schulbildend bezeichnet werden.

Wie am südlichen Ober-, Mittel- und Niederrhein liegen die auf die Römerzeit zurückgehenden Bischofsstädte links des Rheines. Bei den einen neuen Maßstab setzenden Großbauten nach der Jahrtausendwende machte Mainz den Anfang, noch vor 1000 unter Erzbischof Willigis. Es folgte alsbald 1015 das Straßburger Münster des Bischofs Wernher, das an Größe den Mainzer Dom noch übertraf. Mit einem etwas kleineren Neubau begnügte sich Bischof Burchard von Worms, dessen Dom 1018 geweiht wurde. Nur das wenig bedeutende Bistum in Speyer blieb hinter den dreien mit einer vermutlich sehr kleinen, bis heute unbekannten Kirche zurück.

Speyer So nimmt es nicht Wunder, dass die neue Dynastie der Salier mit dem Regierungsantritt 1025 auf der Limburg und alsbald auch in Speyer im Bereich ihres Stammgebietes diesen unübersehbaren Makel ausgleichen wollten. Nur in dem geschichtlichen Wandlungsprozess liegt es begründet, dass ausgerechnet dieser Dom nicht nur der größte erhaltene, sondern auch zum ältesten unter den Großbauten werden sollte.

Seiner beeindruckenden Gestaltung ist es zu verdanken, dass die beiden Nachbarn im Norden bei den Erneuerungen des 12. Jahrhunderts auf das kaiserliche Vorbild setzten. So kommt es, dass trotz der unterschiedlichen Grundrissgestalt – Mainz und Worms sind Doppelchoranlagen – die sechstürmige Silhouette zum verbindenden Kennzeichen geworden ist, das nur ein wenig verwischt wird durch die späteren Veränderungen der Türme in Mainz. Der gedrungene achteckige Vierungsturm mit umlaufender Zwerggalerie neben zwei schlankeren Treppentürmen und jeweils zwei dieser Gruppen einander gegenübertretend, ist allen gemeinsam. Dies gilt übrigens auch für die innere Gestaltung der Türme.

Als zeitlich fast noch paralleles Bauunternehmen übernahm Mainz das soeben beim Umbau in Speyer (Bau II) entwickelte Modell der Ostapsis mit kleineren Variationen und Bereicherungen. Obwohl die Speyerer Apsis fast als Prototyp erscheint, ist es verwunderlich, dass sie am Oberrhein mit Ausnahme der Burgkapelle Winzingen und des schwäbischen Sindelfingen keine Nachfolge gefunden hat, während ihre Saat, modifiziert durch Teilung in zwei Geschosse, in reichem Maße am Niederrhein aufgehen sollte. Mainz übernahm auch den Typ der Doppelkapelle.

Eindeutig ist der Zusammenhang der drei Bauten vor allem aber bei den Gliederungen der Mittelschiffwände. Hier hatte Speyer schon bei Bau I (S. 66) in den Seitenschiffen mit den vorgelegten Pfeilerarkaden die Vorreiterrolle übernommen, indem dieses System auf das Mittelschiff übertragen wurde und nunmehr gewaltige, kolossale Blendarkaden das Unter- wie das Fenstergeschoss rahmend

Speyer, Dom, Ostansicht

zusammenfassten. Hinzu trat noch eine weitere Schicht mit Halbsäulen und zusätzlichen Blendbögen, die in den Seitenschiffen zugleich Schildbögen sind. Durch Verstärkung jedes zweiten Pfeilers durch Vorlagen und dicke Halbsäulen wurde bei Bau II daraus ein gebundenes System mit Stützenwechsel entwickelt. Ein weiter gehendes Konzept, das ausgehend von den Zwischenkapitellen der dicken Halbsäulen eine zusätzliche Wandschicht mit abschließendem Horizontalgesims einführen wollte, wurde nicht realisiert.

Mainz Dieses baugeschichtlich nacheinander entstandene System wurde in Mainz als Einheit begriffen. Die schlanken Halbsäulen von Bau I wurden einfach weggelassen und stattdessen erhielt jeder zweite Pfeiler eine einfache Halbsäule zur Aufnahme von Gurtbögen und Gewölbegraten. Im Grunde wurde damit als Hauptpfeiler der Typ von Bau I verwendet, nunmehr aber von Anfang an auf einen Gewölbebau mit gebundenem System gezielt. Bei nahezu gleicher Spannweite wurde jedoch die Raumhöhe reduziert, weil durch den tieferen Angriffspunkt der Gewölbe statischen Schäden vorgebeugt werden sollte.

Das bedingte eine ganz erhebliche Verkleinerung der Fenster, die zudem aus den vertikalen Arkadenachsen in der Schildwand zusammengerückt werden mussten. Als weitreichende Konsequenz liegt auf der Hand, dass die großen Blendarkaden, die mit etwas geringerem Relief auch in Mainz aufgenommen wurden, nicht mehr die Fenster rahmen konnten, sondern unterhalb dieser eine selbstständige Ordnung einführten, die durchaus auch als Zwischengeschoss aufgefasst werden kann.

Der Gedanke dreigeschossiger Wandaufrisse gewann in der ersten Hälfte des 12. Jahrhunderts in Frankreich und England entweder durch Emporen oder durch Triforien zunehmend an Bedeutung. Die reichen, antikisierenden Ornamentformen von Bau II in Speyer wurden in Mainz zwar im Ostbau eingeführt, aber wohl aufgrund fehlender Mittel und Handwerker im Langhaus gänzlich aufgegeben. Bei den Hauptkapitellen, aber auch im Profil des Horizontalgesimses erscheinen wieder die einfachen Formen der frühen Salierzeit. Der Verzicht auf unterschiedliche Dimensionierung der Pfeiler im Sinne eines Stützenwechsels, der in Speyer baugeschichtlich bedingt war, wurde in Mainz formengeschichtlich übernommen. Insgesamt wurde ein moderner Gewölbebau mit reduzierten, dem älteren Bau I entlehnten Formen realisiert. Das gilt auch für die Seitenschiffe, in denen die gewaltigen Pfeilervorlagen von Speyer zu normalen Gewölbevorlagen mit Halbsäulen reduziert wurden.

Mainz, Dom

Worms Das Langhaus des Wormser Domes dürfte nur 10 oder 15 Jahre nach Mainz begonnen worden sein, zumal die entscheidenden Weichenstellungen schon mit den östlichen Vierungspfeilern, die noch ganz zum Querhaus gehören, eingeleitet wurden. Gegenüber Mainz fällt sofort der bereits spätromanisch wirkende Profilreichtum bei Kämpfern und Gesimsen auf. Bei der Nordseite des Wormser Mittelschiffes wurde das Speyerer Gliederungssystem

Worms, Dom

komplett übernommen, aber durch Verzicht auf die Säulenvorlagen bei den Zwischenpfeilern eine der Wandschichten weggelassen. So steigen einfache, glatte Vorlagen von den Zwischenpfeilern auf und rahmen wie in Speyer die Fenster. Diese sind zwar etwas hinabgerückt und beginnen bereits unterhalb der Kämpferlinie, doch kommt es wegen der Größe der Öffnungen und Blendbögen zu einem empfindlichen Zusammentreffen mit den Schildbögen. Das System aus Vorlage und Halbsäule bleibt in Worms auf die Hauptpfeiler beschränkt, die wie zuvor schon in Mainz den gleichen Querschnitt wie die Zwischenpfeiler aufweisen und somit das Erbe von Speyer fortführen.

Differenzierter ist der Umgang mit einem ausgeprägten Horizontalgesims, das sich zwar über die Gewölbevorlagen hinweg verkröpft, bei den flachen Vorlagen der Wandgliederung aber aussetzt. Hinsichtlich des Systems ist es von untergeordneter Bedeutung, dass im zweiten und dritten Joch von Osten reich profilierte Blendnischen ein zusätzliches Geschoss andeuten. Schwere Polsterkapitelle, die sämtlich ornamentlos sind, bestimmen bei Pfeilern und Wandvorlagen das Bild.

Sehr ungewöhnlich erscheint vor diesem Hintergrund die südliche Mittelschiffwand in Worms, bei der von Anfang an die geschossübergreifende Kolossalordnung fehlt. Stattdessen läuft das verkröpfte Horizontalgesims ohne Unterbrechung fort. Erst darüber beginnen flache Blenden, die um die Fenster herumgeführt sind. Ab dem zweiten Joch treten auch hier zusätzliche Nischen, zum Teil verdoppelt und bis zu einem Bogenfries aufgelöst, in der Zwischenzone auf und bilden ein zum Teil sehr reich gegliedertes Mittelgeschoss. Insgesamt aber dominiert die Horizontale.

Worms, Dom, Langhaus

Offenbar wurde hier etwas realisiert, das mit den Zwischenkapitellen und entsprechenden, später wieder abgearbeiteten Bogenansätzen in Speyer zwar vorbereitet, dann aber unterlassen worden war. Von dieser Möglichkeit muss man in Worms Kenntnis gehabt haben, sodass offenbar aus Lust an der Variation beide Möglichkeiten einander gegenübergestellt wurden. Das bestätigt sich durch die Variation des Zwischengeschosses von Joch zu Joch. Man liebte also die dekorative Abwechslung, wurde aber im doppelten Sinne zum Speyerer Erben. In den relativ schmalen, wieder gratgewölbten Seitenschiffen von Worms wurden die Wandvorlagen noch weiter reduziert.

Die komplizierten, zweischaligen Konstruktionen des Speyerer Querhauses und Chores mit Kapellen in der Mauerstärke und außen umlaufenden Zwerggalerien wurden bei keinem der Nachfolger übernommen. Lediglich die Wucht der Mauermassen als grundlegendes Element wurde in Worms aufgegriffen, auch wenn in den Fenstertrichtern die Profile vereinfacht wurden. Hinzu trat das System von Lisenen und Bogenfriesen, das in einfacher Form schon an den Speyerer Türmen zu beobachten ist, in Worms aber nun in unterschiedlicher Weise mit Profilen ausgestattet wurde. Der profilierte Rundbogenfries sollte danach zu einem Standardtyp der oberrheinischen Architektur und darüber hinaus werden.

Diese griff auch im Gegensatz zum Niederrhein das Prinzip der Mauermasse auf. Der Wormser Dom wurde damit zum Vermittler bestimmter Grundideen von Bau II in Speyer. Verbunden mit den Polsterkapitellen, die ebenfalls Vorläufer im Querhaus des Speyerer Domes besitzen, und den leicht zugespitzten Gewölbebögen entstand so etwas wie eine Wormser Bauschule, die bis in das Elsass hineinreichte, aber umgekehrt auch Gedanken des Elsass integrierte. So sind denn auch die beiden großen Zisterzienserabteien Otterberg und Maulbronn, die als zu weit vom Rhein entfernt aus dieser Betrachtung ausgeklammert wurden, auf unterschiedliche Weise, aber dennoch unübersehbar von Wormser Formengut geprägt. In bescheidenerem Zuschnitt kann man dies auch von einer größeren Gruppe relativ kleiner Kirchen sagen.

Nachfolge Trotz der Gemeinsamkeiten ist jeder der drei großen Dome ein unverwechselbares Individuum. Dies belegt, dass es den Architekten gelang, ihren Bauten einen eigenständigen Charakter zu geben und dies auch über längere Zeiten durchzuhalten. Wer sich darüber wundert, dass weder von Speyer noch von Mainz eine Nachfolge im Sinne einer Schulbildung angeregt wurde, wird die Erklärung vermutlich in der gegenüber Frankreich oder England vergleichsweise geringeren Wirtschaftskraft zu suchen haben. Kirchen mit komplizierten Wandsystemen stellten keine Bauaufgabe dar.

Gerade vor diesem Hintergrund überrascht die Dichte der niederrheinischen Architektur, die auch kleinsten Bauwerken ihren Stempel aufzudrücken vermochte. Allenfalls die Zisterzienserabtei Eberbach wird man als stark vereinfachte Nachfolgerin des Mainzer Langhauses in Anspruch nehmen können.

Abschließend sei auf zwei hervorragende Denkmäler in diesem Raum hingewiesen. In Speyer und Worms haben sich jüdische Kultstätten der Romanik erhalten: in Speyer ein jüdisches Frauenbad aus der Zeit von Bau II, ebenso ein etwas jüngeres in Worms, dazu eine Synagoge von 1176, die leider weitgehend zerstört, aber sehr gewissenhaft rekonstruiert worden ist.

In besonderem Maße verdeutlicht der Dom in Mainz mit seinem von Speyer geprägten, oberrheinischen Gesicht im Osten (mit der weit geöffneten, von quer gestellten Tonnengewölben überfangenen Zwerggalerie) und seinem niederrheinischen Antlitz im Westen (über einem Trikonchos eine niederrheinische Zwerggalerie einschließlich Brüstung und Längstonne), dass die Grenze zwischen Ober- und Niederrhein nicht ganz so eindeutig bei Bingen verläuft, wie gerne angenommen wird. Zwei Mainzer Kirchtürme und der Kirchturm in Ingelheim haben niederrheinische Anklänge. Es liegt nahe zu vermuten, dass im Mainzer Dom sehr bewusst Architekturformen zu Aussagen eingesetzt wurden, womit ein weitreichender Hegemonialanspruch auch gegenüber Köln angemeldet wurde. Leider schweigen die Schriftquellen darüber.

Vergleich der Wandsysteme

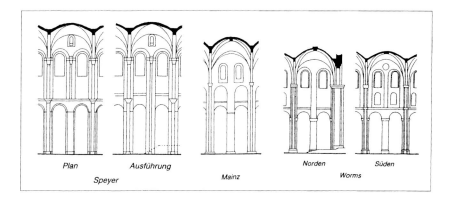

Nördlicher Oberrhein

Speyer
Dom St. Maria und St. Stephan

Wandsysteme, Bau II

Rekonstruktion, Bau I

Aus dem keltischen Noviomagus wurde im 1. Jahrhundert n. Chr. die römische Stadt Civitas Nemetum mit Kastell. Ab Mitte des 4. Jahrhunderts mit erneuter Erwähnung auf dem Pariser Konzil. 614 ist sie Bischofssitz mit dem Namen Spira. Obwohl der Bischof 946 durch Schenkung Konrads des Roten (gefallen 955 auf dem Lechfeld gegen die Ungarn) zum Stadtherren wurde, war sie unter den Saliern (1025–1125) eines der Zentren der Königsmacht im Reich. 1111 erhielt sie ein Freiheitsprivileg Kaiser Heinrichs V. 1254 gehörte sie zum Rheinischen Städtebund und stieg 1294 zur freien Reichsstadt auf.

Unter den zahlreichen Reichstagen seit dem hohen Mittelalter ist derjenige von 1529 berühmt geworden, weil die lutherische Minderheit gegen Beschlüsse protestierte (»Protestanten«). 1527 bis 1689 war hier der Sitz des obersten Reichsgerichtes (Reichskammergericht). 1689 wurde die Stadt durch die Truppen Ludwigs XIV. von Frankreich total zerstört und der Dom teilweise gesprengt. 1797 bis 1814 war die Stadt französisch, danach bis 1945 bayerisch.

Trotz ihrer römischen Vorgeschichte ist sie ganz auf den Dom ausgerichtet, der erst seit dem 11. Jahrhundert für diesen Standort gesichert ist: Am äußersten Ostende auf der spornförmig in die Rheinauen vorgeschobenen Terrasse gelegen, läuft nicht nur die Hauptachse als Straßenmarkt auf seine Westfront zu, sondern auch die übrigen Straßen in Form eines Fächers.

Der Dom ist nicht nur das größte erhaltene Bauwerk der Romanik in Deutschland und – seit der Zerstörung von Cluny III – in ganz Europa. Mit 134 m Länge, 33 m Höhe und 14 m Spannweite im Mittelschiff erreicht er die Dimensionen gotischer Kathedralen. In vielfältiger Hinsicht ist er technisch und baukünstlerisch innovativ. Durch die Förderung der salischen Kaiser und ihre gemeinsame Grablege, die angesichts der Zerstreuung der Begräbnisorte von Karolingern, Ottonen und späteren Staufern als Besonderheit in Deutschland gelten muss, wurde er zum Kaiserdom schlechthin.

Über die Lage und Gestalt der Bischofskirche von der Spätantike bis zum Ende der Ottonen ist nichts bekannt. Kurz nach der Thronbesteigung des ersten Saliers, Konrads II., wurde 1027 mit dem Bau in der Ostkrypta begonnen, unter Heinrich III. (1039–1056) wurde er fast vollendet und unter Heinrich IV. 1061 geweiht. Von diesem Bau I blieben trotz tief greifender Umbauten und Zerstörungen 1689 große Teile erhalten, einschließlich der Konzeption der Gesamtanlage. Es lassen sich mehr als acht Bauetappen und fast ebenso viele Planwechsel nachweisen, die alle auf Vergrößerung und Steigerung der architektonischen Form zielen.

Im Endergebnis handelte es sich um eine flachgedeckte Pfeilerbasilika mit breiten, kreuzgratgewölbten Seitenschiffen zu 12 Arkaden und ca. 30 m Raumhöhe. Im Osten folgte eine längsrechteckige, ausgeschiedene Vierung mit Vierungsturm sowie zwei nahezu quadratische Querarme. Das kurze trapezförmige Sanktuarium ist breiter als die Vierung, tonnengewölbt und besitzt am Anschluss 16 m Spannweite. Die verlorene anschließende Apsis war innen halbkreisförmig, außen dagegen gerade geschlossen und rechteckig ummantelt. Quadratische Chorwinkeltürme – die frühesten ihrer Art – nehmen breite Wendeltreppen auf. In die 6 m starke Westmauer sind seitlich die kleineren Treppenspindeln eingelassen, über denen oben später die Westtürme errichtet wurden, und in der Mitte ein riesiges, beidseitiges Stufenportal.

Der quer gelagerte Westbau in der Breite des Langhauses war durch die fortgesetzte Flucht der Mittelschiffmauern in drei kreuzgratgewölbte Joche aufgeteilt, von denen drei unterschiedlich große torartige Öffnungen nach außen führten. Im Obergeschoss war ein hoher Mittelraum von kleineren, zweigeschossigen Seitenräumen flankiert und durch eine große Öffnung als Empore mit dem Mittelschiff verbunden. Da die bekrönende Dreiturmgruppe ganz zum Bau II gehört, ist unbekannt, ob eine ähnliche Lösung für Bau I geplant war. Vermutlich waren sämtliche Treppentürme bei der Weihe 1061 nicht vollendet.

Unter dem Chor im Osten und dem gesamten Querhaus erstreckt sich eine große Hallenkrypta, der Fläche und Höhe nach die größte überhaupt. Der Vierungsbereich ist durch große Pfeilerarkaden ausgegrenzt, sodass vier quadratische Teilräume entstehen, die jeweils durch vier Säulen in drei mal drei kreuzgratgewölbte Joche unterteilt sind. Diese münden im Osten in die große Halbkreisapsis. Die Zugänge zur Krypta lagen ursprünglich seitlich neben der Grablege im Mittelschiff und führten in einen querrechteckigen Vorraum. Bei der Vergrößerung des Grabbereichs wurden die Treppen in die Seitenschiffe verlegt.

Noch vor 1082 (kurz nach seinem Gang nach Canossa 1077) begann Heinrich IV. einen tief greifenden Umbau, der bei seinem Tod 1106 fast vollendet, aber noch nicht abgeschlossen war: Bau II. Dabei blieben die Krypta, die Seitenschiffe, die Turmschäfte und der Westbau in seiner vollen Höhe unverändert erhalten. Die Querarme und der gesamte Ostchor, sofern er nicht zwischen den Türmen lag, wurden bis auf das Niveau der Gewölbe der Krypta abgebrochen. Diese wurde außen in doppelter Mauerstärke ummantelt, die rechteckige Außenform der Apsis wurde durch eine halbkreisförmige ersetzt. Darüber wurden die zuvor fast gliederungslosen Ostteile mit gewaltigen Mauerstärken und reicher struktureller wie ornamentaler Gliederung in Großquaderwerk neu errichtet.

Das Mittelschiff erhielt einen Stützenwechsel und wurde durch Zusammenfassen je zweier Joche in sechs Doppeljoche im gebundenen System mit Kreuzgratgewölben überspannt, den frühesten im Norden und mit 14 m bis ins 13. Jahrhundert den größten Europas. Für die größeren Querarme waren zunächst Gratgewölbe vorgesehen, die während des Baus durch Bandrippengewölbe ersetzt wurden und wiederum zu den frühesten in Europa gehören. Der Vierungsturm wurde durch einen achteckigen mit Klostergewölbe ersetzt. Der Chor und die Stirnwände der Querarme erhielten komplizierte, zweischalige Konstruktionen mit Kapellen in der Mauerstärke im Innern und entsprechend Zwerggalerien im Äußeren. Letztere wurden auch bei der Apsis eingeführt und dem Obergaden des Mittelschiffes aufgesetzt. Es sind die frühesten dieses oberrheinischen Typs, der etwas später in Oberitalien und der Toskana weite Verbreitung fand.

Die Türme erhielten ihre Freigeschosse, der Westbau eine Dreiturmgruppe mit achteckigem Mittelturm und querrechteckigen Türmen über den Treppenspindeln. Im Winkel zwischen Südquerarm und Seitenschiff wurde in Verbindung mit dem dortigen Kreuzgang eine Doppelkapelle mit achteckiger Mittelöffnung errichtet, die früheste bekannte ihrer Art, die für Mainz und viele jüngere Burgkapellen verbindlich wurde. Auf der Nordseite wurde entsprechend die Afrakapelle mit dem kleinen Paradies angebaut.

Unter Heinrich V. (1106–1125) wurde der Umbau in vereinfachten Formen vollendet. Neben den strukturellen Neuerungen zeichnet sich Bau II durch eine für Deutschland einzigartige, zum Teil der antiken Formenwelt entlehnte Bauzier aus, die sich mit mittelalterlichen Formen mischt. Für diesen Formenimport sind vermutlich italienische Wanderarbeiter verantwortlich.

Im 13. Jahrhundert erhielten die Türme ihre Giebel und die gemauerten niederrheinischen Rautenhelme. Ende des 13. und Anfang des 14. Jahrhunderts wurden auf der Nordseite gotische Kapellen angebaut, die 1689 zerstört und dann abgetragen wurden. Bei dieser großen Zerstörung gingen zwei Drittel des Langhauses bis auf die südliche Seitenschiffmauer und die Giebel des Ostbaus verloren. 1755 wurde der Westbau bis auf das untere Vorhallengeschoss abgebrochen. 1771 bis 1778 wurde das Langhaus als exakte Kopie im Anschluss an die stehenden Teile wieder errichtet, verbunden mit einem reduzierten phantasievollen Westbau. Nach abermaliger Verwüstung durch die französischen Revolutionstruppen 1794 wurde der Dom 1846 bis 1853 unter dem bayerischen König Ludwig I. verputzt und ausgemalt und erhielt anschließend einen neuen Westbau in Anlehnung an den alten, jedoch niedriger und in reicheren historischen Formen. Nach einer Sicherung 1930 wurden 1957 bis 1966 große Teile der Ausmalung entfernt, vermauerte Fenster geöffnet und die Annäherung an den romanischen Zustand gesucht. Die neuen Dächer erhielten ihre ursprüngliche Neigung, die drei Ostgiebel wurden rekonstruiert und der Fußboden auf das ursprüngliche Niveau um über 60 cm abgesenkt. Sicherungen und abermalige Reinigung des Innern sind seit 1997 im Gang.

Gesamtansicht Charakteristisch sind die beiden gleichartigen Dreiturmgruppen über Ost- und Westbau, dazwischen das ungewöhnlich gestreckte Langhaus. Die Westtürme des 19. Jahrhunderts sind zu schlank geraten, daher hinkt die gleichartig gedachte Form. Über dem östlichen Vierungsturm blieb die barocke Schweifhaube erhalten. Der Giebel erscheint zurückgesetzt hinter dem Pultdach der Zwerggalerie, die als Einzige um den ganzen Bau herumgeführt ist.

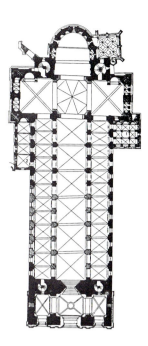

Ansicht von Süden

Nördlicher Oberrhein

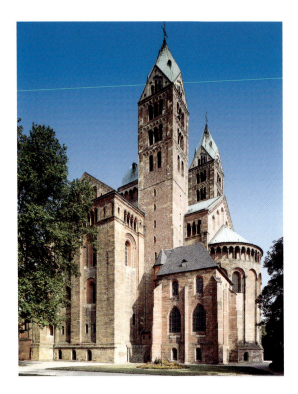

Chor und Südquerarm von Südosten

Chor und Querhaus Bis auf den ungegliederten Turmschaft stammt dieser Teil des Domes aus der zweiten Bauzeit unter Heinrich IV. Die klassische Lösung der Apsis mit dem von Bau I übernommenen Motiv der Blendarkaden und der ersten Zwerggalerie wirkt fast zierlich gegenüber der monumentalen Steigerung am Querhaus mit den gewaltigen Pfeilervorlagen und den tiefen, reich gegliederten Fenstertrichtern. Der tief den Mauerkern aushöhlenden Zwerggalerie entspricht der zurückgesetzte Giebel darüber.

Seitenschiff nach Westen

Die gesteigerte Wirkung der Mauermasse wurde prägend für die Spätromanik am Oberrhein. Links an der westlichen Querhauskante wird (in der Abbildung nahezu vom Baum verdeckt), der isolierte Strebepfeiler mit langer Schräge sichtbar, der in Basel und Straßburg Nachfolge fand. Die dreigeschossige Sakristei von 1409 tritt vor, die mit ihren Fenstern Anschluss an die romanischen Formen sucht.

Innenraum, Seitenschiff Trotz weitgehender Erneuerung der Gewölbe hat der Raum unverändert die Gestalt des ersten Baus bewahrt. Die querrechteckigen Joche mit ihren Gratgewölben werden durch sichelförmige Gurtbögen getrennt. Sie ruhen auf Halbsäulen mit Würfelkapitellen. Unabhängig davon wird die Außenmauer durch eine Abfolge mächtiger Blendarkaden gegliedert, die den verputzten Kleinquaderflächen vorgelegt sind. Sie spiegeln die frei stehenden Pfeiler der Mittelschiffarkaden und geben dem Raum eine symmetrische Erscheinung, was bei Seitenschiffen selbst gotischer Kathedralen ganz selten zu finden ist. Hier gewinnt die frühsalische Architektur einen fast römischen Charakter.

Mittelschiff Die außerordentliche Wirkung des gewaltigen Raumes beruht auf der einzigartigen Wandgliederung. Der durch die Einwölbung hervorgerufene Wechsel zwischen den schlanken Halbsäulen von Bau I an den Zwischenpfeilern und den zweigeschossigen dicken Halbsäulen von Bau II mit ihren antikisierenden Kapitellen schafft einen überzeugenden Rhythmus.

Die kuppelartig ansteigenden Gratgewölbe waren ursprünglich sicher durch diagonale gemalte Bänder in die Struktur integriert, während der unregelmäßige Farbwechsel im Quaderwerk durch einen dünnen Farbüberzug ausgeglichen wurde. Die Fresken unter den Fenstern sind ein Rest der Ausmalung von 1846. Ihnen wurde das wichtige Horizontalgesims geopfert. Störend wirkt die Einschnürung der Vierung durch die Verstärkung der Pfeiler von 1759.

Krypta Auch dieser Raum zeigt den frühsalischen Bau unverändert, obwohl die Gewölbe formgetreu erneuert sind. Die Ausgrenzung des Vierungsraumes durch mächtige Pfeilerarkaden fördert die frühromanische Klarheit ebenso wie die Jochunterteilung des Gewölbes durch sichelförmige Gurtbögen. Die Säulen auf gestuften Plinthen und attischen Basen tragen frühe Würfelkapitelle.

Doppelkapelle St. Emmeram Der ursprünglich vielleicht als Kapitelsaal dienende Raum (jetzt Taufkapelle) des Untergeschosses, im Winkel von südlichem Seitenschiff und Südquerarm, hat in seiner

Mittelschiff nach Osten

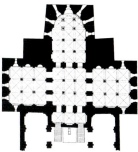

Grundriss Krypta (Bau I)

Aufteilung große Ähnlichkeit mit den Teilräumen der Krypta, jedoch sind die Proportionen im Einzelnen feingliedriger. Die Säulen vom Anfang des Baus II haben nunmehr stilisierte korinthische Kapitelle und Eckzehen an den Basen. Rechtecknischen und gestufte Wandvorlagen auf einer umlaufenden Sitzbank gliedern die Wände. In der Mitte stellt ein Achteck die Verbindung zum Obergeschoss her, was – wenn auch etwas gezwungen – als Anklang an die Pfalzkapelle in Aachen gedeutet wird.

Links: Krypta unter der Vierung nach Osten

Untergeschoss der Doppelkapelle nach Südosten

Limburg an der Haardt
Ruine der ehemaligen Benediktinerklosterkirche Zum Heiligen Kreuz

Unmittelbar nach seiner Wahl zum deutschen König 1025 gründete der erste Salier auf dem Thron, Konrad II., auf seiner Gaugrafenburg, die nach der Verdrängung des Geschlechts aus Worms an Bedeutung gewonnen hatte, ein Benediktinerkloster, wohl in der Absicht, eine neue Grablege für das Geschlecht zu schaffen. 1035 wurden drei Altäre in der Krypta geweiht, 1038 wurde westlich vor dem Konventschor, der sich in der Vierung befand, Gunhild, die erste Gemahlin Heinrichs III. bestattet. Schon 1042 konnte die Kirche geweiht werden. Von den Leininger Grafen als Nachfolgern der Salier übernahm 1471 Kurpfalz die Vogtei. Dies führte in einer kriegerischen Auseinandersetzung 1504 zur Zerstörung des Klosters durch die Leininger. Trotz des Versuchs eines neuen Anfangs 1510, der Errichtung eines Konventsbaus und einer Notkirche im Chor wurde das Kloster 1574 endgültig aufgehoben.

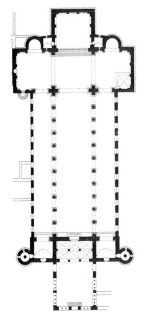

Grundriss, Rekonstruktion

Als gleichzeitiger Schwesterbau des vom selben Stifter initiierten Domes in Speyer vermittelt die Limburg einen gewissen Eindruck von Bau I, weicht aber in zahlreichen Punkten grundsätzlich ab. Jedoch vermag kaum eine zweite Kirche Stil und Programm der frühen (salischen) Romanik so klar zu vermitteln. Die königliche Stiftung drückt sich auch in der beachtlichen Größe von etwa 80 Metern aus. In den Ostteilen und im Langhaus flach gedeckt, ist Letzteres nicht ganz sicher als reine Säulenbasilika zu rekonstruieren. Die Säulen mit einfachen Würfelkapitellen und Kämpfern aus Platte und Schräge

Ansicht von Osten

standen auf Basen mit ausgeprägten Kehlen, die sich von den Speyerern deutlich unterschieden.

Die quadratische ausgeschiedene Vierung mit ihren kreuzförmigen Pfeilern ist ein Musterbeispiel dieses Typs (im Gegensatz zu Speyer) und ist umgeben von den beiden Quadraten der Querarme und dem Quadrat des Chorjochs, das nach Osten gerade abschließt. Vernachlässigt man die Mauerstärken, dann wiederholt sich das Quadrat viermal im Mittelschiff, erscheint halbiert als westliche Vorhalle und geviertelt als Turmgrundriss (»quadratischer Schematismus«). Die Ostseite der Querarme nehmen zwei ungewöhnlich steile, durch Stelzung sehr tiefe Nebenapsiden auf. Zwischen ihnen liegen die gewinkelten Abgänge zur Krypta und über diesen offensichtlich nachträglich, aber während des Baus eingefügt, tonnengewölbte Kammern, die vom Chor aus zugänglich sind, vermutlich Archiv und Sakristei (vgl. Maria Laach).

Die Untergeschosse von Querarmen und Chor sind umstellt von kräftig vortretenden Blendarkaden, die jeweils die untere Dreiergruppe der Fenster rahmen. Darüber sitzt eine zweite Fensterreihe, die im Chor verloren ist, mit großen, kaum geschrägten Öffnungen, die wiederum an Römisches erinnern. Die Seitenschiffwände sind innen wie außen glatt. Über den Mittelschiffarkaden verlief ein Gesims aus Platte und Schräge, das möglicherweise durch kleine vertikale Rundvorlagen mit den Säulenkämpfern verbunden war – vielleicht eine Vorform der bekannten Hirsauischen Arkadenrahmungen. Über der Vierung erhob sich ein achteckiger Vierungsturm, der vermutlich, aber nicht ganz sicher, zum Ursprungsbau gehörte. Der quadratische Chor nahm unten eine Vierstützenkrypta auf, mit Säulen und Würfelkapitellen auch als Wandvorlagen. Die Gewölbe wurden 1979 rekonstruiert. Der Konvent saß unten in der Vierung, während der zugehörige Hochaltar oben über der Krypta stand.

Der Westbau ähnelt stark den ergrabenen Fundamenten des Wernher-Baus in Straßburg: quadratische Türme mit tonnengewölbten Eingangsjochen am Ende der Seitenschiffe, dazwischen öffnete sich eine Vorhalle mit drei Arkaden, die durch weitere zwei Säulen die Tiefe von zwei Jochen in drei Schiffen erhielt. Das Eingangsportal lag in der Ostwand. Die Empore darüber öffnete sich umgekehrt mit drei Arkaden in das Mittelschiff. Sie war zu erreichen über kleine Treppentürme, die an den westlichen Außenkanten der Türme angeordnet sind. Der südliche stürzte ein und wurde im 14. Jahrhundert gotisch erneuert.

Es ist nicht eindeutig geklärt, ob die Türme frei standen oder ob sie zu einem Querriegel verbunden waren, der oben einen mittleren Aufsatz trug – eine eher niedersächsische Lösung, die man angesichts der Doppelturmfassaden am Oberrhein für unwahrscheinlich halten wird.

Der Außenbau ist im unteren Teil mit Ausnahme der beiden Nebenapsiden und der Treppentürme ungegliedert; erst im Obergeschoss setzen über einem Rücksprung Lisenen und Bogenfriese unter der Traufe an. Die flachen Lisenenbänder der Nebenapsiden gleichen denen der Westtürme des Wormser Burchard-Domes. Vor den Arkaden der westlichen Vorhalle befand sich ein atriumartiger, überdachter Vorbau ohne Umgang, der die charakteristische Dreierarkade in der Mitte verdeckte.

Ostansicht Der gerade Chorschluss der Limburg kann auf eine lange karolingische Tradition zurückblicken und hat seinerseits vermutlich auf Konstanz, Hirsau, Murbach und zahlreiche andere Bauten am Oberrhein gewirkt. Das zisterziensische Prinzip ist hier um fast 100 Jahre vorweggenommen. Auslösend mag die östlich vorgelagerte Burg- oder Konventsanlage gewesen sein.

Das obere Fenstergeschoss ist beim Chor zu ergänzen. Die einzelnen Baukörper treten in ihrer kubischen Form klar hervor. Das Kleinquadermauerwerk war verputzt, die roten Eckquader blieben sichtbar. Um die Fenster herum war ein weißer Putzrahmen abgesetzt.

Querhaus Vor allem das Querhaus vermag eine gewisse Vorstellung von den verschwundenen Teilen des Baus I in Speyer zu vermitteln. Jedoch ist die Limburger Anordnung klarer und präziser. Dies gilt auch für die zukunftsweisende Doppelturmanlage im Westen. Unvergleichbar sind die beiden Langhäuser.

Heute fehlen im Innern die Säulenarkaden und Obergadenwände des Mittelschiffes sowie die Vierungsbögen. Der Chor ist durch eine spätgotische Mauer abgetrennt.

Querhaus von Westen

Ansicht von Südosten

Grundriss Krypta

Nördlicher Oberrhein

St. Gallus, Krypta nach Südosten

St. Martin, Krypta nach Nordwesten

Ladenburg
St. Gallus

Die keltische Siedlung Lopodunum entwickelte sich zu einer bedeutenden Zivilsiedlung und zum größten Reitereikastell im Rheingebiet. Sie musste 260 beim Alemanneneinfall aufgegeben werden, trotzdem ergab sich eine Siedlungskontinuität.

Krypta Die Pfarrkirche wird 797/965 erwähnt. Sie steht auf den Fundamenten der großen römischen Marktbasilika. Einbezogen in einen gotischen Neubau (1250–1485), hat sich von einem frühromanischen Bau aus dem 2. Viertel des 11. Jahrhunderts nur die Vierstützenkrypta mit Wandnischen bewahrt, die später einen Umgang erhielt.

Die kämpferlosen Würfelkapitelle, die sehr dicht an der geometrischen Grundform sind, tragen verputzte Gurtbögen zwischen den Gratgewölben. Sehr ähnlich sind die Krypten von St. Peter in Hochheim bei Worms und auf dem Heiligenberg bei Heidelberg. Es handelt sich wohl um Nachfolger von Limburg an der Haardt.

Bingen
St. Martin

Ein römisches Kastell sicherte hier die Nahebrücke. 983 schenkte Otto III. den Ort an den Mainzer Erzbischof. 1006 wird erstmals ein Stift erwähnt; vielleicht als Gründung von Erzbischof Willigis. Es wurde 1672 aufgehoben. Die romanische Kirche wurde 1403 nach einem Brand durch eine gotische ersetzt.

Krypta Allein die Krypta der ehemaligen Stiftskirche blieb erhalten. Auch sie vertritt den Vierstützentyp, ist aber deutlich jünger als Ladenburg, weil die Form der Würfelkapitelle gedrungen und mit klar abgesetzten Schilden versehen ist. Kämpfer trennen sie von den schmalen, stark sichelförmigen Gurtbögen. An den Wänden erscheinen gequaderte Pfeiler. Die Krypta dürfte im letzten Viertel des 11. Jahrhunderts, möglicherweise sogar erst um 1100 entstanden sein.

Lorsch
Torhalle des ehemaligen Benediktinerklosters St. Petrus, Paulus und Nazarius

Die Gründung erfolgte vor 764, die Verlegung an den heutigen Ort bereits 767. 772 wurde es an Karl den Großen als Eigen- und Reichskloster übertragen. Umfangreiche Schenkungen und intensive Förderung machten es zu einem der bedeutendsten Klöster am Oberrhein – ausgestattet mit erlesenen Handschriften und kostbaren Elfenbeinarbeiten aus der Hofschule Karls des Großen. Ludwig der Deutsche (840–876), dessen Sohn und Enkel wurden hier begraben. Auch unter den ottonischen und salischen Kaisern hielt die Blüte an.

Der Niedergang zeichnete sich aber schon im 12. Jahrhundert ab. Nach dem Übergang an Kurmainz wurde es an Kurpfalz verpfändet und 1555 aufgehoben. Seine berühmte Bibliothek wurde 1622 von dem kaiserlich-katholischen Feldherrn Tilly nach Rom geschenkt. Das Kloster und das Atrium wurden im 18. Jahrhundert bis auf einen Rest der Kirche von drei Arkaden und die Torhalle vollständig abgebrochen. Der erhaltene Teil der Kirche gehört vermutlich zu einer Vorkirche, die als Verlängerung des karolingischen Baus 1141/48 errichtet wurde. Dieser Zeit ist wohl auch das Atrium, in dessen Hof die Torhalle im Hochmittelalter stand, zuzuschreiben.

Ihr baulicher Zusammenhang in karolingischer Zeit ist ebenso unbekannt wie die ihr zugedachte Funktion. Ihre antikisierende Formensprache bezieht sich auf das Konzept der »renovatio imperii« unter Karl dem Großen, das 800 in seiner Krönung zum römischen Kaiser gipfelte. Die überwiegende Mehrheit der Forscher datiert die Torhalle daher vor oder um 800. Neuerdings wird jedoch aufgrund der Ähnlichkeit erhaltener Bauzier einer für 876/82 bezeugten »Ecclesia varia« (bunten Kirche) eine spätkarolingische Datierung vorgeschlagen.

Der kleine querrechteckige Bau mit seitlichen dreiviertelrunden Treppentürmen öffnet sein Untergeschoss beidseitig durch drei gleich große Pfeilerarkaden, denen nach römischer Art Halbsäulen mit einem Architrav vorgelegt sind. Über der Balkendecke befindet sich im Obergeschoss ein niedriger Saal, der heute von einer in Anlehnung an die spätgotische Form wiederhergestellten Holztonne überspannt wird, ehemals aber mit flacher Decke oder offenem Dachstuhl abschloss. Er ist über die Treppentürme zu erreichen, von denen der nördliche modern erneuert ist. Das ursprüngliche Dach war sehr flach. Die Ausmalung des Saales zeigt eine ältere Schicht mit figürlichen Darstellungen, in einer zweiten antikisierende Säulen bzw. Pilaster. Die Nutzung als Michaelskapelle ist erst seit dem 15. Jahrhundert überliefert.

Außenansicht Das Obergeschoss ist außen hervorgehoben durch eine flache Blendgliederung aus kannelierten Pilastern und spitzen Dreiecksgiebeln und schließt mit einem Konsolengesims ab. Sämtliche Kapitelle sind dem antiken Formenkanon entlehnt. Ungewohnt ist die fast textile Behandlung der Wandfläche, bei der rote und weiße Sandsteinplättchen wie bei einem Fußboden wechseln, unten quadratisch, in der Architravzone rautenförmig und im Obergeschoss sechseckig mit kleinen Dreiecken dazwischen. Dies ähnelt ornamentalen Dekorationen römischer Stadtmauertürme (Le Mans; Köln).

Da die Gliederung auf die Längsseiten beschränkt ist und die Türme ausspart, erinnert sie an römische Stadttore, das Untergeschoss an Triumphbögen, von denen sie allerdings durch die Gleichartigkeit der Bogenstellungen abweicht. Da sich kein einziges vergleichbares Bauwerk erhalten hat (vielleicht aber auch gar nicht existierte), sind Rückschlüsse auf Funktion und Absicht spekulativ. Die Kombination von offener Halle und geschlossenem Saal lässt an spätere Rathäuser, insbesondere in Oberitalien, denken, aber auch an die Grundidee der Westwerke. Der triumphale Charakter in Verbindung mit dem Weg zur Kirche ist noch heute spürbar. Nur hier und mit der Aachener Pfalzkapelle hat sich die karolingische Architektur der Vision einer von ihr rekonstruierten Antike so stark angenähert.

Lorsch, Torhalle, Ansicht von Westen

Worms

Dom, Lisenenfuß mit früher Steinskulptur der heiligen Juliana mit Engel und gefesseltem Teufel (Ostchor)

Dom, Ansicht von Nordosten

Aus der keltischen Siedlung Borbetomagus wurde im 1. Jahrhundert v. Chr. unter römischem Einfluss die Civitas Vangionum, die sich im 1. Jahrhundert n. Chr. zu einem Garnisonsort mit bedeutender Zivilstadt entwickelte. Sie war beträchtlich größer als die spätere mittelalterliche Stadt. Ein Bischof wird 346 (Konzil von Köln) genannt.

Nach Zerstörungen durch Vandalen und Alemannen wurden die Burgunder um 410 als Hilfstruppen angesiedelt und bildeten unter ihrem König Gunther ein selbstständiges Reich, das jedoch schon 436 durch Einwirkung der Hunnen unterging und das Volk zur Wanderung südwärts zwang. 450 überschritten die Hunnen den Rhein, schon 496 gab es in Worms eine fränkische Königspfalz, die Zentrum eines Teilreiches unter Königin Brunchildis (613 hingerichtet) wurde. Sie und das kurzlebige Burgunderreich bilden den Kern der um 1200 in ihrer letzten Form schriftlich fixierten Nibelungensage, die Worms zum Zentrum hat. Bis 790 hielt sich Karl der Große häufig in der Pfalz auf. Die mächtigen salischen Gaugrafen, die im Dom ihre Grablege hatten, wurden unter Bischof Burchard (1000–1035) als Stadtherren abgelöst.

1122 schloss Kaiser Heinrich V. mit dem Papst das Wormser Konkordat, das ein vorläufiges Ende des Investiturstreites herbeiführte. 1184 gewährte Kaiser Friedrich I. Barbarossa ein Freiheitsprivileg, das auf einer Bronzetafel am Dom angebracht wurde. Die 1273 erlangte Reichsfreiheit bestand bis 1797. Von den zahlreichen Wormser Reichstagen sind diejenigen von 1495 unter Maximilian (Reichsreform) und 1521 unter Karl V. berühmt geworden; auf Letzterem trat Luther auf, wurde mit der Reichsacht belegt und damit die religiöse Spaltung Europas, insbesondere des Reiches, eingeleitet. Die schwere Zerstörung 1689 durch den französischen König teilt Worms mit Speyer, Heidelberg und den kleineren Städten der Kurpfalz. Bis zur Aufhebung des Bistums 1797 wurde es von den Nachbarbistümern mitverwaltet.

Dom St. Peter

Nahe der Stadtmauer, angeblich trotzdem über dem römischen Forum, dem in der Regel zentralen Platz, gelegen, haben sich unter dem Dom vornehmlich ausgedehnte Reste von Estrich gefunden. Aus den Mauerresten lässt sich eine längsrechteckige römische Anlage rekonstruieren, die im Frühmittelalter erneuert und vergrößert wurde. 850/70 erfolgte eine Erweiterung, in der 955 der Salier Konrad der Rote bestattet wurde. Der ottonische Neubau wurde von Bischof Burchard errichtet, 1018 geweiht und nach einem Einsturz des Westchores 1020 wiederhergestellt. Die Stümpfe der Westtürme mit ihren flachen Lisenen blieben erhalten, eine Halbkreisapsis dazwischen wurde ausgegraben. Die erhaltenen Fundamente des Langhauses belegen, dass dieses in den Abmessungen dem jetzigen entsprach. Die sichtbaren Fundamente des Querhauses, des gerade geschlossenen Ostchores und der beiden Osttürme stammen dagegen vom staufischen Neubau, sodass die Gestalt der Ostteile des Burchard-Domes ungesichert ist.

Ab 1125/30 wurde ein Neubau teilweise über den alten, aber verstärkten Fundamenten errichtet, der im Osten 1132/37 bereits die Höhe der Gewölbe erreicht hatte, wie holzdatierte Gerüstriegel beweisen. Die Apsis, innen rund, außen gerade geschlossen, flankiert von zwei mächtigen Rundtürmen, erhielt einen fassadenartigen Charakter zur Stadt hin. Das quadratische Chorjoch und die beiden rechteckigen Querarme werden von Bandrippengewölben nach Speyerer Vorbild überspannt, die Bögen sind bereits leicht zugespitzt. Auch der Vierungsturm mit seiner äußeren Zwerggalerie und der inneren Nischengliederung folgt genau dem Vorbild in Speyer.

Zusammen mit dem Querhaus wurde das östliche Doppeljoch des Langhauses errichtet und erhielt dabei seine unterschiedlichen Wandgliederungen, die im Folgenden beibehalten wurden. 1160 war die Nordreihe der Arkaden fertig gestellt. Während der Obergaden in einem Zuge ausgeführt wurde, geschah dies beim südlichen in Abschnitten. Bei der für 1181 überlieferten Weihe war der

Worms, Dom St. Peter

Dom, Westchor

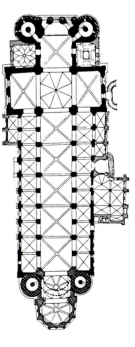

75

Worms, Dom, Blick auf die nördliche Mittelschiffwand

Dom, dekorierter Lisenenfuß mit Bartraufer-Köpfen (Ostchor)

Westchor, der über die Grenzen des Burchard-Domes hinausgreift und unter neuer Bauleitung entstand, wahrscheinlich schon vollendet. Danach wurden die oberen Teile der Westtürme erbaut und die niedriger geplanten Osttürme aufgestockt. Ab 1300 wurde ein neues gotisches Südportal errichtet und in der Folge nicht nur die zweischiffige Nikolauskapelle, sondern auch nach Osten weitere Kapellen angefügt. 1482 folgte eine entsprechende auf der Nordseite. Der Nordwestturm stürzte 1429 ein und wurde erst nach 1472 in Anlehnung an das romanische Vorbild wiederhergestellt.

Der gotisch erneuerte Kreuzgang befand sich am Westende des südlichen Seitenschiffes, während sich auf der Nordseite die bischöfliche Pfalz anschloss. Vor der Fassade des Südquerarmes lag der komplizierte Zentralbau der Johanneskirche, der leider vollständig abgebrochen wurde. Die Beschädigungen 1689 betrafen die drei Mittelschiffgewölbe und die Dächer. 1902/06 musste der Westchor wegen Fundamentschwierigkeiten (vgl. 1018/20) abgetragen und – teilweise mit altem Material – neu errichtet werden. 1945 brannten abermals die Dächer ab.

Die kreuzförmige, doppelchörige Pfeilerbasilika besitzt fünf Doppeljoche des gebundenen Systems mit entsprechendem Stützenwechsel und Rippengewölbe im Mittelschiff. Das westliche Chorjoch flankieren zwei etwas schlankere Rundtürme und nehmen einen hohen, innen sehr steilen Chorturm zwischen sich. Die Westapsis ist polygonal und schließt mit fünf Seiten des Achtecks. Zwischen Querhaus und Nordostturm ist die im Kern aus dem 11. Jahrhundert stammende gotisch umgebaute Silberkammer eingefügt. Ihr gegenüber liegt die barocke Sakristei.

Die Bedeutung des Wormser Domes – bis 1797 war er bischöfliche Kathedralkirche – besteht darin, dass er mit seinen profilierten Lisenengliederungen, den vereinfachten, aber plastisch reich gegliederten Fenstergewänden, den Polsterkapitellen im Innern, den Diensten und Bandrippen insgesamt stilbildend in der Region und darüber hinaus gewirkt hat, was sowohl Speyer als auch Mainz versagt blieb. Mit ihm beginnt noch vor der Stauferzeit die Spätromanik am Oberrhein. Er ist der nördliche Bezugspunkt zum Elsass und zu Basel.

Außenansicht Die Sechstürmigkeit wurde dadurch erzielt, dass ein Chorturm über dem Westchor zwischen den beiden Rundtürmen angeordnet wurde. Die beiden östlichen sind nicht in den Winkeln des Querhauses, sondern neben der geraden Stirnseite zu fassadenartiger Wirkung gruppiert worden. Hier erscheint auch das verbindende Element der Zwerggalerie. Alle Flächen des Außenbaus sind gerahmt von profilierten Lisenen und Rundbogenfriesen, was zu einem Grundelement romanischer Gestaltungsweise werden sollte. Dies und die Profilbildung in den Fenstertrichtern bewirkt den stilistischen Unterschied zum fast gleichzeitigen Murbach im Elsass.

Westchor Die eigentümliche Gruppierung gehört zu den eindrucksvollsten Schöpfungen der Romanik im europäischen Vergleich. Ausgehend vom Typ des Vierungsturmes ist die Westapsis in ein ähnliches zentralbauartiges Polygon verwandelt, hinter dem sich der Chorturm in vergleichbarer Gestalt nach oben schiebt. Die beiden Rundtürme, deren unterstes Geschoss noch von 1018/20 stammt, nehmen Letzteren zwischen sich, um der Gruppe Halt zu geben. Die auch um die Türme herumgeführte Zwerggalerie wirkt dabei wie ein festes Band. Charakteristisch sind die Steindächer mit schweren durchbohrten Knäufen und steinernen Gaupen. Singulär ist auch die Übertragung des Fassadenmotivs der Speichenrose, hier umgeben von drei kleineren Trabanten, auf das Polygon des Chores,

St. Martin

Die ehemalige Stiftskirche soll unter Bischof Hildebolt (979/98) von Otto III. (983–1002) gegründet worden sein. 1016 ist das Kollegiatstift urkundlich erwähnt. Die Kirche war beim Tod Bischof Burchards 1035 noch nicht vollendet.

Ein tief greifender Umbau, der einem Neubau gleichkommt, ist zwischen 1200 und 1230 zu datieren. Dabei wurde die querschifflose, flachgedeckte Pfeilerbasilika mit komplizierterem Westbau im gebundenen System gewölbt durch Neubau und Verstärkung jedes zweiten Pfeilers mit Wandvorlage und Halbsäule. Der neue, gerade geschlossene Chor ist zwei Joche tief. Im Westen bleibt ein schmales, querrechteckiges Joch, das sich aufgrund eines älteren Westbaus ergibt. Aufgrund dieser Situation haben die spätromanischen Westtürme, von denen nur der nördliche ausgeführt wurde, einen stark längsrechteckigen Grundriss.

Außenansicht Die Doppelturmfassade bildet wiederum einen Block, der nur durch Lisenen gegliedert ist. Der Aufsatz, der den Südturm andeutet, ist modern. Das Säulenstufenportal mit Schaftringen gehört mit seinen der Gotik entlehnten Einzelformen in die Endphase der Romanik und dürfte nach dem Stadtbrand 1241 noch vor der Schlussweihe 1265 entstanden sein.

Langhaus Die einfachen Zwischenpfeiler sind frühsalisch, während die Hauptpfeiler mit Wandvorlagen und die schweren Rippengewölbe mit

was zu seitlichen Überschneidungen führt. Bewundernswert ist die Gratwanderung zwischen ungezügelter Gestaltungskraft und Unterordnung unter die Gesamtkomposition. Der nordwestliche linke Turm geht auf den historisierenden Wiederaufbau von 1472 zurück.

Langhaus Das starke Wandrelief mit den kräftigen Pfeilern und schweren Polsterkapitellen dominiert vor allem durch seine steinsichtige Schwere. Über den spitzbogigen Gurten steigen die profilierten Rippengewölbe kuppelartig zu den Scheiteln an, was den Rhythmus der Doppeljoche betont. Joch für Joch ist verschieden, im zweiten und dritten deuten profilierte Blenden eine Art von Triforium an. Unangenehm weit drängt sich die neue Schwalbennestorgel in den Raum, dem sich im Gegensatz dazu der leichte aufgelöste barocke Hochaltar von Balthasar Neumann (1738/40) hervorragend einfügt.

Westchor, Innenansicht Die Großartigkeit des Äußeren bestätigt sich im Innern mit der schwebenden Rose und den gestuften portalartigen Nischen im Sockelgeschoss (vgl. Straßburg). Die Wirkung wird durch den steilen offenen Chorturm vor der Apsis gesteigert. Die starken, mehrfach gestuften Chorpfeiler mit Polsterkapitellen und Spitzbogen darüber veranschaulichen den Begriff »wormsisch«. Bei dem anschließenden Joch des Mittelschiffes ist die unterschiedliche Gliederung von Nord- und Südwand gut abzulesen.

Links: Dom, Blick in den Westchor

St. Martin, Grundriss

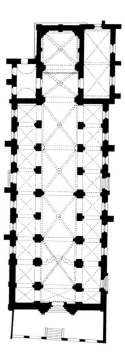

St. Martin, Ansicht von Südwesten

Nördlicher Oberrhein

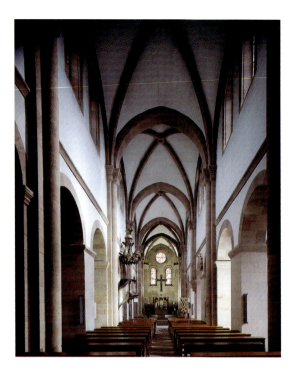

St. Martin,
Langhaus nach Osten

geschärftem Wulst und spitzen Gurten das Formenrepertoire des Domes anzeigen und damit spätromanisch sind. Die Fenster erscheinen unter den Schildbögen zusammengerückt. Den geraden Chorschluss markiert eine schöne Fenstergruppe. Auch hier wird der schmale Raum von den schweren Formen fast erdrückt.

St. Paul

Die ehemalige Stiftskirche und die zugehörigen Klausurgebäude stehen an der Stelle der 1002 abgebrochenen Salierburg und gehen folglich auf eine Gründung Bischof Burchards zurück. Die dreischiffige Basilika wurde um 1200 bis gegen 1230/40 weitgehend erneuert, sodass nur die beiden in den Westbau integrierten Rundtürme des 11. Jahrhunderts erhalten blieben. Nach der Zerstörung 1689 wurde das Langhaus 1706/16 als barocker Saal erneuert.

Ostapsis Der polygonale, aus fünf Seiten des Zehnecks gebildete Baukörper zeigt Lisenen an den Kanten und Bogenfriese. Die Fenster füllen den gesamten Zwischenraum, wobei die beiden in den Diagonalen nachträgliche Durchbrüche darstellen.

Eine kleine Zwerggalerie schließt die Apsis ab. Wegen ihrer polygonalen Form wird sie stets mit dem Westchor des Domes verglichen, jedoch stammt das Formengut ausschließlich vom Ostbau. Sie ist die einzige polygonale Zwerggalerie, und zusammen mit Speyer und Mainz bildet sie eine im Vergleich zum Niederrhein nur sehr kleine Gruppe.

Westbau Quer gelagert mit Satteldach, mittlerem Achteckturm und zwei zurückgesetzten schlankeren Türmen gleicht das Grundkonzept dem Westbau des Speyerer Domes. Bautyp, Lisenen und Bogenfriese wirken romanisch, jedoch deuten die ausgeprägten Strebepfeiler und das große, reich profilierte Rundfenster mit Neunpass die letzte Phase am Übergang zur Gotik an. Dazu gehört auch das Säulenportal, wie bei St. Martin. Spuren weisen auf eine vielleicht nicht ausgeführte Vorhalle hin.

Vor dem Achteckturm führt ein kleines Treppentürmchen in diesen hinein. Im Hintergrund sind die älteren Rundtürme sichtbar, die oben zentralbauartige, kupplige Abschlüsse wie in Guntersblum tragen und damit auf den Orient verweisen.

St. Paul, Westbau

Rechts: St. Paul, Ostapsis

Bechtheim
St. Lambert

Das Dorf befand sich im 8. Jahrhundert im Besitz des Hochstifts Lüttich, das Kirchenpatronat unterstand 1128 dem Lütticher Augustiner-Chorherrenstift St. Egidius. Fundamente eines Baus aus dem 11. Jahrhundert sind ergraben. Von der stehenden Kirche, einer Pfarrkirche, ist der Westturm von 1120/30 der älteste Teil, geschossweise gegliedert durch flache Lisenen, die einfache Bögen, Doppelbögen und Bogenfriese tragen.

Die querschifflose, flachgedeckte Pfeilerbasilika mit Rechteckchor, unter dem sich ein niedriger Pilgerdurchgang befindet, entstand ab 1160/70 in mehreren Etappen. Der erheblich niedrigere Chor ist durch ein Kreuzgratgewölbe über Eckdiensten ausgezeichnet. Ebensolche Eckdienste und ein erhaltener Schildbogen über dem niedrigen Chorbogen sowie zwei etwas schlankere Arkaden deuten an, dass das Joch vor dem Chor auch gewölbt werden sollte. Die übrigen Arkaden, deren Pfeiler ausgeprägte Basen und Kämpfer mit Karnisprofil tragen, sind nicht nur weiter gestellt, sondern sehr gedrungen, was an elsässische Proportionen erinnert. Wie viele andere bezeugt der Bau den Fortbestand der flachgedeckten Basilika in Verbindung mit gewölbten Chören im späten 12. Jahrhundert.

St. Lambert, Langhaus nach Osten

und Köln überliefert sind. Der allein in der Substanz erhaltene romanische Nordturm wird um 1200 datiert.

Guntersblum
St. Viktor

Die eindrucksvolle Doppelturmanlage, die keine Fassade ausbildet, sondern nur zwischen den Türmen eine wohl ehemals eingeschossige Vorhalle besaß, ist für eine einfache Pfarrkirche (heute evangelisch) ungewöhnlich, zumal diese im Anschluss als dreischiffige Basilika zu rekonstruieren wäre. Die fünf würfelförmigen, durch Lisenen und Rundbogenfriese gegliederten Geschosse wirken altertümlich, wenn es nicht die umlaufenden Gesimsprofile, Basen und Konsölchen gäbe. Besonders auffällig ist der mit dem Unterbau nicht recht harmonierende Abschluss in Form eines kleinen kreuzförmigen Zentralbaus, überhöht von einem achtseitigen Turm mit rippenbesetztem Klostergewölbe. Der gesamte Aufsatz erinnert an orientalische (byzantinische) Vorbilder, was in der späten Kreuzzugszeit nahe liegt.

Parallelen in Alsheim und Dittelsheim dürften von dem Vorbild St. Paul in Worms angeregt sein. Vermutlich gab es auch ältere Beispiele aus Stein oder Holz, wie sie nicht nur durch Buchmalereien, sondern auch durch alte Abbildungen aus Utrecht

St. Viktor, Doppelturmanlage von Westen

Mainz
Dom St. Martin und St. Stephan

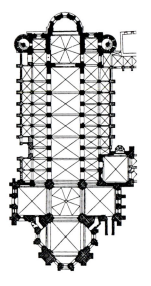

Mainz, Dom, Gotthardkapelle

Auf der Grundlage älterer Besiedlung gründete Drusus um 16 v. Chr. auf der Höhe der Rheinterrasse ein Lager. Zusammen mit dem Bau der Rheinbrücke entstand unterhalb die bedeutende Zivilsiedlung, Moguntia, die zur Hauptstadt der Provinz Obergermanien aufstieg. Ein Mainzer Bischof ist erstmals 346 erwähnt, ab 560 mit ständiger Folge. 747 bis 754 ist Bonifatius der erste Erzbischof von Mainz. Unter seinem Nachfolger Lullus wird Mainz mit 15 Suffraganbistümern (Chur im Süden, Verden an der Aller im Norden, Prag im Osten) zur größten Kirchenprovinz der Christenheit. Der Erzbischof blieb trotz der Entwicklung der Stadt bis zur Aufhebung des Erzbistums 1797 Stadtherr. Auch hier fanden zahlreiche Reichstage und Hoftage statt. Seit dem 17. Jahrhundert bildete die Stadt das Zentrum des barocken Kurfürstentums. 1797 bis 1814 zu Frankreich gehörig, war die Stadt danach bis 1945 Teil des Großherzogtums/Freistaates Hessen-Darmstadt.

Die ältere Bischofskirche ist in der wohl um 900 errichteten, westlich des Domes gelegenen Johanneskirche zu vermuten, in der sich – trotz mehrfacher Zerstörungen, Umbauten und in der Gestalt stark reduziert – bedeutende Reste des karolingischen Baus erhalten haben. Unter Erzbischof Willigis wurde Ende des 10. Jahrhunderts an heutiger Stelle ein Neubau errichtet, der in den Dimensionen den Dom festlegte. Er brannte am Vortag der Weihe 1009 ab und erhielt nach Instandsetzung 1036 seine endgültige Weihe. Der Hauptchor lag wie beim Vorgängerbau im Westen, ebenso das nach dem römischem Vorbild von Alt St. Peter in Rom durchlaufende, weit ausladende Querhaus.

Im Osten schloss ein schmaler, mehrgeschossiger Querriegel mit der Gesamtbreite des Langhauses den Bau ab, vor dessen Stirnwände seitlich runde Treppentürme mit Pilastergliederungen gesetzt wurden, die sich erhalten haben. Der Ostbau enthielt einen zweiten Chor, sodass der Dom wie viele bedeutende Kirchen des Reichs in dieser Zeit doppelchörig war. Vor dem Ostbau lag in gleicher Breite ein Atrium mit Säulenumgang und einer östlichen Eingangskirche, aus der sich später die große gotische Liebfrauenkirche entwickelte. Die Form des westlichen Hauptchores ist unbekannt.

Um 1100 begann, etwas nach Speyer, aber auch gefördert durch Kaiser Heinrich IV., ein tief greifender Umbau, der bei dessen Tod (1106) unterbrochen wurde. Damals entstanden die Ostapsis und die Erneuerung der oberen Teile des Ostbaus, einschließlich eines mittleren Chorturmes, sowie die Krypta unter dem Ostchor. Der Umbau der Seitenschiffe mit der Absicht der Einwölbung wurde zunächst nicht realisiert. Bis gegen 1137 wurde das Mittelschiff vollständig erneuert, jedoch ohne die geplanten Gewölbe. Die Gotthardkapelle vor der nördlichen Stirnwand des alten Querhauses wurde in der Nachfolge der Speyerer Doppelkapelle als erzbischöfliche Palastkapelle errichtet, in der der Bauherr 1137 beigesetzt wurde.

Erst Ende des 12. Jahrhunderts wurden die Bauarbeiten wieder aufgenommen, wobei zunächst die Seitenschiffe des alten Willigis-Domes abgebrochen und nach dem begonnenen Plan ebenso wie die Einwölbung des Mittelschiffes mit moderneren Kreuzrippengewölben ausgeführt wurden. Im Anschluss daran wurde bis zur endgültigen Weihe 1239 das gesamte Querschiff mit westlichem Vierungsturm erneuert. Der westliche Hauptchor erhielt die Gestalt eines niederrheinischen Trikonchos.

Gleichzeitig mit dem Dom wurde der große Kapitelsaal im südlichen Winkel zum Querhaus (Memoriae) errichtet. Von 1279 bis 1319 wurden zunächst auf der Nord- und dann auf der Südseite einheitliche Kapellenreihen angefügt und dabei auf einen Flügel des auf der Südseite gelegenen doppelgeschossigen, gotisch erneuerten Kreuzgangs verzichtet. 1361 wurde der Ostturm, 1482 auch der Westturm aufgestockt. Ein großer Brand zerstörte 1767 die Dächer, was zur Folge hatte, dass 1771 die Turmabschlüsse im Westen phantasievoll als Mischung aus Barock und einem gewissen Historismus umgestaltet und über den Westteilen steinerne Dachkonstruktionen aufgesetzt wurden. 1793 wurde der Dom nach der Besetzung der Franzosen abermals beschädigt. Die Osttürme blieben Ruine. Der Klassizist Georg Moller setzte 1828 eine ovale Kuppel auf den östlichen Chorturm als frühe Eisenkonstruktion. 1871 musste dieser Turm wegen statischer Schäden des Unterbaus abgebrochen werden.

Sein neuromanischer Nachfolger wurde so hoch wie der gotisch aufgestockte Vorgänger. Unter ihm wurde die Ostkrypta rekonstruiert, die schon im 13. Jahrhundert eingeebnet worden war. Zwischen 1909 und 1928 wurden die aufgrund der Rheinregulierung vermorschten Pfahlrosten in Bergbautechnik durch Betonfundamente ersetzt und der stark gefährdete Oberbau statisch gesichert. 1942/44 brannten die Dächer erneut ab.

Ostbau Der neuromanische Chorturm ist doppelt so hoch wie der ursprüngliche und versucht mit seinem steilen Helm das Gleichgewicht zu dem hohen westlichen Vierungsturm zu halten. Auch die Turmabschlüsse der runden Treppentürme sind um ein Geschoss höher als die ursprünglichen. Doch gerade dies macht die Dreiergruppe so eindrucksvoll. Die Apsis und der Giebel darüber lehnen sich an das Vorbild in Speyer an und wurden dem Querbau um 1100 vorgelegt. Neu ist der Rhythmus der Blendarkaden bei der Apsis. Die dichte Umbauung des Domes ist zwar barock bzw. 20. Jahrhundert, entspricht aber dem spätmittelalterlichen Zustand.

Westbau Die gestuft ansteigenden, mit Fialen geschmückten barocken Turmaufsätze bestimmen die Fernwirkung. Die bewegten Umrisslinien des kleeblattförmigen Westchores entwickeln sich ebenso wie das Querhaus aus mächtigen, fast ungegliederten Strebepfeilern. Der Trikonchos zeigt sich mit umlaufender niederrheinischer Zwerggalerie und aus den Dächern herauswachsenden Giebeln. Der Vierungsturm ist gegenüber seiner ursprünglichen Höhe aus drei spätromanischen Geschossen um ein gotisches und zwei barocke aufgestockt.

Ostbau

Westgruppe von Süden

Nördlicher Oberrhein

Ganz oben: Langhaus – Blick nach Westen auf die nördliche Mittelschiffwand

Oben: Kapitelle am Südostportal (Detail)

Rechts: Südostportal

Rechts Mitte: Blick in Vierung und Westchor

Innenraum Eindrucksvoll ist die Pfeilerreihe des Langhauses – jedem zweiten ist eine Halbsäule vorgelegt – mit den aufsteigenden Blendarkaden, die unter den Fenstern enden und ein Zwischengeschoss bilden. Die leicht zugespitzten Gurtbögen und die Kreuzrippengewölbe entstanden nach 1200 an Stelle der geplanten, wie in Speyer rundbogigen Gratgewölbe.

Von hier aus ist nicht zu ahnen, dass sich der Westchor hinter den Vierungspfeilern zu einem zentralbauartigen Trikonchos erweitert. Seine lang gestreckten Fenster zeigen die späte Entstehungszeit an. Die Formen, einschließlich der Würfelkapitelle, nehmen bewusst auf das ältere Langhaus Rücksicht.

Nur der Vierungsturm zeigt die reiche Formenwelt des 13. Jahrhunderts als bekrönende Steigerung des Raumes.

Südostportal Es gilt als eines der ältesten Säulenstufenportale mit antikisierender Ädikularahmung. Aus dem Akanthuslaub der korinthischen Kapitelle als Nachahmung der Antike schauen die romanischen Skulpturen eines Löwenbändigers hervor.

82

Eberbach
ehemalige Zisterzienserklosterkirche St. Maria

Nach der Gründung eines Augustinerchorherrenstiftes 1116 und eines Benediktinerklosters 1131 übergab der Mainzer Erzbischof 1135 die Abtei dem neuen Reformorden der Zisterzienser. Sie ist außer Himmerod die einzige deutsche Tochtergründung von Clairvaux und erfolgte noch zu Lebzeiten des heiligen Bernhard. Das Kloster blühte rasch auf und gründete mehrere Tochterklöster. Nach dem Niedergang im 16. Jahrhundert erfolgte ein später Aufschwung Ende des 17. und im 18. Jahrhundert. Es wurde 1803 aufgehoben.

Die Klostergebäude auf der Nordseite sind weitgehend erhalten und entstanden vornehmlich im 13. Jahrhundert, mit gotischen Umbauten im 14. Jahrhundert. Von den spätromanischen zweischiffigen Hallenräumen sind vor allem die Fraternei und in dem Konversenbau von enormer Länge das Refektorium im Erdgeschoss hervorzuheben sowie die schöne dreischiffige Halle des Hospitals.

Langhaus – Blick nach Osten auf die südliche Mittelschiffwand

Ansicht von Südosten

Außenansicht Außer der gotischen Kapellenreihe bestimmen der barocke Dachreiter und die viel zu steilen Dächer über kräftigen barocken Traufgesimsen das heutige Bild der Klosterkirche. Der einfache Putzbau mit Kantenquaderung zeigt weder Bogenfriese noch Lisenen, die ursprünglich für den reicher konzipierten Ostbau angelegt waren. An der Ostseite des Querhauses erscheint das Pultdach über den Kapellen.

Innenansicht Mit ihren ausgewogenen Proportionen stellt diese Kirche die klassische deutsche Gewölbebasilika dar. Die Pfeiler weisen trotz des gebundenen Systems im Gegensatz zum niederrheinischen Knechtsteden keinen Stützenwechsel auf, was auf die Abhängigkeit vom Mainzer und darüber hinaus vom Speyerer Dom zurückzuführen ist.

Die abgekragten einfachen Pfeilervorlagen für die Gurtbögen beginnen in Kämpferhöhe jedes zweiten Pfeilers und sind ein typisch zisterziensisches Merkmal, mit dem der Verzicht auf unnötigen architektonischen Luxus dokumentiert werden sollte. Daher ruhen auch die Schildbögen und die Gewölbegrate auf kleinen Konsolen neben den Gurtbogenkämpfern.

Die Fenster sind relativ klein und hoch innerhalb der Schildwand angeordnet. Ein Horizontalgesims fehlt. Die Gewölbescheitel verlaufen horizontal. In den gratgewölbten Seitenschiffen sind die Gurtbogenvorlagen bis auf den Fußboden hintergeführt. Nur Pfeiler, Bögen und Vorlagen zeigen das für die Zisterzienser typische vorzügliche Großquaderwerk, während die Flächen wie beim Außenbau auch verputzt sind. Im Chor sind nur die unteren drei Fenster original, während die oberen zwei ein großes gotisches Fenster ersetzen, dem wohl ein großes Rundfenster vorausging. Die Schranke, die den Raum zwischen Priestermönchen und Laienbrüdern (Konversen) teilte, ist verschwunden.

Die Kirche wurde wohl gegen Mitte des 12. Jahrhunderts begonnen, dann aber erst nach einer Bauunterbrechung um 1160 ab 1170 weitergebaut bis zur Gesamtweihe 1186. Im 14. Jahrhundert wurden an das Südseitenschiff gotische Kapellen angebaut.

Die Ostanlage folgt dem zisterziensischen Schema mit jeweils drei rechteckigen kreuzgratgewölbten Kapellen an der Ostseite der etwas über das Quadrat hinaus gestreckten Querarme und dem einfachen, leicht längsrechteckigen, gerade geschlossenen Chor. Das Langhaus ist mit fünfeinhalb Doppeljochen im gebundenen System gewölbt, wobei das halbierte Joch im Westen darauf hindeutet, dass das Längenmaß unabhängig vom Gewölbesystem festgelegt wurde.

Gesamtanlage des Klosters

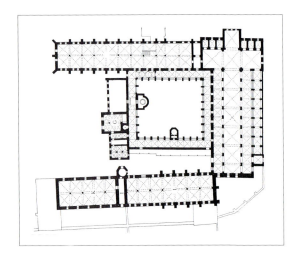

Mittelheim
St. Ägidius

Die ehemalige Augustinerinnenklosterkirche besaß einen kleinen ottonischen Vorgänger in der üblichen Form einer Saalkirche. Nach der Gründung des Klosters dürfte die Kirche im zweiten Viertel des 12. Jahrhunderts begonnen worden sein; nach 1170 wurde sie vergrößert. Bereits 1263 wurde das Kloster aufgehoben.

Die kleine kreuzförmige, flachgedeckte Pfeilerbasilika mit ausgeschiedener Vierung besitzt einen kleinen querrechteckigen Chor mit eingezogener Apsis. Über der Vierung erhebt sich ein quadratischer Vierungsturm mit jeweils zwei Zwillingsarkaden auf jeder Seite.

Außenansicht Der malerisch im Weinberg gelegene Bau ist ein Musterbeispiel der romanischen Architektur. Seine Schlichtheit mit unverputztem gliederungslosem Kleinquaderwerk scheint auf das 11. Jahrhundert zu deuten, jedoch sprechen die Schriftquellen eindeutig für das 12. Jahrhundert.

Er ist nicht so einheitlich, wie er erscheint. So ist das Querhaus niedriger als das Mittelschiff, und der Chor zeigt deutlich eine Aufhöhung. Die Seitenschiffmauern wurden bei einer Restaurierung fast vollständig erneuert und besitzen zu große Fenster. In der Schlichtheit vergleichbar ist die stark verrestaurierte, nach Kriegszerstörung wieder aufgebaute Kirche auf dem nahen Johannisberg, die ihrerseits der karolingischen Mainzer St. Albans-Kirche folgte. Dieser Rückbezug erklärt außer einer großen Armut das Erscheinungsbild.

Langhaus Auch der Innenraum der flachgedeckten Pfeilerbasilika wirkt archaisch, sind doch die Pfeiler nicht nur längsrechteckig, sondern kämpferlos und damit ein Teil der Mauer wie im ottonischen Sulzburg. Auf Quaderung und ein Horizontalgesims wurde verzichtet. Die Apsisfenster sitzen hoch und schneiden in die Kalotte ein. Alle Flächen sind dünn überputzt.

Ansicht von Südwesten

Langhaus nach Osten

Der Mittelrhein

Wie in der Einführung zu diesem Band angedeutet, wird der Begriff »Mittelrhein« in diesem Zusammenhang – wie in der Geografie und im Weinbau üblich – auf den Abschnitt des Gebirgsdurchbruchs von Bingen bis in die Köln-Bonner Bucht bezogen, entgegen einer in der Kunstgeschichte weit verbreiteten Festlegung auf Mainz oder gar Worms als Beginn. Diese mag für spätere Epochen sinnvoll sein, aber bis in die Spätromanik hinein ist die anschaulich wahrnehmbare Grenze des rheinischen Schiefergebirges zugleich eine kunstgeografische.

Seit der Romantik des frühen 19. Jahrhunderts war das Mittelrheintal in seiner Verbindung von Fluss- und Berglandschaft mit dem von Menschen Geschaffenem – in Gestalt von Weinbergen, Burgen, kleinen Städten und Dörfern – prägend für den Begriff der Rheinromantik, die ihrerseits alsbald einen lebhaften europäischen Tourismus hervorrief. Diese Landschaft fügte sich mit den Zeugen der Vergangenheit zu einem Realität gewordenen Gemälde zusammen, das die Sehnsucht nach einer vermeintlich besseren Vergangenheit hervorrief, aber auch zugleich fassbar machte. Das erwachende Nationalgefühl der Deutschen fand hier einen Anknüpfungspunkt und eine Brücke in die untergegangene Kaiserzeit des Imperium Romanum.

Das heutige Bild von Städten und Burgen, das seit dem 19. Jahrhundert maßgeblich von den Ver-

kehrswegen, der Eisenbahn, Straße und Schifffahrt mitbestimmt wird, definiert sich aus den Jahrhunderten des Spätmittelalters, aber auch durch den Historismus. Im Hochmittelalter, also den Jahrhunderten der Romanik, dürfte die Region noch von einem ganz anderen Aussehen gewesen sein. Die Mehrzahl der Burgen entstand erst in der Folgezeit, ebenso die wehrhaften Ummauerungen der Städte und die spitzen Turmhelme auf den meist aufgestockten Türmen der romanischen Kirchen. Der Fluss mit seinen gefährlichen Klippen wurde ausschließlich als Verkehrsweg und wie die Landschaft als Bedrohung und Vorteil zugleich angesehen.

Es überrascht nicht, dass die Mehrzahl der Siedlungen auf dem linken, dem westlichen Rheinufer zu finden ist, bildete der Fluss doch auch zu Zeiten des Limes in diesem Abschnitt die Grenze mit ihren an der hochwasserfreien Straße gelegenen militärischen und zivilen Niederlassungen. Trotz der Herrschaftsübernahme durch die Franken (5./6. Jahrhundert) ist hier eine erstaunliche Kontinuität gegeben. Sie drückt sich auch in der kirchlichen Einteilung aus, die dem Erzbistum Trier einen Abschnitt des Rheinlaufes zwischen Mainz und Köln sicherte und damit Zugang zur wirtschaftlich und verkehrstechnisch bedeutenden Schlagader des östlichen Frankenreiches bot. Sicher kein Zufall ist es, dass die drei Erzbistümer Köln, Mainz und Trier auch im Spätmittelalter bis zum Untergang des alten Reiches mit ihren geistlichen Kurfürsten die Königswahl und damit das politische Schicksal Deutschlands maßgeblich mitbestimmten.

Außer Koblenz als trierischer Dependance gab es zwischen Mainz und Köln keine wirklich bedeutende Stadt. Dies mag eine der Ursachen dafür sein, dass im 12. Jahrhundert, insbesondere zwischen 1150 und 1250, der Mittelrhein von der kölnisch-niederrheinischen Baukunst dominiert wurde, wobei Köln mit seinen erhaltenen zwölf Kirchen, aber auch mit den vielen untergegangenen Pfarrkirchen und Kapellen zwar als ein, aber keineswegs als das alleinige Zentrum anzusehen ist.

Von besonderem Interesse für den Mittelrhein ist die Frage nach der Rolle Triers. Wegen der sehr deutlichen, nachweisbaren Verbindungen zum Niederrhein haben Kubach und Verbeek die trierische Architektur als Ganzes diesem großen Raum zugerechnet. Dabei kommt jedoch die Eigenständigkeit der lothringischen Bauten zu wenig zur Geltung. Diese Komponente spielt für den Mittelrhein inte-

Maria Laach,
Altarbaldachin (Ostapsis)

ressanterweise überhaupt keine Rolle. Mit Ausnahme des Westbaus der Stiftskirche Ravengiersburg im Hunsrück gibt es keinerlei Anzeichen für spezifisch trierisches Vokabular in dieser Landschaft.

Auf der Suche nach Charakteristischem, das es rechtfertigt, diesen Abschnitt des Rheins von dem folgenden kölnischen abzutrennen, ist festzustellen, dass es keinen ganz großen Bau gibt – vielleicht mit Ausnahme der relativ späten Zisterzienserabtei in Heisterbach –, weil dazu einfach die Voraussetzungen fehlten. Dennoch ist eine eindeutige Bevorzugung der Emporenbasilika zu verzeichnen, die am Oberrhein, mit der Ausnahme Basels, überhaupt nicht und am Niederrhein nur in vereinzelten Beispielen (Köln, St. Ursula; Neuss) vertreten ist. Es wurden dafür bei den nicht sehr großen Bauten einerseits niedrige Seitenschiffe in Kauf genommen, andererseits aber die Emporen durch größeren Formenreichtum und Differenzierung ausgezeichnet. Dies kann als formale Steigerung von unten nach oben interpretiert werden, doch sind spezifische Funktionen in der Nutzung nicht ausgeschlossen. Wegen des fehlenden Zentrums ist auch kein einzelner Bau als besonders prägend hervorzuheben. Die Vervollständigung und Wölbung der Emporen des Trierer Doms seit dem zweiten Jahrzehnt des 13. Jahrhunderts kann bestenfalls als Teil, nicht aber als Anlass dieser Erscheinung gewertet werden.

Noch deutlicher als bei den größeren niederrheinischen Bauten tritt am Mittelrhein die Gedrungenheit der Anlagen mit kurzem Hauptschiff, insbesondere bei neu konzipierten Bauten hervor. In manchen Fällen, so in Bacharach, mag sich dies aus Geländeschwierigkeiten ergeben haben, doch wäre bei den meisten Beispielen durchaus Raum für eine »normale« Länge vorhanden gewesen. Diese räumliche Konzentration, die aber nicht zu einer besonderen Vorliebe für Zentralbauten führte, mag sowohl vom Innenraum her als auch in der Erscheinung des Außenbaus ästhetisch begründet gewesen sein. In beiden Fällen ging es offenbar um eine gewisse Geschlossenheit der Erscheinung, die besonders bei der hier nicht besprochenen Stiftskirche (jetzt Dom) in Limburg an der Lahn mit ihrem umlaufenden viergeschossigen Aufriss und in verkleinertem Maßstab in Sinzig zum Ausdruck kommt.

Darüber hinaus sind viele besonders originelle Lösungen zu verzeichnen, die zwar alle aus dem

Baukasten kölnisch-niederrheinischer Formen schöpfen, diese aber auf eigenwillige Weise neu zusammensetzen, wodurch die gesamte Region dem Mittelrhein einige ihrer bedeutendsten Beispiele verdankt. Insgesamt sollte nicht übersehen werden, dass die Zahl der erhaltenen Bauten oder Bauteile die für diesen Band ausgewählten Beispiele bei weitem übertrifft. Unter deren Berücksichtigung wird deutlich, dass die Epoche zwischen 1150 und 1250 zur bestimmenden Grundlage der Kirchenbaukunst im Rheintal und auf den seitlichen Randgebirgen geworden ist.

Maria Laach, Gesamtansicht

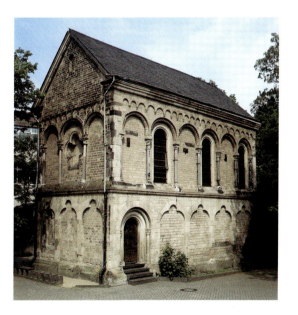

Andernach, Kapelle St. Michael

Der Mittelrhein

Trechtingshausen
St. Clemens

Die kleine, flachgedeckte Pfeilerbasilika ist das geografisch am südlichsten gelegene, vollständig erhaltene Beispiel der niederrheinischen Architektur, was in der rekonstruierten lebhaften Farbfassung über den unregelmäßigen Bruchsteinmauern zum Ausdruck kommt, ebenso wie in den Kleeblattfenstern und der Blendrosette des Westgiebels. Innen kontrastieren die rippengewölbten Ostteile mit dem flachgedeckten Langhaus (vgl. Kaiserswerth). Die Vierung ist durch eine achtteilig mit Rippen besetzte, längsovale Kuppel (vgl. Sinzig) hervorgehoben. Die Schaftringe der Dienste bei Apsis und Vierung deuten auf eine späte Entstehungszeit hin.

Rechts: St. Laurenz, Langhaus nach Osten

St. Clemens, Ansicht von Süden

Das etwas niedrigere Querhaus, über dem sich offenbar der romanische Dachstuhl erhalten hat, tritt nicht aus der Flucht hervor. Die Asymmetrie durch den Achteck-Turm über dem Südseitenschiff war von Anfang an beabsichtigt. Die alte Pfarrkirche, um 1220/30 entstanden, lag wohl ursprünglich innerhalb des später vor Hochwasser geschützt angesiedelten Ortes.

Moselweiss (bei Koblenz)
St. Laurenz

Die kleine gedrungene Gewölbebasilika, eine Pfarrkirche, wurde nach 1200 errichtet, unter Einbeziehung eines älteren Turmes im Osten. Das gebundene System mit quadratischen Pfeilern und zusammengerückten Obergadenfenstern bewirkt keinen Wechsel der Pfeilerstärken, sondern beschränkt sich auf Halbsäulenvorlagen mit begleitenden Rücklagen. Die Scheidbögen sind gestuft. Gurt- und Schildbögen zeigen Wulstform, die einfachen Gratgewölbe sind mit Schlusssteinen ausgestattet. Das durch einen Bogen abgetrennte Chorgeviert schließt gerade (vgl. Limburg; Worms, St. Martin), eine am Niederrhein seltene Lösung. Der bis ins Detail sehr qualitätvolle Bau setzt sich mit seinen Gewölben offenbar bewusst von den drei flachgedeckten Koblenzer Kirchen ab.

Niederlahnstein
St. Johann der Täufer

Die Pfarrkirche, in hervorragender landschaftlicher Lage an der Lahnmündung gelegen, wird 1148 erst-

Rechts: St. Johann der Täufer, Ansicht von Südosten

mals erwähnt, jedoch ist mindestens ein Vorgängerbau ergraben. Der jetzige Bau dürfte kaum vor der Mitte des 12. Jahrhunderts begonnen worden sein. Anfang des 19. Jahrhunderts war er ruinös. Ein zweiter Turm über dem östlichen Abschluss des Nordseitenschiffes stürzte ein.

Außenansicht Markant sind der an drei Seiten frei stehende Westturm und das wegen der Emporen relativ hohe Langhaus, bei dem nur der Obergaden gegliedert ist. Der Mauervorsprung der Seitenschiffe deutet kein Querhaus an, sondern enthält die Mauertreppen, die zur Empore führen. Unter dem niedrigen, wie zugefügt wirkenden Altarhaus, das die innere Apsis außen rechteckig ummantelt, führen zwei große Bögen in ein kryptenartiges Untergeschoss, dessen Funktion nicht bekannt ist.

Innenraum Der steil in die Höhe ragende, kastenartige Raum der Emporenbasilika wirkt durch die kleinen Fenster und die jeweils unter einem Übergreifungsbogen zusammengefassten Vierergruppen der Emporenöffnungen ein wenig altertümlich, zumal jegliche Vertikalgliederung fehlt. Der Eindruck wird verstärkt durch das ungewöhnlich niedrige Altarhaus, das kaum Emporenhöhe erreicht. Es erscheint noch gedrückter durch das hohe Bodenniveau, das durch das offene kryptenartige Untergeschoss bedingt ist.

Die Arkaden führen nicht bis zum Chorbogen, weil seitlich die Altarräume der Seitenschiffe abgetrennt sind. Die Datierung auf einen Zeitraum nach der Mitte des 12. Jahrhunderts ist nur auf Grund der sparsam verwendeten Kämpferprofile möglich.

St. Johann der Täufer,
Langhaus nach Osten

Der Mittelrhein

Bacharach
St. Peter

Es handelt sich um eine der markantesten Raumschöpfungen am südlichen Ende des Ausbreitungsgebietes der niederrheinischen Architektur. Schriftquellen zu dem 1230/40 entstandenen Bau, der nur einen in Teilen bekannten Vorgängerbau besaß, existieren nicht. Die Pfarrei, südlichste des Erzbistums Trier, war 1094 jedoch im Besitz des Kölner Andreasstiftes. Die anspruchsvolle Gestaltung mit aufwändiger Westanlage ist für eine Pfarrkirche ungewöhnlich und allenfalls durch das Selbstverständnis der kleinen, aber damals bedeutenden Stadt zu erklären, die sich vermutlich gegenüber den Territorialherren behaupten wollte.

Hochschiffwandkonsole

Blick aus der Vierung nach Westen

Langhaus Das auch für niederrheinische Verhältnisse auffallend kurze, nur eineinhalb Doppeljoche tiefe Langhaus besitzt mit seinem viergeschossigen Aufriss ein sehr hohes Mittelschiff. Die echte Viergeschossigkeit verbindet es allein mit dem Limburger »Dom«, jedoch ist das Triforium zwischen Empore und Obergaden als Doppelblende wie in Köln (St. Aposteln, St. Kunibert) und nicht als Laufgang wie in Limburg angelegt. Merkwürdig ist die Rhythmisierung der Dienste, deren Dreizahl am zweiten Pfeiler im Gegensatz zum abgekragten Einzeldienst bei dem ersten Pfeiler an den Plan eines sechsteiligen Gewölbes über einem Doppeljoch denken lässt; in dem Falle wäre ein einfaches querrechteckiges Joch übrig geblieben. Die gotische, am Anfang des 20. Jahrhunderts erneuerte Wölbung hat diesen Plan aber ignoriert und drei gleichartige Einheiten geschaffen (vgl. Essen-Werden).

St. Peter gehört zu der relativ umfangreichen Gruppe von Emporenanlagen am Mittelrhein. Die Emporen öffnen sich hier in großen Bögen voll zum Mittelschiff. Auffällig ist der Gegensatz zwischen den einfachen Seitenschiffarkaden und den üppig gerahmten, mit Säulchen ausgestatteten Emporenbögen, die das obere Geschoss eindeutig als wichtigstes hervorheben. Im Westen schließt sich die zweischiffig unterteilte Turmhalle an, die über den Arkaden den großen repräsentativen Emporenbogen trägt. Der kleine Erker war sicher zunächst nicht Standort einer Orgel, sondern eines Altars, wodurch in dieser Spätphase noch einmal auf den Typ des alten Westwerks Bezug genommen wird. Die lebhafte Farbigkeit ist in Analogie zu anderen niederrheinischen Beispielen rekonstruiert.

Die hängenden Schlusssteine mit den polygonalen Schlussringen in den Gewölben erinnern zunächst an die Spätgotik, sind aber Teil des spätromanischen Baubestandes. Sie gehören zu den reichsten der Region und künden von der dekorativen Umdeutung eines ursprünglichen statischen Baugliedes, was nur mit Hilfe von Eisenarmierungen möglich war.

Querhaus Das niedrige Querhaus steht ebenso in der niederrheinischen Tradition wie die von zwei Rundtürmchen flankierte Apsis mit Zwerggalerie und Bündelsäulchen. Die gotischen Fenster durchbrechen deren ursprüngliche Zweigeschossigkeit, die im Untergeschoss Pfeiler und im Obergeschoss Blendarkadensäulchen aufweist. Nur am Ansatz sind die romanischen Fenster erhalten. Typisch ist auch der Plattenfries unter den Turmöffnungen.

Die eigentümlichen spornförmigen Unterbauten der Türme boten Einlass in einen Gang unter der Apsis hindurch, der vermutlich älteres Wegerecht berücksichtigte. Die ehedem darüber befindlichen Kammern öffneten sich ursprünglich nach außen, möglicherweise zur Heiltumsweisung. Das Obergeschoss des Westturmes ist zwar gotisch (14. Jahrhundert), hält sich aber an den vorgegebenen Formenkanon. Nur der Zinnenkranz mit den Ecktürmchen ist als Schmuckmotiv ohne fortifikatorischen Zweck aus dem Burgenbau übernommen und am Mittelrhein häufig anzutreffen.

Ansicht von Nordosten

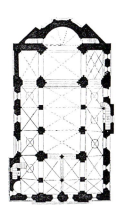

Links: Gewölbe des südlichen Seitenschiffes

Boppard
St. Severus

Ansicht von Osten

Die Badeanlage des römischen Kastells Baudobriga aus dem 3. und 4. Jahrhundert n. Chr. bildet die Keimzelle der romanischen Kirche. Sie diente nach einem Wiederaufbau des 5. Jahrhunderts dem fränkischen Königsgut als einfache Kirche. Ein spätantiker Ambo mit Bema in Form eines Schlüssellochs und ein aufwändiges Taufbecken sind für diese erste Saalkirche nachgewiesen. Ihr folgte im 10. Jahrhundert eine zweite als Erneuerung.

Ein vollständiger Neubau auf vergrößertem Grundriss wurde nach der Mitte des 12. Jahrhunderts mit der Errichtung der beiden mächtigen östlichen Chorflankentürme eingeleitet; in dem nördlichen befindet sich eine Kapelle. Ihr geringer Abstand deutet auf einen ursprünglich sehr kleinen Chorraum hin. Nach dem Wechsel des Patroziniums von St. Peter zu St. Severus 1225 wurde das Langhaus als Emporenbasilika mit drei Doppeljochen errichtet und mit den 16-teiligen Fächergewölben überspannt. Erst im Anschluss daran wurde der gestreckte Polygonalchor mit 3/6-Schluss ausgeführt und 1234 geweiht. Seit 1236 ziert der heutige Bau das Stadtsiegel. Neben Bacharach bildet die ehemalige Stiftskirche in Boppard einen letzten Höhepunkt der niederrheinischen Spätromanik.

Außenansicht Obwohl der lang gestreckte Polygonalchor zwischen den beiden mächtigen Türmen Merkmale der Gotik aufweist, wird die Gliederung niederrheinischer Apsiden durch Zweigeschossigkeit und umlaufende Zwerggalerie vollständig übernommen. Im Fenstergeschoss bilden die schlanken Blenden auf dünnen Säulchen mit Schaftringen bei den späten Polygonalchören eine Ausnahme. Die zarte Blendgliederung mit Kleeblattbögen auf den massiven Turmuntergeschossen steht dazu im reizvollen Kontrast. Die Turmhelme – ursprünglich Rautendächer – stammen aus gotischer Zeit.

Langhaus Die Arkaden ruhen auf gedrungenen quadratischen Pfeilern, von einheitlicher Abmessung trotz des gebundenen Systems. Wie in Bacharach folgt die formale Entfaltung in der Emporenzone mit Doppelbögen über eingestellten Zwillingssäulchen bzw. Bündelpfeilern, gerahmt von Kantensäulchen und einem übergreifenden Wulst. Die Viergeschossigkeit wird durch kleine, aber ebenfalls reich gestaltete Doppelöffnungen ins Dachgeschoss angedeutet.

Einzigartig sind die 16-teiligen Fächergewölbe, die die reichste Entfaltung der dekorativen niederrheinischen Gewölbekunst darstellen und Empfindungen der Spätgotik vorwegnehmen. Sie verzahnen sich vollständig mit dem Obergaden, aus dem sie herauswachsen, ebenso wie die Fächerfenster, deren Leibungen dekorativ in die Gewölbekappen übergehen. Die Anordnung der Fenster berücksichtigt die Struktur der Gewölbe, nicht aber die Achsen der Emporen darunter. Im Ostjoch ist

Rechts: Apsis

Langhaus nach Osten

sogar die Fensterzahl mit Rücksicht auf den dunklen Chorraum zwischen den Türmen gesteigert. Die Farbfassung entspricht einer Erneuerung des 19. Jahrhunderts nach vorgefundenen Resten.

Apsis Der Chor lässt mit seinen lanzettförmig zugespitzten Bögen und den kräftigen Rippengewölben – achtteilig mit Scheitelrippe im Chorquadrat und anschließendem 3/6-Schluss – an gotische Formen denken, doch bei genauem Hinsehen entspricht die zweigeschossige Blendgliederung mit dem oberen Laufgang hinter Wandvorlagen dem traditionellen Typ niederrheinischer Halbkreisapsiden in Köln oder Neuss. Für den relativ kleinen Raum bedeutet diese Lösung jedoch eine gesteigerte Plastizität der Wandgliederung.

Der Mittelrhein

Koblenz

Rechts: St. Kastor, Langhaus nach Osten

Obwohl schon früh besiedelt, geht die Gründung der Stadt, wie ihr Name (Confluentes, Zusammenfluss) sagt, auf die römische Landnahme am Anfang des ersten nachchristlichen Jahrhunderts zurück. Zunächst strategisch wichtiges Militärlager, entwickelte sie sich wegen des Moselübergangs zu einer durch den Limes gesicherten Zivilstadt. Trotzdem stieg sie nicht wie die anderen Rheinstädte zum Bischofssitz auf, vermutlich aufgrund der Konkurrenz zu dem mächtigeren Trier. Gleichwohl war Koblenz der bedeutendste Ort des Erzbistums Trier am Mittelrhein, das offenbar auch die Emanzipationsbestrebungen der Bürgerschaft ab dem 13. Jahrhundert zu unterbinden wusste. So gab es keinen Entwicklungsansatz zur freien Reichsstadt. Die militärisch-strategische Bedeutung blieb bis in das 20. Jahrhundert dominant.

St. Kastor, Rek. Bock

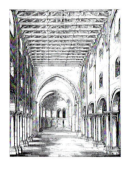

St. Kastor, Ansicht von Südosten

St. Kastor

Die ehemalige Stiftskirche, vor den Toren der Stadt am Rhein gelegen, ist die älteste, mit ihrer Weihe 836 urkundlich belegte Kirche der Stadt und war wohl schon zuvor ein Stützpunkt der fränkischen Königsmacht. 842 und 860 fanden hier Verhandlungen der Nachkommen Karls des Großen statt, die für die spätere Entwicklung Europas entscheidend wurden.

Die frühe Baugeschichte, die vor kurzem archäologisch geklärt werden konnte, reicht nicht nur vor das 9. Jahrhundert n. Chr. zurück (antiker Tempel), sondern beeinflusste auch die Form der heutigen Anlage, in der sich spätere Um- und Neubauten zu einem charakteristischen Konglomerat verschiedener Epochen zusammenfügen. Der kreuzförmige, einschiffige Bau besaß eine Apsis mit Umgang und Chorscheitelrotunde sowie einen Westbau mit Rundtürmen.

Die ältesten aufrecht stehenden Teile dürften in dem niedrigen, nicht vortretenden Querhaus erhalten sein. Die doppeltürmige Westfront, die nur wenig breiter als das Mittelschiff ist, stammt aus der ersten Hälfte des 11. Jahrhunderts, bezieht sich aber in der Breite auf den einschiffigen karolingischen Vorgängerbau.

Nach der Mitte des 12. Jahrhunderts wurde der Chor mit den beiden Flankentürmen errichtet, um 1200 folgte das sehr breite und niedrige Langhaus mit gewölbten Seitenschiffen und flachgedecktem Mittelschiff. Es wurde 1208 geweiht. Danach erhielten die beiden Westtürme ein zusätzliches Geschoss und die beiden ungewöhnlich steilen Rautenhelme.

Außenansicht Die Apsis mit den beiden schlanken Flankentürmen (um 1160) ist wegen der damals noch erhaltenen älteren Kirche ungewöhnlich breit. Zusammen mit Bonn, St. Gereon in Köln und Maastricht gehört sie mit ihrer doppelgeschossigen Blendengliederung und der mit Brüstung ausgestatteten Zwerggalerie zu den frühesten Beispielen des niederrheinischen Typs. Die Kleeblattblenden des Untergeschosses zählen zu den ersten ihrer Art und wurden vermutlich wegen der gedrückten Proportionen anstelle der üblichen Rundbögen gewählt.

Innenraum Langhaus und Vierung mit ihren auffallend breiten, durch den Vorgängerbau bestimmten Proportionen werden heute maßgeblich durch die erst 1496/99 eingezogenen spätgotischen Sterngewölbe geprägt, die tief nach unten in den Raum eingreifen. Das Mittelschiff war ursprünglich in Scheitelhöhe des Vierungsbogens flach gedeckt, wie Reste der Ausmalung, die sich über den Gewölben erhalten haben, bestätigen.

Ungewöhnlich für einen Flachdeckenbau sind die allseits von Halbsäulen umstellten Pfeiler, denn die vierte Halbsäule im Mittelschiff besitzt keine tragende Funktion, das heißt sie dient nicht als Wandvorlage für ein Gewölbe. Hier stiegen ursprünglich flache Lisenen auf, die fensterübergreifende Blendbögen trugen.

Der besondere Anspruch der Architektur wird trotz fehlender Wölbung durch die kleinen funktionslosen Dachstuhlöffnungen betont, die bei Emporen durch eingestellte Säulchen und rahmende Wulste, Doppelsäulen und gestufte Bögen hervorgehoben werden. Die gratgewölbten Seitenschiffe besitzen wie St. Andreas und St. Kunibert in Köln große Nischen in der Außenwand. Die Dreierblende über dem östlichen Vierungsbogen verdeutlicht, um wie viel niedriger als das ohnehin breite Mittelschiff Chor und Apsis sind.

Westbau Die Westfront mit ihren dicht zusammengerückten Türmen und seitlich integrierten runden Treppengehäusen zeigt mit der Kombination aus Bogenfriesen und Pilastern Verwandtschaft zur Außengliederung von St. Pantaleon in Köln. Die Kapitelle der Pilaster stammen von dem karolingischen Vorgängerbau, das Portal und das mittlere Geschoss darüber aus dem 19. Jahrhundert. Klar erkennbar ist die spätromanische Aufstockung der Türme mit ihren steilen Rautenhelmen. Dass es sich hier noch nicht um eine in den Bau integrierte Doppelturmfassade, sondern um einen isolierten Westbau handelt, belegen der hinter den Türmen auf deren Rückseite sichtbare Giebel des Mittelschiffes und die seitlich vortretenden Seitenschiffe.

St. Florin

Die schlichte Westfassade, deren Türme außer den Schallarkaden keine Öffnungen zeigen, verweist einerseits auf das ältere Vorbild St. Kastor, präsentiert sich aber andererseits eindeutig als Doppelturmfassade, weil die nunmehr auseinander gerückten Türme am Westende der Seitenschiffe stehen. Das gotische Mittelfenster ist eine nachträgliche Veränderung. Das Stift St. Florin entwickelte sich aus

St. Kastor, Ansicht von Westen

St. Florin, Ansicht von Westen

Rechts: Liebfrauen, Langhaus nach Osten

dem Klerus der Pfalzkapelle des fränkischen, später karolingischen Königshofes und trägt seit 943/48 das heutige Patrozinium.

Die Kirche stellt sich als einheitlicher Neubau aus der Zeit um 1100 dar, veranlasst durch Probst Bruno, den späteren Erzbischof von Trier. Die lang gestreckte, flachgedeckte Pfeilerbasilika besaß im Osten ein niedriges Querhaus mit unmittelbar angrenzender Apsis anstelle des heutigen gotischen Chores (1350/57). Ein breiteres Mittelschiff schließt sich daran an – in den beiden östlichen Jochen ohne Seitenschiffarkaden, weil sich hier der liturgische Chor befand. Die hochgotisch wirkende Einwölbung erfolgte erst 1582 und wurde 1708 noch einmal vollständig erneuert.

Liebfrauen

Liebfrauen, Längsschnitt, Rek.

Obwohl die Pfarrkirche erst 1179/82 erstmals genannt wird, haben Ausgrabungen ältere Perioden nachweisen können, die bis auf einen spätantiken profanen Großbau des 4. Jahrhunderts zurückführen.

Die Kirche wurde als flachgedeckte Emporenbasilika mit gewölbten Seitenschiffen Ende des 12. Jahrhunderts errichtet und erhielt nach 1210 ihre monumentale Doppelturmfassade. Das schmalere, ursprüngliche Chorquadrat war von den Seitenschiffen getrennt, besaß aber in seinen starken seitlichen Mauern eine reiche Gliederung: über einem echten vierteiligen Triforium einen zweischaligen Obergaden mit Laufgang. Dieser von Anfang an gewölbte, turmartige Raum dürfte zunächst das Langhaus überragt haben, das dann im Zuge der Bauarbeiten aufgestockt und über den glatten Emporenwänden mit zweieinhalb Jochen im gebundenen System gewölbt wurde. Der lang gestreckte dreiteilige gotische Langchor wurde erst 1404/30 angefügt, und die gesamte Einwölbung wurde mit reichen spätgotischen Formen 1470 erneuert.

Westbau Der imposante Westbau mit seinen schweren barocken Gesimsen, Giebeln und Hauben demonstriert den Abschluss der Entwicklung, anknüpfend wiederum an St. Florin, doch um Bogenfriese und Blenden bereichert und die Zusammenfassung zum einheitlichen Querriegel betonend, auch hier durchbrochen von einem spätgotischen Fenster. Darunter saß ehemals ein Rundfenster wie in Andernach.

Innenraum Das spannungsreiche Innere scheint ein wenig aus dem Gleichgewicht geraten zu sein: unten die doppelte Reihe aus niedrigen Seitenschiffarkaden und Emporenöffnungen darüber, oben ein sehr hoher Obergaden mit glatten Flächen und abgekragten Gewölbevorlagen. Die Emporenöffnungen sind wie in Bacharach ungeteilt, jedoch wiederum durch kleine Ecksäulchen und einen rahmenden Wulst ausgezeichnet. Jenseits des stark eingezogenen, sehr steilen Chorbogens ist die reiche Wandgliederung des ursprünglichen Altarhauses zu ahnen, bevor der spätgotische Chor ansetzt.

Liebfrauen, Ansicht von Westen

Kobern
Matthiaskapelle auf der Oberburg

Außenansicht Von der Oberburg, die 1195 erwähnt wird, hat sich nur der um 1200 entstandene Bergfried isoliert erhalten. Daneben wurde nach 1220/25 frei stehend, ohne ursprüngliche Verbindung mit Gebäuden, die Kapelle errichtet, vielleicht für eine auf dem Kreuzzug geraubte und für diesen Ort gestiftete Kopfreliquie des Heiligen.

Der sechseckige Bau besitzt einen relativ breiten Umgang mit einer Apsis über einem Dreiviertel-Kreis, die von einem Kegeldach gedeckt wird. Sie wirkt folglich als selbstständig angefügter weiterer Zentralbau. Die äußere Gliederung täuscht einen bei Zentralbauten häufig auftretenden zweigeschossigen Aufbau des Umgangs vor, doch führen die oberen Öffnungen nur in den Dachraum.

Innenraum Im Innern ruht der ungewöhnlich enge und steile Kernraum auf Bündelstützen mit Schaftringen und stark gestelzt lanzettförmigen Arkaden. Eine kleine Schirmkuppel auf Dienststummeln über Tierkonsolen schließt den Raum nach oben ab.

Eindrucksvoll ist der Umgang: Er zeigt außen nicht nur kleeblattförmige Blendarkaden, die bewegte Schlüssellochfenster rahmen, sondern wird innen von Segmenten einer zum Mittelpunkt hin

Ansicht von Südosten

ansteigenden Stirnkuppel überfangen, die mit dekorativen Rippen ohne entsprechendes Auflager besetzt ist. Je vier Gewölbesegmente kommen auf eine der sechs Seiten. Der Innenraum schöpft die wild bewegten Gestaltungsmöglichkeiten der niederrheinischen Spätromanik in vollem Umfang aus. Zum Vergleich bieten sich die Gewölbe, aber auch das Chorpolygon von Boppard an.

Links: Innenraum nach Westen

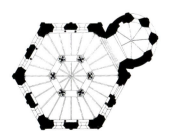

Andernach
Liebfrauen

Ausgangspunkt ist auch hier ein römisches Kastell und späterer fränkischer Königshof. Die Gründung der Pfarrkirche dürfte weit zurückreichen, was fränkische Gräber in der Umgebung belegen. Zahlreiche Nachrichten und Ereignisse zwischen dem 9. und dem 13. Jahrhundert beziehen sich auf die Stadt, die zum Erzbistum Köln gehörte, während die Liebfrauenkirche im Besitz des Erzbistums Trier war.

Von einem älteren, um 1100 errichteten Bau stammt der mächtige, fast ungegliederte Nordostturm, der in die neue Kirche einbezogen wurde. Diese entstand vermutlich nach einem Stadtbrand mit weitgehender Zerstörung 1198. Ohne Querhaus, aber flankiert von vier kräftigen Türmen, entwickelt die vollständig gewölbte Emporenbasilika mit ihren drei Doppeljochen ein gedrungenes, kraftvolles Erscheinungsbild.

Zunächst wurde das quadratische, mit einem achtteiligen Rippengewölbe versehene Chorjoch im

Ansicht von Südwesten

Osten erbaut, das wie häufig von zwei Türmen flankiert wird, vor deren Front die Apsis vortritt. Der südliche, jüngere und schlankere Turm wird, ähnlichen Bauten vergleichbar, in die Blendarkatur der Apsis integriert. Diese zeigt auf kleinerem Grundriss den klassisch niederrheinischen Aufbau, folgt aber dem etwas jüngeren Kölner Typ (St. Aposteln, Groß St. Martin) mit pilasterartigen Lisenen im Untergeschoss. Auch in der Nischenbildung im Innern ergeben sich Verbindungen nach Köln.

Außenansicht Um 1220 entstanden, ist der Westbau einer der spätesten und aufwändigsten dieses Typs, wodurch sich ein Vergleich mit den Koblenzer Kirchen, insbesondere der Liebfrauenkirche, anbietet. Hier sind die Türme in den unteren drei Geschossen mit dem Mittelteil zu einem Querriegel verschmolzen, der im Innern in Emporenhöhe einen großen quer laufenden Saal aufnimmt. Bei den in drei Geschossen angeordneten flachen Blenden gibt es kein übergreifendes vertikales Element. Nur in ihrer unterschiedlichen Breite nehmen die Blenden in ihrer streng axial vertikalen Anordnung Bezug auf die Freigeschosse der Türme.

Innerhalb der Blendarkaden ist eine systematische Bereicherung von unten nach oben festzustellen. Diese setzt sich in den von Giebeln und Rautendächern bekrönten Türmen fort, wo die gestuft gerahmten Kleeblattbögen von Bogenfriesen überfangen werden, bis zu vier Wandschichten ablesbar machen und fast wie bei einem Horror vacui keine ungegliederten Flächen übrig lassen.

Das Südportal zeigt nicht nur reichen Kapitellschmuck, sondern auch ein Tympanon, das mit dem bedeutendsten romanischen Bildhauer des Rheinlandes verbunden wird, dem Laacher Samsonmeister.

Innenraum Klar ablesbar im Innern ist nicht nur das gebundene System der drei Doppeljoche, sondern auch die dreigeschossige Wandgliederung, bei der die Emporen beinahe die gleiche Höhe wie die niedrigen Scheidarkaden besitzen. Sie sind wiederum durch eingestellte Bögen auf schwarzen polierten Schiefersäulchen und einen übergreifenden Wulst auf kleinen schwarzen Ecksäulchen gegliedert. Die Fenster darüber sind wie stets unter dem Schildbogen zusammengerückt.

Blick durch das Langhaus in die Apsis

Die Wandvorlagen sind hier besonders kräftig als Pfeiler mit vorgelegter Halbsäule und begleitenden Dreiviertel-Diensten ausgebildet. Reich gestuft sind die Gurtbögen, deren unterstes Profil mit Kantenstäben bereits französische Kontakte erkennen lässt, ebenso wie die Gewölbe, die erst etwas später im 13. Jahrhundert ausgeführt wurden.

Wiederum niedrig erscheinen Apsis und Chorjoch, sodass in der Mauer über dem Chorbogen noch ein gestaffeltes Drillingsfenster Platz hat. Die farbenfrohe, typisch niederrheinische Ausmalung wurde 1899 nach erhaltenen Resten rekonstruiert und jüngst wieder aufgefrischt.

Der Mittelrhein

Maria Laach
Klosterkirche

Ursprünglich einsam am Laacher See in der Eifel gelegen, ist die sechstürmige Abteikirche neben den großen Domen zum Inbegriff romanischer Architektur in Deutschland geworden. Gegründet wurde sie 1093 durch Pfalzgraf Heinrich II. und war zunächst mit Mönchen aus St. Maximin in Trier besetzt. 1802 säkularisiert, wurde 1863 der Versuch einer Neueinrichtung mit Jesuiten unternommen, doch erst seit 1892 wird das Kloster wieder von Benediktinern aus Beuron geführt. Es wird davon ausgegangen, dass bis gegen 1100 bereits die Fundamente für die gesamte Klosteranlage gelegt waren, doch scheint dies eher fraglich.

Wiederum wird hier das Thema der Doppelchoranlage aufgegriffen. Die in allen Teilen gratgewölbte Basilika mit gleichmäßiger Jochfolge besitzt ein ausladendes Querhaus, an das sich ein quadratischer Chor mit Halbkreisapsis anschließt. Die im Innern niedrigeren Querarme besitzen große Nebenapsiden, dazwischen stehen Chorwinkeltürme. Über der Vierung erhebt sich ein unbelichteter achteckiger Turm, der äußerlich denen der oberrheinischen Dome gleicht. Die Ostteile sind auf den ersten Blick eng mit Speyer verwandt.

Den westlichen Abschluss bildet ein Querriegel mit vorspringender Halbkreisapsis und runden Treppentürmen an den Flanken. Zwischen diesen und der Apsis liegen die beiden Westportale, die die Verbindung zu einem quadratischen Atrium, dem »Paradies«, herstellen. Der Westbau wird in der Mitte durch einen leicht querrechteckigen Turm bekrönt, der über seiner dreiseitig umlaufenden Zwerggalerie zu einem Quadrat mit charakteristischen Giebeln und Rautendach zurückspringt.

Die Gesamtdisposition gleicht auffällig derjenigen des Ostbaus des Mainzer Doms, der um 1100 gerade seine endgültige Gestalt erhielt. Im Innern ist der Westbau hier jedoch durch eine Empore unterteilt. Es hat den Anschein, als ob der Auf-

Ansicht von Nordosten

traggeber sich nicht nur die spätottonische Klosterkirche St. Michael in Hildesheim (1010/33) mit ihren doppelten Chören und sechs Türmen zum Vorbild genommen hat, sondern zugleich die monumentalen Bischofskirchen am Oberrhein in seiner Gründung vereinigen wollte.

Bedingt durch den frühen Tod des Stifters (1095), zogen sich die Bauarbeiten in die Länge, was zu Modifikationen des ursprünglichen Konzeptes führte. Zunächst wurden die für liturgische Zwecke wichtigen Ostteile einschließlich der Krypta vollendet. Während der Ausführung wurden die beiden zunächst nicht vorgesehenen Osttürme eingefügt und das niedrigere Querhaus in der äußeren Traufhöhe dem Ostchor angepasst. Da der Gewölbebau in dieser Zeit noch absolute Ausnahme war (Speyer II, 1090/1100), wurde im Langhaus mit einem in Deutschland singulär gebliebenen System gleichmäßiger Jochschritte im Mittel- und Seitenschiff experimentiert. Die Lösung führte zu Schwierigkeiten bei der Geometrie der Kreuzgratgewölbe, die auf Rundbögen angelegt waren. Im Seitenschiff erfuhr dagegen die Zahl der Blendbögen eine Verdoppelung.

Bei der Weihe des Langhauses 1156 waren die geplanten Mittelschiffgewölbe noch nicht ausgeführt, Spuren einer provisorischen Flachdecke haben sich erhalten. Zu diesem Zeitpunkt war allerdings die zunächst schlichte Ostapsis durch eine reicher gegliederte, nach Bonner Muster, ersetzt worden. 1169 (Datierung nach Holzproben) waren die Dachstühle über dem Westbau vollendet. Die Treppentürme hatten die reiche Gliederung der Apsis von St. Kastor in Koblenz erhalten. Erst 1185 wurde über dem Mittelschiff ein neuer Dachstuhl errichtet, unter dem nun endlich die Gewölbe ausgeführt werden konnten. Zuvor waren – gut erkennbar anhand des unterschiedlichen Materials – die östlichen Türme wie in Bonn um zwei Geschosse aufgehöht worden. Nach fast 90-jähriger Bauzeit war die Kirche vollendet.

Gegen 1220 schließlich kam das Paradies mit seiner Bauzier aus der Hand des Samsonmeisters hinzu, der seinen »Notnamen« nach einem entsprechenden Skulpturenfragment dortselbst erhielt. So bildet Maria Laach als Bau der niederrheinischen Schule mit seinen starken Bezügen zu Speyer und Mainz nicht nur eine Brücke, sondern gleichsam die Summe der rheinischen Romanik schlechthin.

Ostbau Wie bei den großen Domen des Oberrheins antwortet dem dreitürmigen Ostbau ein ebenfalls dreitürmiger Westbau, wodurch in diesem Fall auch die Doppelchoranlage mit ihren beiden liturgischen Zentren akzentuiert wird. Das

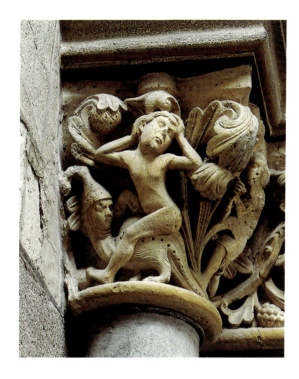

Kapitell mit figurativem Schmuck

lebhafte Farbspiel aus Bogenfriesen und schwarzen Lisenen auf vorwiegend gelblich getöntem Tuff ist ein besonderer Ausdruck für die Verwendung des Materials, das in dieser Region zur Verfügung steht. Die eng mit Bonn verwandte Apsisgliederung mit zweigeschossiger Blendenarkatur, aber ohne Zwerg-

Innenraum nach Osten

Der Mittelrhein

Ansicht von Westen

Grundriss Krypta

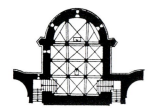

galerie, stammt von einer Erneuerung aus den Jahren vor 1156.

Westbau Die unmittelbare Verwandtschaft des Westbaus mit dem um 1100 zu seiner endgültigen Gestalt veränderten Mainzer Ostbau ist offenkundig, zumal auch dort ein großes Atrium vorgelagert war.

Die Gliederung der drei Türme ist allerdings niederrheinisch, insbesondere die Zwerggalerie des Mittelturmes. Die rechteckige Form jenes Turmes war hier nicht nur als bewusster Kontrast zum Rund der Treppentürme notwendig, sondern auch als Anschluss für das hoch liegende Apsisdach, das wiederum durch die Zweigeschossigkeit des Innenraumes bedingt ist. Nur selten ist es in späteren Epochen gelungen, Prachtentfaltung und Stärke so eindrucksvoll miteinander zu verbinden.

Innenraum Im Gegensatz zum Außenbau wirkt das Innere wegen seiner das Licht aufsaugenden dunklen und kräftigen Basaltgliederungen streng und fast erdrückend. Bemerkenswert ist die dichte Folge der plastischen Wandvorlagen, die sich aus den querrechteckigen Gewölbejochen ergibt. Deren Bögen sind leicht gedrückt, während die Schildbögen stark gestelzt sind. Die der byzantinischen Kunst entlehnte Goldmosaikauskleidung der Ostapsis entstammt der historisierenden Kirchenkunst aus der Zeit der Neubesiedlung an der Wende zum 20. Jahrhundert.

Davor erhebt sich der sechseckige Altarbaldachin (leider um ein Galeriegeschoss verkürzt), der aus der Zeit um 1230 stammt (S. 86). Die bewegten, fast »barocken« Einzelformen lassen sich mit Kobern vergleichen. Als Gesamtes ist dieses Ziborium einzigartig.

Oberbreisig (Bad Breisig)
St. Viktor

Die kleine Pfarrkirche ist eine späte Frucht der niederrheinischen Formenvielfalt und entstand im zweiten Viertel des 13. Jahrhunderts. Das nur zwei querrechteckige Joche umfassende Langhaus ist offenbar von Baubeginn an asymmetrisch.

Während auf der Nordseite das gebundene System mit dreigeschossigem Aufriss, also den üblichen ungeteilten Emporen über dem Seitenschiff erscheint, ist beides auf der Südseite aufgegeben, wodurch zwei große Seitenschiffjoche entstehen, die Emporenhöhe erreichen. Sie sind durch zwei quer stehende, rippenbesetzte Halbkuppeln über Pendentifs eingewölbt.

Im Osten schließt sich ein schmales Chorjoch mit achtteiligem Gewölbe und eine polygonale Apsis mit Schirmkuppel an, die im Äußeren der schlichten Form dieses Typs mit einfachen Kantenlisenen und Rundbogenfries folgt.

Außenansicht Der gedrungene Baukörper wird beherrscht durch den nach Westen vortretenden, nur in den beiden oberen Geschossen durch Lisenen und Bogenfriese gegliederten Querturm mit Satteldach. Der Obergaden präsentiert sich mit zwei großen siebenbogigen Fächerfenstern.

Südliches Seitenschiff Das südliche Seitenschiff des Langhauses ist durch die quer gestellten Rippenkuppeln zu zwei kapellenartigen Räumen umgeformt. Ein spezifischer liturgischer Anlass, der gerade in Zusammenhang mit den gegenüberliegenden Emporen denkbar ist, scheint nicht überliefert zu sein. Das Zusammenspiel mit den Fächerfenstern ist einzigartig.

Die lebhafte Farbfassung stützt sich auf 1904 aufgedeckte Reste.

Ansicht von Südosten

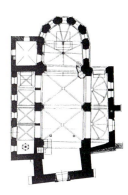

Blick in das südliche Langhaus

Der Mittelrhein

*St. Martin,
Ansicht von Osten*

*St. Martin,
Langhaus und Chorpolygon*

Linz
St. Martin

Die querschifflose Emporenbasilika mit gleichmäßig quadratischen Pfeilern dürfte trotz zahlreicher Unregelmäßigkeiten, die durch Planwechsel hervorgerufen sein mögen, als einheitlicher Neubau in der Flucht eines älteren Westturmes nach 1206 entstanden sein; jedoch ist die Datierung ungesichert. Sowohl die zugespitzten Emporenbögen als auch das Chorpolygon deuten eher auf das zweite Drittel des 13. Jahrhunderts hin.

Die aufgrund der vorhandenen Dienste anzunehmende geplante Einwölbung erfolgte erst Anfang des 16. Jahrhunderts mit spätgotischen Sterngewölben. Erhaltene Teile der Farbfassung darüber lassen erkennen, dass ursprünglich eine Holztonne den Raum überspannte, wobei eine Unterteilung durch romanische Schwibbögen anstelle der heutigen Gurtbögen fraglich ist.

Das Äußere des polygonalen Chores ist schlicht, wie es dem späten Typ entspricht (Kaiserswerth). Nur der Plattenfries erinnert an die sonst übliche Zwerggalerie. Chorflankentürme kamen offenbar nicht zur Ausführung.

Innenraum Das Mittelschiff der Pfarrkirche steht mit den zahlreichen Emporenbasiliken in Verbindung, wohingegen der Chor keine Zweischaligkeit mehr aufweist, dafür aber auffällige, von zahlreichen Schaftringen unterteilte Dienstbündel in den Winkeln der fünf Seiten des Zehnecks (vgl. Gerresheim; Kaiserswerth). Zwischen ihnen lassen die schmalen langen Fenster keinen Platz für Wandflächen.

Die Tradition der niederrheinischen Architektur wird in den Vierpassfenstern der Sockelzone und in dem neunteiligen rippenbesetzten Schirmgewölbe mit hängendem Schlussstein (Köln, St. Gereon) anschaulich; eine Symbiose von Tradition und dem neuen frühgotischen oder Übergangsstil kommt damit zum Ausdruck.

Heisterbach
St. Marien

Die Gründung des Klosters auf dem Petersberg im Siebengebirge als Tochter von Clairvaux erfolgte relativ spät: 1189, unter der Führung von Mönchen aus Himmerod. 1192 vollzog sich die Verlegung ins Heisterbacher Tal. Der große Kirchenbau wurde 1202 begonnen und 1227 mit 17 Altären bis zum Querhaus geweiht. Die Weihe des Kreuzaltars 1237 bezog sich offenbar bereits auf die gesamte Kirche. Diese blieb nahezu unverändert bis zur Säkularisation 1803 bestehen und wurde dann auf Abbruch verkauft, sodass sich nur der Chor der Zisterzienserabteikirche erhalten hat.

Der Bau ist in einer gründlichen Bauaufnahme von 1810 überliefert, die im Auftrag des in enger Verbindung zu J.W. von Goethe stehenden Kunstgelehrten und -sammlers Sulpiz Boisserée (1783–1854) durchgeführt wurde. In ihm vollzog sich eine Verbindung von rheinischer und zisterziensischer Tradition in einer höchst originellen Weise. Die kreuzförmige, lang gestreckte Basilika war in gleichmäßiger Jochfolge gewölbt, wobei die Seitenschiffe nicht nur eine zweigeschossige Gliederung mit einer dichten Reihe von Nischen in der unteren Zone (vgl. Essen), sondern auch eine geradezu spätgotisch anmutende Kombination von Dreistrahlgewölben aufwiesen (vgl. Sinzig). Ein zweites, niedrigeres Querhaus unterbrach die Arkadenreihen (vgl. Maastricht; Utrecht; Neuss); der Obergaden zeigte statt Fächerfenstern vollständige Rosetten, die in den östlichen Jochen mit Plattenmaßwerk gefüllt waren.

Letzteres entsprach ebenso der Bauauffassung der Zisterzienser wie die rechteckigen Kapellen im Querhaus, die in die Mauerstärke eingelassen waren; diese wiederum wurde außen mit einem kräftigen Rücksprung reduziert. Die unmittelbar neben

Ostchor

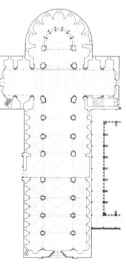

Grundriss (nach Boisserée)

Blick in den Umgang von Süden

Innenraum, Rek. nach Pützer

dem Apsisumgang gelegene Querhauskapelle war höher, was sich außen durch einen Aufsatz bemerkbar machte. Allein der erhaltene Chor mit dem bei Bauten der Zisterzienser häufiger, bei denen des Rheinlands selten auftretenden halbkreisförmigen Umgang verdeutlicht die Realisierung eines französischen Bautyps mit niederrheinischen Mitteln.

Ostchor Das zweigeschossige Apsisrund öffnet sich unten in den Umgang, von dem es jedoch durch eine hohe Schrankenmauer abgeschirmt ist. Das Obergeschoss verbindet sich mit der steil ansteigenden, noch immer an die romanische Kalotte erinnernden Schirmkuppel mit aufgesetzten dünnen, ehemals überputzten Rippen. Vor den fünf schlanken Rundbogenfenstern ist der übliche Laufgang als Zweischalenkonstruktion ausgebildet. Da offenes Strebewerk zum Luxus zu gehören schien, sichern außen steil ansteigende Strebemauern den Bau statisch ab.

Chorumgang Die sieben Kapellen des Umgangs erscheinen als in die Mauer eingetiefte Nischen, womit sowohl ein rheinisches Element (Köln, St. Gereon) als auch ein zisterziensisches in der Geschlossenheit des Außenumrisses (Pontigny) zum Ausdruck kam. Über den Nischen ist ein kleiner Obergaden mit je drei Fenstern und Nische ausgebildet, von dem aus die Schirmgewölbe des Umgangs aufsteigen. Die Zweischalenkonstruktion, die rheinische Apsiden der Spätzeit auch im Untergeschoss zeigen, drückt sich durch eine komplizierte Säulenstellung aus. In Frankreich waren dagegen dicke Rundstützen die Regel. Zwischen dem äußeren und dem inneren Kranz dünner Säulchen erscheint der Zwischenraum wie bei Laufgängen, wobei die äußeren Säulchen wiederum nicht auf dem geschlossenen Unterbau, sondern auf eigenen, beinahe zerbrechlich wirkenden Stützsäulen aufgestellt sind. So rheinisch-spielerisch diese Architektur wirkt, so hat sie doch auch manches von der fragilen Frühgotik Nordfrankreichs (Reims, St. Remi; Soissons).

Sinzig
St. Peter

Grundlage bietet auch hier ein römisches Auxiliarlager, aus dem eine fränkische Königspfalz hervorging, mit Nennungen in karolingischer und staufischer Zeit. Ob die überlieferte Zerstörung 1198 den Anlass für den stilgeschichtlich 1220/30 zu datierenden Bau gab, ist zweifelhaft. In seiner Einheitlichkeit, seiner Geschlossenheit, aber auch seinem Gliederungsreichtum gehört er zu den herausragenden Beispielen der Kölner Architektur.

In dem gedrungenen, nur zwei Doppeljoche umfassenden Langhaus ist wiederum eine Emporenbasilika gegeben mit anschließendem Querhaus, quadratischem Chor mit Nebenkapellen und polygonaler Apsis. Der Chor zeichnet sich durch ein achtteiliges Rippengewölbe aus, das in der Vierung, die einen nicht belichteten Achteckturm trägt, durch eine leicht querovale achtteilige, mit Rippen besetzte Kuppel ergänzt wird (vgl. Köln, St. Andreas; Trechtingshausen).

Das zweischalige Laufgangsystem, das vom Fenstergeschoss der Apsis ausgeht, ist nicht nur im Chor, sondern auch das ganze Querhaus herum fortgeführt. Dabei wurden die Fenster dergestalt einbezogen, dass sich in der vorderen Ebene eine stark gestelzte Dreibogenstaffel entwickelt, in der die hochgezogene Mittelöffnung von zwei niedrigeren, auf Pfeilern ruhenden Öffnungen flankiert wird.

Auch im Äußeren der Pfarrkirche ist der Ostabschluss ungewöhnlich reich gestaltet, wobei die polygonale Apsis das für diesen Typ bereits nicht mehr gebräuchliche zweigeschossige Blendarkadensystem mit Zwerggalerie und Plattenbrüstung aufweist, darüber hinaus aber über jeder einzelnen Seite Giebel zeigt (Münstermaifeld, Essen-Werden). Ihr wird dadurch der Charakter eines selbstständigen Zentralbaus in bewusster Analogie zu den Giebeln des Vierungsturmes zugewiesen. Winzige seitliche Türmchen dürfen als ein verspieltes Zitat der großen Vorbilder angesehen werden (vgl. Abb. S. 13).

Westfassade Die Westfassade gibt den einfachen Raumquerschnitt wieder, ist aber überreich mit Bogenfriesen und Blenden ausgestattet, die insbesondere den mittleren Teil und den Giebel akzentuieren. Die Dreibogenstaffel des Westfensters wird in Nischenform zur Seite hin verlängert und von einer Blendgliederung mit dünnen Schaftringsäulchen überfangen. Die rekonstruierte Farbfassung betont die linearen Elemente dieser reichen Gliederung gegenüber den ebenso starken plastischen Werten.

Innenraum Das Langhaus zeigt in recht gedrungenen Proportionen erneut das dreigeschossige Aufrisssystem mit Emporen, bekrönt von einem großen Fächerfenster. Die Emporenöffnungen sind in der üblichen Weise gegenüber den Arkaden bereichert, weisen aber hier das ungewohnte Motiv einer Dreibogenstaffel auf, was die eher gedrückt lagernden Formen dynamisiert. Die Gewölbevorlagen bestehen wie im nahen Bonn aus Pfeilervorlagen mit begleitenden Diensten. Bei den Profilen der Gurtbögen sind bereits gotische Einflüsse zu verzeichnen.

Sehr ungewöhnlich sind die kaum sichtbaren Emporengewölbe: Ihre Hauptkappen sind wegen der äußeren Zwillingsfenster so geteilt, dass ein Dreistrahl entsteht, der zumindest im Grundriss eine gotische Gewölbeform vorwegzunehmen scheint. Wegen der gedrungenen Raumform und der fast korbbogigen Anlage der Gewölbe wird jedoch rasch deutlich, dass es sich wiederum um ein dekoratives Spiel der niederrheinischen Spätromanik handelt.

Ansicht von Südwesten

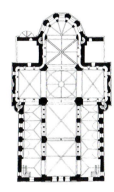

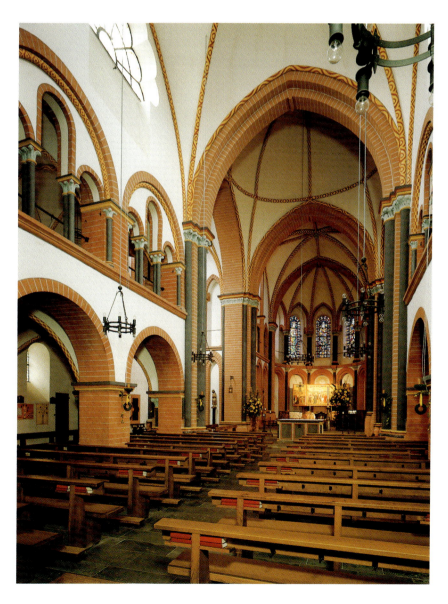

Langhaus nach Osten

Köln und der Niederrhein

Kurz vor Bonn weitet sich das Tal zwischen dem Siebengebirge rechts und den Ausläufern der Eifel links des Rheines zur Köln-Bonner-Bucht. Beiden Gebirgen verdankt die Region einschließlich der Niederlande bis zum Ende der Romanik ihr bevorzugtes Baumaterial, den Trachyt vom Drachenfels und den vulkanischen Tuff aus der Eifel. Von nun an betritt der Fluss die nordeuropäische Tiefebene.

Das Gebiet, das der Kunstlandschaft in diesem Zusammenhang zugeordnet wird, ist sehr viel breiter als der schmale Saum entlang des Rheines. Im Westen umfasst es Lüttich, Maastricht und sogar die ehemalige Reichsabtei Saint Gertrude in Nivelles südlich von Brüssel. Durch einen breiten Streifen getrennt, findet dort allmählich der Übergang zur normannischen Baukunst Nordfrankreichs statt. Im Osten lässt sich eine Grenze zum Westfälischen festlegen, die weitgehend identisch ist mit der alten Stammesgrenze zwischen den Sachsen der Karolingerzeit in Westfalen und den Rheinfranken im heutigen Rheinland. Sie zieht sich mitten durch das Ruhrgebiet und verläuft östlich von Essen mit seinem ottonischen Damenstift. Mit Utrecht und Deventer gehören auch die Zentren der niederländischen Romanik dazu. Mit Recht wird von der niederrhein-maasländischen Baukunst gesprochen. Die beidseitig des Rheines angesiedelten Bauten bilden also nur einen – wenn auch gewichtigen – Ausschnitt. So fehlt bei dieser Darstellung die Pfalzkapelle Karls des Großen in Aachen und vieles andere mehr.

Kunstgeschichtlich ist die Trennung zwischen Mittel- und Niederrhein eher willkürlich, obwohl die Landschaft sie selbst nahe legt. Auf die Besonderheiten des südlichen Teiles wurde im vorangehenden Kapitel hingewiesen. Allein der Umfang zeigt, dass der Schwerpunkt eindeutig am Niederrhein liegt, was in der wirtschaftlichen und politischen Bedeutung seine Ursache hat – sicher bedingt durch die Strukturen, die bereits die Römerzeit dieser Region aufgeprägt hatte. Zu erinnern ist an die außerordentliche, ja singuläre Stellung der Stadt Köln.

Obwohl das späte 10. und das 11. Jahrhundert mit Werden und St. Pantaleon, dem Münster in Essen, St. Maria im Kapitol, St. Georg, den Chören des Bonner Münsters und von St. Gereon bedeutsame Bauten hervorgebracht hat, so ist der Umfang des Erhaltenen doch zu gering, um daraus die Charaktermerkmale einer Kunstlandschaft ableiten zu können. Für die erste Hälfte des 12. Jahrhunderts kann darüber hinaus ein gewisses Erlahmen der Bautätigkeit festgestellt werden, was sicher auch daran lag, dass die Bedürfnisse zunächst befriedigt waren. Erst parallel zum Aufblühen der neuen staufischen Herrscherdynastie stieg die Bautätigkeit sprunghaft an. Fast gleichzeitig traten alle Merkmale auf, die bis zum Ende dieser Epoche in der Mitte des 13. Jahrhunderts den gesamten Raum prägten und ihn damit zur Kunstlandschaft machten.

In diesem Zusammenhang stellt sich die Frage nach Zentrum und Peripherie. Trotz der bedeutenden Rolle Kölns ist festzuhalten, dass die Gründungsbauten der ersten beiden Jahrzehnte 1140/60 fast alle nicht in Köln stehen. Das gilt sowohl für die Übernahme des Gewölbebaus vom Oberrhein in Brauweiler, Knechtsteden, Steinfeld und Wissel wie auch für die Entwicklung des charakteristischen niederrheinischen Apsidentyps mit zweigeschossigem Aufbau und der Zwerggalerie mit Brüstung und Längstonne im Bonner Münster, in Schwarzrheindorf, Maastricht, Maria Laach und St. Kastor in Koblenz. Nur der frühe Trikonchos von Groß St. Martin in Köln mit seiner Bedeutung für die Entwicklung der typischen Kleeblattchöre wäre an dieser Stelle zu nennen. Die erhaltenen stadt-

Köln, St. Aposteln, Ansicht von Osten

kölnischen Bauten des »großen Jahrhunderts« (1150 bis 1250) sind trotz mancher Gemeinsamkeiten zudem so unterschiedlich, dass kaum an eine Dominanz gegenüber dem Umland gedacht werden mag. Allerdings besitzen alle Beziehungen zu anderen Bauten der Region, sodass davon auszugehen ist, dass sich die vielfältigen Verbindungslinien in Köln kreuzten und die Impulse von hier aus an das Umland zurückgegeben wurden.

Zudem müssen sich Niederrhein- und Maasgebiet hinsichtlich des Geschmacks und der Grundvorstellungen trotz unterschiedlicher territorialer Zugehörigkeit und verschiedener Sprachen und Dialekte als eine Einheit empfunden haben, weil das gesamte Architektursystem fast wie ein Baukasten in immer neuen Varianten zusammengesetzt werden konnte und die Kontakte untereinander nicht nur auf dem Weg über Köln zustande kamen. Zu den charakteristischen Merkmalen der Region gehören außer den Apsiden auch die allenthalben sich entwickelnden Laufgangstrukturen, die dreigeschossigen Wandaufrisse mit Emporen oder Triforien, das deutliche Nebeneinander rundbogiger Fenster und spitzbogiger Arkaden- und Gewölbeformen sowie das lebhafte Spiel mit den fast barock anmutenden Fensterformen. Da das Material weder im Tuff noch im Trachyt zur bildhauerischen Bearbeitung geeignet war, bleibt die plastische Durchbildung mittels Profilen in der Außendekoration und in den Fenstergewänden nur verhalten, sodass der gestalterische Überschuss eher den linearen Umrissen der Fenster in Gestalt von Vielpassen, Fächern und Lilien zugute kam. Die Architekturgliederung wurde dagegen durch übereinander gelegte Schichten aufgebaut.

Der empfindliche Tuff bedurfte des Putzkleides, das häufig sogar die dekorativ aufgelegten Gewölberippen überzog. Daraus entwickelte sich die Vorliebe für eine lebhafte farbige Gestaltung, die den allgemein verbreiteten Vorstellungen von Schwere und Ernst der romanischen Architektur einen ungewöhnlich heiteren Akzent entgegensetzt. Durch sorgfältige restauratorische Untersuchungen konnten die Farbfassungen, die im Innern häufig schon im 19. Jahrhundert rekonstruiert worden waren, auch auf die Außenbauten übertragen und rekonstruiert werden. Es verwundert nicht, dass dies im Kontext der sich entwickelnden Farbfotografie geschah. Die weißen Putzflächen im Kontrast zu den lebhaften Farbmotiven der Gliederungen unterstreichen die grazile Eleganz der Architektur, die sich auch in ihren einzelnen Elementen wie den schwarzen Schiefersäulchen und der oft filigranen Struktur der Wandgliederungen zeigt. Manche dieser Erscheinungen weist in die gleiche Richtung

Köln, Overstolzenhaus

wie die sich entwickelnde Frühgotik in Nordfrankreich und England, sodass konstatiert werden kann, dass der Niederrhein als einzige deutsche Architekturlandschaft in eigenständiger Weise an den epochalen Prozessen im nordwestlichen Europa teilhat. Dass sie trotzdem in ihren Bautypen und dem Festhalten an geschlossenen Mauern und Raumbegrenzungen in der Tradition der deutschen Romanik verwurzelt blieb, macht weniger der Vergleich mit dem Oberrhein deutlich, der eher die Unterschiede zutage treten lässt, als vielmehr die Betrachtung aus großer räumlicher Distanz von den Nachbarländern her. Beeindruckend ist weiterhin die Wachheit und Lebendigkeit der Baumeister und ihrer Auftraggeber, die sich offenbar nie mit dem einmal Erreichten zufrieden gaben und es kopierten, sondern stets nach neuen Varianten suchten. Dies wird allerdings nur im präzisen Vergleich der Bauten deutlich.

Schwarzrheindorf, Zwerggalerie

Bonn
Münster St. Cassius und Florentius, jetzt St. Martin

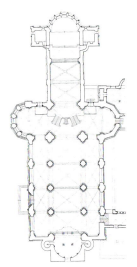

Das römische Lager Castra Bonnensia aus dem ersten Drittel des 1. Jahrhunderts n. Chr. lag im Norden der Stadt. Daran schloss sich südlich eine römische Zivilsiedlung mit Friedhöfen entlang der Ausfallstraße nach Süden an. Durch Grabungen ist eine einfache Friedhofsmemorie aus dem 3. Jahrhundert nachgewiesen, die vermutlich christlichen Märtyrern gewidmet war. Nach Zerstörung und Wiederaufbau siedelten sich darum weitere Bestattungen an; daraus ging die erste Saalkirche hervor mit stark nach Norden abweichender Achse.

691 wird erstmals das Patrozinium Cassius und Florentius erwähnt; es handelt sich um zwei Märtyrer der Thebäischen Legion. Auf sie gründet sich die spätere Legende einer Stiftung durch die Kaiserin Helena (vgl. Köln, St. Gereon). 804 wird das bestehende Stift genannt, das den Ausgangspunkt der mittelalterlichen Stadt (Villa Basilica) bildete. Das Stiftskapitel unterstand zunächst direkt dem Kölner Erzbischof, konnte sich dann aber verselbstständigen und zum vornehmsten des ganzen Erzbistums aufsteigen. Bonn blieb Residenz der Erzbischöfe, insbesondere nach deren Verdrängung aus der Stadt Köln im 13. Jahrhundert bis zum Ende des alten Reiches.

Ansicht von Südosten

In salischer Zeit, 1050/60, wurde ein großer Neubau mit veränderter Achse errichtet, der die Abmessungen des heutigen Münsters weitgehend festlegte. Die doppelchörige, dreischiffige Basilika mit östlichem Querhaus besaß einen ungewöhnlich lang gestreckten Chor mit Krypta und einen rechteckig ummantelten Westchor mit flankierenden Rundtürmen sowie einer kleinen zweiten Krypta darunter.

Der Ostchor wurde von zwei langen, räumlich getrennten Kapellen begleitet, die die Außengliederung verdeckten (spätere Anbauten?). Von diesem Bau blieb die dreischiffige Krypta mit begleitenden tiefen Rechtecknischen erhalten, an deren Westende drei Pfeilerpaare und darunter eine Gruft an die Lage von Sarkophagen im Sinne einer Confessio erinnern, die man für die ursprünglichen Märtyrergräber hielt. Über der Krypta bestehen noch die seitlichen Langchorwände der Chorherrenstiftskirche, im Äußeren ablesbar an der zarten, doppelgeschossigen Blenden- und Lisenengliederung (vgl. Köln, St. Gereon). Der lang gestreckte Chor, der zugleich auch der liturgische Chor für die Stiftsherren war, muss in der Frühzeit als Besonderheit hervorgehoben werden. In späterer Ummantelung blieb auch der Westchor im Kern bestehen.

Unter Probst Gerhard von Are wurde der neue Ostabschluss angefügt und 1153 geweiht. Er besteht aus einem gewölbten quadratischen Chorjoch mit zwei flankierenden Türmen und einer vortretenden Apsis, deren Äußeres zu den Gründungsbauten der niederrheinischen Spätromanik gehört. Aus dieser Zeit stammt auch der berühmte doppelgeschossige Kreuzgang mit dem östlichen Kapitelgebäude. Es folgte die Erneuerung des Querhauses, das nunmehr polygonale Querkonchen erhielt und damit das Münster in die Reihe der Trikonchosanlagen einfügte, auch wenn diese hier nicht ganz rein in Erscheinung tritt.

Hinzu kamen der zweigeschossige schlanke Vierungsturm mit Giebel über jeder Seite und die Aufstockung der beiden Osttürme um je zwei Geschosse. Die Einzelformen des Querhauses lassen eine Entstehung kaum vor 1220 annehmen. Daraus folgt, dass der stilistisch jüngere, besonders prächtige Neubau des Langhauses erst im 3., eher noch im 4. Jahrzehnt des 13. Jahrhunderts entstanden sein dürfte. Ein für 1239 überlieferter Brand liegt für den Baubeginn wiederum zu spät.

Außer einem echten, das heißt begehbaren Triforium und dem offenen Strebewerk im Außenbau bezeugt auch die Kapitellornamentik eine intensive Auseinandersetzung mit gotischen Entwicklungen in Burgund, Nordfrankreich und England. Als Letztes wurde der Westchor neu ausgekleidet, doch wurde er dann zugunsten einer Emporenlösung im Obergeschoss aufgegeben. Obwohl alle Bauteile isoliert voneinander geplant und ausgeführt wurden, entstand im Bonner Münster ein eindrucksvolles Zeugnis der niederrheinischen Baukunst, das seiner bis in die Antike zurückreichenden Wurzeln durchaus würdig ist.

Apsis Die Apsis mit ihrer doppelgeschossigen Blenden- und Säulenstellung und der darüber liegenden Zwerggalerie mit Brüstung und Längstonne vertritt zusammen mit St. Gereon in Köln, St. Servatius in Maastricht und St. Kastor in Koblenz die Gruppe der Gründungsbauten des neuen Stils der Stauferzeit. Entscheidend ist die fassadenartige Wirkung, die durch Einbeziehung der beiden Flankentürme in die Gliederung erzielt wird.

Die Aufstockung der beiden Türme ist deutlich ablesbar, deren Helme wie beim Vierungsturm aus gotischer Zeit stammen. Letzterer besaß ursprünglich ein Faltdach. Auch der über der Apsis sichtbare Giebel gehört zur spätromanischen Aufstockung des gesamten Ostchores. Die polygonalen Querkonchen mit ihren Lisenen anstelle der Blendarkaden orientieren sich trotz ihrer Zwerggalerien bereits an dem vereinfachten spätromanischen Typ.

Vor der Ostapsis erhob sich bis zum Abbruch im 19. Jahrhundert der monumentale Zentralbau der Martinskirche mit seinem Umgang.

Krypta und Langhaus Kreuzgratgewölbe mit flachen Gurtbögen, zarte Kämpferprofile und relativ flache Würfelkapitelle kennzeichnen den eleganten Raum der Krypta des 11. Jahrhunderts mit ihrer Verlängerung aus dem 12. Jahrhundert (vgl. dagegen Köln, St. Maria im Kapitol).

Das Langhaus gehört zu den leichtesten und ausgewogensten Räumen der niederrheinischen Baukunst. Der Verzicht auf das wuchtige gebundene System und der dreigeschossige Aufbau mit niedrigem echtem Triforium belegen ebenso wie die spitzbogigen Gewölbe die Kenntnis der neuen gotischen Architektur. Trotzdem wurde in der Wandgliederung konsequent der Rundbogen bewahrt, was bei den Arkaden auch durch die relativ weiten Jochschritte bedingt sein mag.

Der Laufgang vor den Obergadenfenstern mit seiner Dreibogenstaffel und zusätzlichen kleinen Öffnungen zeigt Beziehungen nach Lausanne und Genf und ebenso nach England, ist aber auch durch die älteren niederrheinischen Lösungen als deren Endpunkt zu erklären. Das fünfteilige Triforium ruht auf kleinen Pfeilern mit Begleitsäulen, wie sie von niederrheinischen Zwerggalerien, nicht aber von nordfranzösischen Triforien bekannt sind. In den Seitenschiffen dienen große Fächerfenster der Belichtung des Raumes. Die Zahl der Fenster in der Ostapsis wurde in der Gotik von drei auf sieben erhöht.

Blick nach Osten in die Krypta

Langhaus nach Osten

Der Niederrhein

Schwarzrheindorf (Bonn)
Doppelkapelle St. Clemens

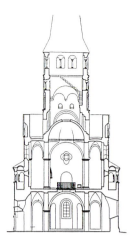

Querschnitt nach Osten

Ansicht von Nordosten

An der Siegmündung gegenüber dem Castrum Bonna lag auf der rechten Rheinseite ein ehemaliges Königsgut, das die Grafen von Wied zur Burg ausbauten. Noch vor seiner Ernennung zum Erzbischof ließ der Reichskanzler Arnold von Wied die monumentale doppelgeschossige Burgkapelle errichten. Sie wurde 1151 in Gegenwart des ersten Stauferkönigs Konrad III. (1093/94–1152) und des gesamten Hofstaates geweiht, wie eine Inschrifttafel hinter dem Altar bezeugt. Zusammen mit der Bonner Gruppe der Apsis-Gliederungen zählt sie zu den Gründungsbauten der stauferzeitlichen Romanik am Niederrhein. Der Bauherr wurde 1156 in der Unterkirche bestattet. Seine Schwester Hadwig, Äbtissin des Damenstiftes Essen, wandelte 1173 die Burg, von der fast nichts erhalten ist, mit der Kapelle in ein adliges Damenstift um.

Bei dieser Gelegenheit wurde der Bau um zwei Joche nach Westen verlängert einschließlich der umlaufenden Zwerggalerie, deren überflüssig gewordene Teile wieder verwendet wurden. Der Turm wurde um ein Geschoss erhöht, während die steile Spitze wohl erst 1605 aufgesetzt wurde. Nach der Aufhebung des Stiftes 1803 wurden die Burggebäude bis auf einen Rest an der Nordseite abgebrochen. Nach der Profanierung wurde die Kirche schon 1832 restauriert, insbesondere die Ausmalung der Unterkirche 1846 bis 1854, für die Anwendung wissenschaftlicher Methoden leider viel zu früh.

Doppelkapellen sind als Typ mit verschiedenen Funktionen seit dem 11. Jahrhundert in Italien (San Claudio al Chienti), England (Hereford) und Deutschland (Speyer) bekannt, entwickelten sich jedoch im 12. Jahrhundert zur charakteristischen Palast- und Burgkapelle. Die Deutung des Typs im Sinne einer Architekturikonologie als Abbild der hierarchisch vertikal gegliederten Gesellschaft, die dem niederen Gefolge das Untergeschoss und dem Herrscher bzw. Herren mit seiner Familie das Obergeschoss zuweist, mag zwar einen richtigen Kern enthalten, ist aber durch keinerlei Schriftquellen belegt. Die Bestattung des Bauherrn in dem kryptenartig gedrungenen Untergeschoss spricht dagegen.

Die achteckige Verbindungsöffnung beider Geschosse wird mit der vornehmsten aller Pfalzkapellen, der königlichen Kapelle in Aachen, in Verbindung gebracht.

Der ursprünglich erheblich kürzere Bau besaß fast die Form eines griechischen Kreuzes, verlängert um die Apsis im Osten. Die vollständige Einwölbung mit Kreuzgratgewölben erfolgte zum Teil über extrem querrechteckigen Jochen und war aus geometrischen Gründen nicht leicht zu bewältigen.

Das niedrige Untergeschoss besitzt enorme Mauerstärken, die im Innern durch flache große und halbkreisförmige kleine Nischen und Blenden ausgehöhlt werden, fast im Sinne römischer Gewölbebauten. Auf gliedernde Einzelformen ist hier vollständig verzichtet. Das höhere Obergeschoss verringert die Mauerstärke erheblich, sodass über dem äußeren Rücksprung eine sehr hohe Zwerggalerie Platz findet, die zwar das Untergeschoss bekrönt, aber das Obergeschoss auf dessen Fußbodenniveau umzieht.

Der Altarraum ist durch eingestellte Säulchen hervorgehoben ebenso wie die Vierung durch ein achtseitiges Klostergewölbe über Trompen, das wie die Achteckföffnung darunter als Aachenzitat verstanden werden kann. Im Westen befand sich oben ein zusätzlicher Emporeneinbau auf Säulen und mit hoch liegendem Zugang, sodass der Platz des Burgherrn auch im Obergeschoss noch einmal er-

höht angeordnet war; auch hier erweist sich ein Bezug zu Aachen, wo der Thron ebenfalls auf einer Empore erhöht war.

Außenansicht Es scheint, als diene der straff um einen Mittelpunkt versammelte Baukörper nur als Unterbau für den steil aufragenden Turm, eine Silhouette, die derjenigen von Groß St. Martin in Köln vergleichbar ist. Das Untergeschoss ist vollkommen ungegliedert, was einerseits die bedeutungsvolle Steigerung des Obergeschosses unterstreicht, andererseits in den dicht herandrängenden Gebäuden des Burgberings seinen Grund gehabt haben mag.

Die Galerie mit ihren zierlichen Einzel- und Doppelsäulchen ist durch kleine Pfeiler rhythmisch gegliedert und besitzt eine hohe Brüstung, die von außen nicht zu erkennen ist. Der Laufgang erscheint als schattiger Hohlraum in der Mauerstärke. Der ehemalige Zugang vom Pallas der Burg zur Galerie wurde im 19. Jahrhundert als Brücke rekonstruiert. Er verdeutlicht, dass vermutlich mit der Galerie Säulchengliederungen der Fenster des noblen Pallasobergeschosses auf den Kirchenbau übertragen wurden.

Das Obergeschoss wächst aus der Rückstufung des Pultdaches der Galerie heraus, was eine optische Staffelung zum Turm hin bewirkt. Tatsächlich beginnt es auf dem nicht sichtbaren Fußbodenniveau der Galerie. Die Apsis mit ihren Halbsäulen und Blendarkaden ist ebenso wie der blendengeschmückte Turm engstens mit den gleichzeitigen Ostarkaden des Bonner Münsters verwandt. Das vereinfachte Turmobergeschoss ist 20 Jahre jünger als das ursprüngliche Konzept.

Die Zwerggalerie und die charakteristischen Fenster in Form von Vierpässen und Lilien sind zusammen mit der Apsis die ältesten sicher datierten ihrer Art und begründen daher das »große Jahrhundert« der kölnisch-niederrheinischen Baukunst. Die lebhafte Farbfassung ist eine moderne Rekonstruktion.

Innenraum Im Innern trennt die Dreibogenstellung die Verlängerung von 1170 vom ursprünglichen Bau und ist in seitlichen Nischen eingestellt. Die Säulchen stammen vermutlich von der Empore des Obergeschosses. Der gedrungene, nur von den konkaven Umrisslinien seiner Nischen und Gewölbe bestimmte Raum atmet den Geist antiker Grabbauten und deutet vielleicht damit auf seine Bestimmung als Begräbnisplatz des Bauherrn hin.

Die Wandmalereien der Unterkirche wurden mehrfach restauriert und sind daher nur in ihren Umrisslinien authentisch. Sie stellen Visionen Ezechiels dar und legen noch immer ein eindrucks-

Vierung der Unterkirche; Blick durch die Öffnung auf die Ausmalung im Altarraum der Oberkirche

volles Zeugnis ihrer hohen Qualität ab. Bemerkenswert ist die Einfügung der Szenen in die extrem unterschiedlichen Gewölbefelder. Rankenbordüren schmücken die Gurtbögen.

Unterkirche, Innenraum nach Osten

113

Köln am Rhein (Colonia)

In der Mitte des 1. Jahrhunderts v. Chr. siedelte Cäsar den Stamm der Ubier linksrheinisch an. Ihr Hauptort wurde Köln, das 9 n. Chr. mit Legionslager und Flottenkastell ausgestattet wurde. Agrippina, die aus dieser Stadt stammende Gemahlin Kaiser Claudius', erhob die Stadt 50 n. Chr. zur Colonia Claudia Ara Agrippinensium (CCAA), für die seit dem 4. Jahrhundert der Name Colonia gebräuchlich wurde. Das nicht ganz regelmäßige Viereck der römischen Stadtummauerung, von der Teile erhalten blieben, und das rasterförmige Straßennetz lassen sich im Gefüge der Altstadt noch heute erkennen. Die Abweichungen sind durch die Topografie bedingt. Die Rheininsel, die den Hafen abschirmte, ist durch Verlandung desselben zu einem Teil der Altstadt geworden. Auf dem rechten Rheinufer sicherte das Kastell Deutz den Zugang zur Brücke.

Nach dem Zerfall des Römischen Reiches führten die Franken ab der Mitte des 5. Jahrhunderts das städtische Leben und den christlichen Kult fort. Öffentliche Gebäude wurden weiter benutzt. So wurde aus dem Prätorium der fränkische Königspalast. Wie so häufig lag die Bischofskirche hart an der Grenze der Mauer, in diesem Fall in der Nord-Ost-Ecke, vermutlich weil dort die sozial niederen Schichten angesiedelt waren und am ehesten Raum zur Verfügung stand. Als zweiter bedeutender Kirchenbau entstand über dem Tempel der kapitolinischen Trias (Jupiter, Juno, Minerva) die Kirche St. Maria im Kapitol.

Fast alle übrigen bedeutenden Stifts- und Klosterkirchen lagen außerhalb der römischen Stadtmauer, vornehmlich an den großen Ausfallstraßen nach Süden, Südosten, Nordwesten und Norden, weil sich dort, römischer Tradition folgend, die großen Friedhöfe befanden, auf denen auch die ersten christlichen Märtyrer bestattet wurden. Ihre Gräber wurden zu Keimzellen des Kultes und mit Memorialbauten ausgestattet, allen voran das große Martyrion St. Gereon, aber auch St. Ursula und St. Severin. Für die späteren Gründungen St. Kunibert und St. Andreas im Norden, St. Aposteln im Westen, St. Pantaleon im Südwesten und St. Georg im Süden blieb das System der Ausfallstraßen verbindlich. Zusammen mit den Märtyrerkirchen bildeten sie den Mittelpunkt der mittelalterlichen Stadterweiterungen.

Um 800 wurde Köln zum Erzbistum erhoben, dem außer dem eigenen relativ großen Territorium auch die Bistümer Lüttich, Utrecht, Münster, Osnabrück und Minden unterstanden. Ein großer Neubau des Domes mit zwei Chören und zwei Querhäusern wurde 870 geweiht und unter Erzbischof Bruno (953–965), dem Bruder Kaiser Ottos I., Mitte des 10. Jahrhunderts auf fünf Schiffe erweitert. Der Bau ist durch Ausgrabungen und eine Bildquelle dokumentiert. Er wurde erst durch den gotischen Dom nach 1248 verdrängt.

Im 12. Jahrhundert wuchs Köln zur Großstadt im europäischen Maßstab. Als einzige deutsche Stadt ist sie mit Paris und Mailand zu vergleichen. Aus Letzterem wurden 1164 durch Kaiser Friedrich I. Barbarossa die Gebeine der Heiligen Drei Könige nach Köln überführt.

Um 1200 trug eine gewaltige, halbkreisförmige Ummauerung den neuen Verhältnissen Rechnung, die alle Vorstädte und Stifte umschloss, ebenso die dazwischen liegenden Freiräume. Sie bestimmte für fast 700 Jahre die Ausdehnung der Stadt. Zehn gewaltige Torburgen sicherten die Zugänge, von denen sich das Severins-, Hahnen- und Eigelsteintor erhalten haben.

So beeindruckend der Bestand der 12 zum Teil sehr großen romanischen Kirchen in Köln ist, darf dieser jedoch nicht darüber hinwegtäuschen, dass bis auf St. Maria Lyskirchen die übrigen 15 romanischen Pfarrkirchen, darunter kunstgeschichtlich so wichtige wie St. Mauritius, verschwunden sind, abgesehen von zahlreichen kleineren Klosterkirchen und Kapellen. Nach Aufhebung der alten Stifte und Klöster bei der Säkularisation 1803 wurden die in der Regel bescheideneren Pfarrkirchen überflüssig, und die Gemeinden übernahmen die großen Stiftskirchen.

Obwohl am Rheinufer noch immer gut sichtbar, wird der kleinen Pfarrkirche St. Maria Lyskirchen

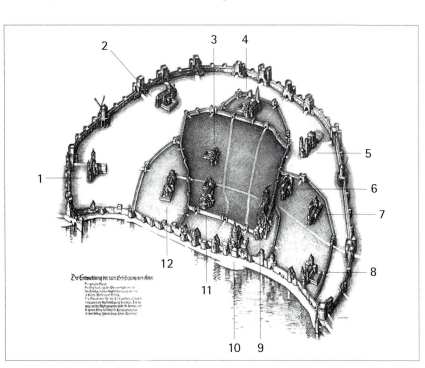

Die Entwicklung der alten Befestigung von Köln, Zeichnung von W. Wegener, 1950 (Kölnisches Stadtmuseum)

1 St. Severin
2 St. Pantaleon
3 St. Cäcilien
4 St. Aposteln
5 St. Gereon
6 St. Andreas
7 St. Ursula
8 St. Kunibert
9 Alter Dom
10 Groß St. Martin
11 St. Maria im Kapitol
12 St. Georg

kein selbstständiger Abschnitt gewidmet, da ohnehin eine Darstellung sämtlicher Kirchen nicht zu verwirklichen war. Es handelt sich dabei um eine kleine Emporenbasilika mit gleichmäßigen Jochschritten, die nur drei Joche tief ist; die Emporen haben ihre ursprüngliche Unterteilung verloren. Der Innenraum lebt von der fast vollständig erhaltenen Ausmalung der Gewölbe aus der Mitte des 13. Jahrhunderts (Zackenstil). In der Anordnung wird die Unterteilung durch Kreuzrippen in vier Gewölbekappen überspielt, sodass der Eindruck von Kuppeln entsteht. Trotz tief greifender Restaurierungen handelt es sich um einen der umfangreichsten erhaltenen Zyklen der deutschen Spätromanik.

St. Andreas

Die ehemalige Stiftskirche – westlich des Domes, jedoch außerhalb der römischen Stadtmauer an deren Nordtor gelegen – soll einer späteren Überlieferung nach frühchristlichen Ursprungs sein. Erwiesen ist die Gründung eines Chorherrenstifts durch Erzbischof Bruno und die Weihe von dessen Kirche 974. Der aufrecht stehende Bau mit komplizierter Baugeschichte geht in seinem Grundriss auf eine Anlage des 11. und frühen 13. Jahrhunderts zurück.

Langhaus Die Pfeiler des zweijochigen Langhauses zeigen einen betonten Stützenwechsel, wobei die Hauptpfeiler – kreuzförmig mit eingestellten Diensten und in allen Richtungen vorgelegten Halbsäulen – ähnlich wie die Vierungspfeiler für die Kölner Architektur ungewöhnlich schwer und massig wirken. Dies gilt auch für die Zwischenpfeiler mit ihren Stufungen zum Seitenschiff hin. Es ist nicht ausgeschlossen, dass diese Pfeilerformen den Architekten des Domes in Naumburg inspirierten.

Im Aufriss ist das Mittelschiff dreigeschossig mit einem Blendtriforium, das aus je vier flachen Muldennischen mit vorgestellten kleinen Pfeilern und begleitenden Säulchen besteht. Letztere verweisen auf das – allerdings echte – Triforium des Bonner Langhauses. Die drei gestaffelten Fenster füllen die Schildwand darüber aus, sind aber teilweise rekonstruiert worden, als jüngere Fenstervergrößerungen rückgängig gemacht wurden. Pfeiler und Gewölbevorlagen werden bekrönt von üppigen und fein ausgearbeiteten Kapitellfriesen. Ausgehend vom Kapitellband der Vierungspfeiler zieht sich ein ebenso reicher Fries unter dem Triforium entlang und deutet damit eine Zweigeschossigkeit an, die in dialektischer Spannung zum dreizonigen Aufbau steht. Zugleich wird damit der Höhenun-

terschied zwischen Mittelschiff und Vierungsbögen offensichtlich. Die dünnlinigen Rippengewölbe sind für die Kölner Spätromanik typisch.

Die Seitenschiffe wurden durch gotische Kapellenanbauten ergänzt, nur das nordwestliche Joch blieb erhalten und zeigt eine Nische in der Außenwand wie bei St. Kunibert.

Westbau Der mächtige, turmlose Westbau, der in der Mitte risalitartig vorspringt und seitlich über die ursprünglichen Fluchten der Seitenschiffe vortritt,

St. Andreas, Langhaus nach Osten

St. Andreas, Westbau Untergeschoss – Blick nach Norden

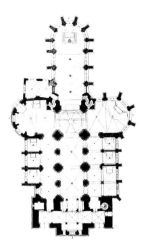

St. Andreas, Grundriss

besitzt innen ein niedriges kryptenartiges Untergeschoss. Dieses besteht aus einem fünfjochigen quer laufenden Gang, der ursprünglich als vierter Flügel zu dem westlich axial angeordneten Kreuzgang des Stiftes gehörte. Besonders auffällig sind die so genannten Zackenbögen der Gewölbegurte, eine Art gekrümmter, ausgeschnittener Rundbogenfries, die in Frankreich »polilob« genannt werden. Vergleichbare Formen treten schon früh im islamischen Bereich (Spanien) auf und dürften über Frankreich (Le Puy) vermittelt worden sein. Nur in der Burgkapelle der Neuenburg in Freyburg an der Unstrut wurde diese Form noch einmal aufgegriffen.

Tonnengewölbte Durchgänge führen in die Seitenschiffe, während die mittlere Öffnung durch eingestellte Stützen stark verändert wurde. Es bleibt offen, ob die starken Mauern zwischen dem Gang und den Seitenschiffen ursprünglich Türme tragen sollten. In der Ausführung wurde das hohe Obergeschoss als dreijochiger Saal angelegt, ganz ähnlich wie in Andernach oder Limburg an der Lahn und vergleichbar den maasländischen Westchorhallen (Neuss; Xanten). Durch einen Michaelsaltar (1244/45) wurde die Empore wie in den Westwerken als Chor ausgewiesen.

St. Andreas stand immer im Schatten der anderen Kölner Kirchen, besitzt aber trotz der zahlreichen Gemeinsamkeiten mit niederrheinischen Bauten einen ganz eigenständigen Charakter, der sogar weit nach Osten wirkte.

St. Aposteln

Unmittelbar neben dem Westtor außerhalb der römischen Stadt, vor dem sich innen der Neumarkt erstreckt, befand sich im 10. Jahrhundert eine kleine Kapelle, in der 965 Erzbischof Bruno aufgebahrt wurde. Angeregt von seinem Vorgänger Heribert gründete Erzbischof Pilgrim (1021–1036) ein Chorherrenstift, das mit Apostelhäuptern als Reliquien ausgestattet wurde und alsbald zu einem der bedeutendsten in Köln aufstieg.

Ein durchgreifender Umbau des um 1030 entstandenen Gründungsbaus begann im Westen mit der Verlängerung und Einwölbung des Westchores, der ursprünglich quadratisch und gerade geschlossen war und unter dem sich eine dreischiffige Hallenkrypta befunden hatte. Über ihm wurde ein gewaltiger Einzelturm errichtet mit seitlich integrierten Treppentürmen, die halbkreisförmig vortreten. Es folgte ab 1193 (Brand) die Anfügung eines Trikonchos im Osten mit anschließender Mauerverstärkung und Einwölbung des Langhauses, die mit ebensolchen Maßnahmen um 1230 im Westquerhaus abgeschlossen wurde. Dadurch wurde St. Aposteln zu einem der herausragenden Vertreter der niederrheinischen Architektur um 1200.

Die Mauerstärke des Trikonchos wurde auf das Dreifache gesteigert, was im Innern die Möglichkeit zur Aushöhlung durch Nischen im Untergeschoss und der Anordnung von Laufgängen im Obergeschoss bot. Außen scheinen die drei Konchen unmittelbar zusammenzutreffen und nur durch die Viertelkreise der Treppentürme getrennt zu sein. Im Innern ist zwischen ihnen und der Vierung jeweils ein schmales tonnengewölbtes Joch eingefügt, ein ebensolches schließt sich im Westen an die Vierung an, wodurch der zentralbauartige Charakter der Kleeblattanlage betont wird. Sie wird bekrönt durch einen belichteten achteckigen Vierungsturm über Trompen mit Tambour und Klostergewölbe, das seinerseits eine kleine, ebenso nach innen geöffnete Laterne trägt.

Mit dem Dachansatz wechseln außen die schlanken Treppentürme vom Rund- ins Achteck. Sie tragen Giebel und Rautendächer, während die Laterne mit einem Dach in Form einer Schirmkuppel abschließt, die an mittelbyzantinische Lösungen erinnert und sonst nur von rheinischen Kuppelreliquiaren bekannt ist. Aus den flachgeneigten Dächern der drei Konchen, die auch die Türme fast vollständig einfassen, wachsen die erheblich schmaleren Giebel mit ihren anschließenden Satteldächern heraus, die die tonnengewölbten Joche auch am Außenbau sichtbar werden lassen. Sie sind strukturell nicht unbedingt notwendig und stehen

St. Aposteln, Ostansicht

auf selbstständigen Tragebögen, um Gewölbe und Kalotten nicht zu belasten.

Trikonchos   Der Apsidentyp tritt hier in der Nachfolge von St. Gereon in ausgereifter Form auf: flache steile Blendarkaden beim höheren Untergeschoss, tiefere Blendarkaden auf Freisäulchen im Obergeschoss, darüber der kassettenartige Plattenfries als Brüstung der Galerie, die zu Dreiergruppen durch kleine Bündelpfeiler rhythmisiert ist. Die Giebel über den Dächern sind mit großen Nischen und kleinen Öffnungen geschmückt. Die Galerie des niedrigen Vierungsturmes ist stärker rhythmisiert und hat schmalere Öffnungen.

Aufschlussreich ist der Vergleich mit dem nur um wenige Jahre älteren, aber länger im Bau befindlichen und mehrfach umgeplanten Groß St. Martin. Die lagernde Breite der jüngeren Apostelkirche wirkt gegenüber der straffen Vertikalität von Groß St. Martin altertümlicher, ist aber letztlich durch die Proportionen des frühsalischen Langhauses bedingt. Sie wird durch alle Einzelheiten vom gestaltenden Architekten künstlerisch interpretiert und betont.

Die kleinen Rundungen der Treppentürme, die in die Blendarkaturen und Galerien mit einbezogen sind, wirken nicht hemmend zwischen dem mächtigen Rund der Apsiden, sondern eher wie ein Gelenk, das vermittelt und die Gliederung weiterlaufen lässt. Dies gilt auch für die Dächer, aus denen die oberen Bauteile wie Aufsätze herauswachsen.

Innenraum   Störend, ja geradezu zerstörend wirkt der jüngste Versuch, den Eindruck der mittelalterlichen Ausmalung im Innern mit modernen Mitteln wieder aufleben zu lassen. Hierdurch wurde der mühsam nach den Kriegsschäden zurückgewonnene Raumeindruck im Zusammenwirken von Stadtkonservatoramt und Auftraggeber empfindlich beeinträchtigt.

Die weite festliche Räumlichkeit erinnert an römische Bauten. Die zweigeschossig angelegten Apsiden zeigen unten Nischen mit Blendarkaturen und oben einen Laufgang, der die tiefen Fenstertrichter verschleifend aushöhlt. Den stützenden Pfeilern sind kleine Doppelsäulchen eingestellt worden. Die tonnengewölbten Joche sind offenbar bewusst durch doppelgeschossige Galerien von den Konchen abgesetzt worden, wobei die unteren Pfeiler besitzen, während die oberen einen Stützenwechsel aus Pfeilern und Doppelsäulchen zeigen.

Langhaus   Das tonnengewölbte kurze Joch, das noch zum Trikonchos gehört, besitzt durch eine flache Nische über der Arkade bereits einen drei-

schossigen Aufriss. Bei den großen Kapitellen wurde an der einfachen Würfelform festgehalten. Allen Jochen gemeinsam ist eine vor die salische Mauer vorgeblendete Schicht mit segmentförmigen Bögen, die bei den jüngeren Jochen mit einem Bogenfries

St. Aposteln, Innenraum des Trikonchos nach Südosten

St. Aposteln, Blick aus dem Trikonchos in das Langhaus nach Nordwesten

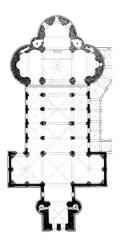

St. Aposteln, Grundriss

abschließt. Die Einteilung folgt dem gebundenen System, dem nun aber sechsteilige Rippengewölbe entsprechen, sodass jedes Joch zwei Schildwände umfasst. Der unteren Mauerverstärkung entspricht ein vorgelegtes Blendtriforium mit je einer Doppelblende. Die Dienste, die die Rippen tragen, beginnen alle erst in Triforiumshöhe, womit eine verdeckte Zweigeschossigkeit angedeutet und die Horizontale betont wird.

Im Querhaus im Westen wird rundumlaufend die Zweigeschossigkeit fortgesetzt und auf das Triforium, das dort wegen der nicht vorhandenen Seitenschiffdächer überflüssig ist, verzichtet. Dafür erscheint jedoch ein Laufgang, der einerseits als Rücksprung, andererseits mittels der Durchgänge hinter den Gewölbevorlagen sichtbar wird, aber keine selbstständigen Gliederungen besitzt. Es ist das Prinzip der Apsidenlaufgänge, das hier auf die Querarme übertragen wird. Da diese zweiachsige Stirnseiten aufweisen, sind die Gewölbe hier siebenteilig mit einer Transversalrippe zur Stirnseite, was den Querarmen wiederum einen zentralisierenden, den Querkonchen angenäherten Eindruck verleiht. Das Prinzip wurde beim Umbau der Liebfrauenkirche in Magdeburg als rheinischer Import aufgenommen.

Das Äußere von Lang- und Querhaus mit großen flachen Blenden ist im Vergleich zu dem sowohl in der Struktur als auch in der Oberfläche reich gegliederten Trikonchos sehr zurückhaltend. Dieser sollte offenbar zum Neumarkt und darüber hinaus zum Rhein hin als Schauseite wirken, unterstützt von dem mächtigen Rautendach des westlichen Chorturmes.

St. Cäcilien (Schnütgenmuseum)

Die Anfänge des Kanonissenstifts und seiner Kirche liegen im Dunkeln. Anders als bei der benachbar-

St. Cäcilien, Innenansicht nach Osten

ten gotischen Pfarrkirche St. Peter lassen sie sich nicht in die Antike zurückverfolgen, trotz der Lage in der Stadt am Rande des Thermenbezirks. Die Gründung erfolgte nach unsicherer Überlieferung 888. Mit Stiftungen bekundeten mehrere der bedeutenden Erzbischöfe ihr Interesse an der Institution.

Dennoch ist über den Neubau aus der Mitte des 12. Jahrhunderts nichts überliefert. Offenbar wurden dabei nicht nur der vermutlich ottonische Grundriss und ältere Seitenschiffmauern mit einbezogen, sondern auch ein schon um 1135 begonnener Westbau.

Das turmlose Äußere ist schlicht, nur der Apsiszylinder weist in der Fensterzone eine Blendarkatur nach Bonner Vorbild auf. Ursprünglich war das Mittelschiff gekrönt von einem offenbar hölzernen, kreuzförmig gestuft angelegten Mittelturm mit orientalisierendem Abschluss. Ein ähnlicher Turm ist nur von der zerstörten Marienkirche in Utrecht überliefert. Phantastisch anmutende Darstellungen von Türmen in der Buchmalerei erlangen durch diese gut dokumentierten Beispiele einen gewissen Realitätscharakter.

Innenraum Nach der Zerstörung 1945 wurden die gotischen Gewölbe nicht wiederhergestellt, sodass die um 1160 errichtete, flachgedeckte querschifflose Pfeilerbasilika in ihrer ursprünglichen Form erscheint. Da die Seitenschiffe und das nach Osten vorspringende Chorquadrat mit Gratgewölben ausgestattet sind, kommt dem Verzicht auf Wölbung im Mittelschiff als bewusstes Festhalten an der historischen Form eine programmatische Bedeutung zu.

St. Georg

Die ehemalige Chorherrenstiftskirche wurde 1059 von Erzbischof Anno anstelle eines älteren, möglicherweise in das 7. Jahrhundert zurückreichenden Oratoriums mit Caesarius-Patrozinium gegründet und 1067 geweiht. Trotz Umbau sowie späteren Teilabbrüchen und Rekonstruktionen ist der Gründungsbau noch heute erhalten. Es handelt sich um eine dreischiffige, flachgedeckte Säulenbasilika von fünf Arkaden Länge mit anschließendem Querhaus, quadratischer Vierung und dreiteiligem Chor, in dem sich die Breite des Langhauses fortsetzt und der mit drei Apsiden auf gleicher Basislinie endet. Die Nebenchöre waren ursprünglich durch drei Pfeilerarkaden – die später geschlossen wurden – mit dem Hauptchor verbunden.

Unter dem gesamten Chor befindet sich eine fünfschiffige Krypta, deren Schiffe unter den Nebenchören durch kräftige Pfeilerarkaden abgetrennt

St. Georg, Innenansicht des Westchores – Blick nach Nordosten

sind. Sie ist ähnlich derjenigen in Bonn. Besondere Aufmerksamkeit verdient das Querhaus, das mit dreiseitig polygonalen Apsiden endet. Sie gehen auf eine Rekonstruktion von 1928/30 zurück, die auf dem alten Fundament erfolgte. Damit übernimmt St. Georg in vereinfachter Form den Gedanken des Kleeblattchores von der unmittelbar zuvor vollendeten Kirche St. Maria im Kapitol, verbindet ihn aber mit der damals gerade entstehenden dreiteiligen Chorlösung. Diese gestreckte Form des Typs tritt am Anfang des 13. Jahrhunderts in St. Andreas und im Münster in Bonn wieder auf.

Nach der Mitte des 12. Jahrhunderts wurden sämtliche Flachdecken durch Gewölbe ersetzt. Im Mittelschiff wurde in die mittlere der Arkaden ein gestufter Pfeiler gestellt und so ein gebundenes System mit zweieinhalb Seitenschiffjochen geschaffen. Die Fenster im Obergaden wurden zusammengerückt, ebenso wie im Chor, wo man zusätzliche Säulchen in der Schildwand anordnete und damit dem Vorbild von Brauweiler folgte.

Westchor Erst gegen 1180 wurde statt des kleineren Westchores des Gründungsbaus eine mächtige neue Anlage auf quadratischem Grundriss in der Breite des gesamten Langhauses erbaut, die im Äußeren als ungegliederter Kubus mit Zeltdach erscheint. Die beiden strebepfeilerartigen seitlichen Vorsprünge am Übergang zum Langhaus nehmen innen Wendeltreppen auf und sind als Unterbau für kleine Türme zu deuten, die aber wohl nicht ausgeführt wurden.

Der Niederrhein

*St. Georg,
Langhaus und Ostchor*

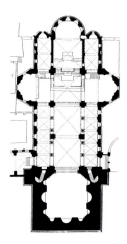

St. Georg, Grundriss

Die Mauerstärken sind gewaltig und erreichen die lichte Breite der Seitenschiffe. Sie sind im Untergeschoss durch von Blendbögen gerahmten Nischen ausgehöhlt, die in der Achse größer und breiter sind. Im Obergeschoss entspricht ihnen wie bei den Apsiden ein Laufgang, der sich nach innen durch Doppelarkaden öffnet. Zum schmaleren Mittelschiff vermittelt ein gewaltiger sechsfach gestufter Bogen, vergleichbar einem riesigen Stufenportal. Den Abschluss bildet eine der in Köln häufigeren Hängekuppeln, die ursprünglich sicher eine Ausmalung in Kreisform erhalten sollte.

Im Außenbau befand sich vermutlich – wie in Schwarzrheindorf – über dem mächtigen Block eine Zwerggalerie, aus deren rückgestuftem Pultdach ein mittlerer Turm herauswachsen sollte, begleitet von den schlanken Treppentürmen. Anklänge an den Gedanken des Westwerks sind nicht zu übersehen, wobei die blockförmige Geschlossenheit des Äußeren zurückführt zum karolingischen Urtyp.

Westchor, Wandgliederung Das Obergeschoss weist in der Mitte eine emporenartige Rechtecknische auf, die seitlich von flachen Lisenen gerahmt wird und eingestellte Säulchen zeigt. Die schwarzen Säulchen bestimmen auch die Blendenrahmungen des Untergeschosses. Sie setzen sich im Wechsel mit grauen Säulchen auf gleicher Höhe im Gewände des mächtigen portalartigen Bogens zum Mittelschiff fort. In ihrer ausgewogenen Komposition und der typischen Kombination von Nischen und Laufgang handelt es sich um ein klassisches Beispiel der stau-

fischen Architektur in Köln von hoher Qualität, verbunden mit der geistreichen Anspielung auf Westwerk und Westchorhalle. Die Bestimmung als Chor macht deutlich, dass die genannten Vorbilder die gleiche Funktion besaßen.

St. Gereon

Die ehemalige Chorherrenstiftskirche war die ranghöchste nach dem Dom. Auf einem Gräberfeld vor der Nordwestecke der römischen Stadtmauer gelegen, ist der monumentale, im Kern erhaltene römische Zentralbau nach dem Dom von Trier die bedeutendste frühchristliche Kultstätte nördlich der Alpen. Sie diente als Memorialbau für Märtyrer, besaß aber kein Heiligengrab. Die spätere Legende, nach der Kaiserin Helena (um 259–329), Mutter Konstantins des Großen, als Gründerin für die den Märtyrern der Thebäischen Legion geweihte Anlage überliefert wird, ist durch den archäologischen Befund widerlegt, der den Bau in das letzte Drittel des 4. Jahrhunderts datiert. Die erste Erwähnung ist bei Gregor von Tours 590 zu finden, der den Bau wegen der goldschimmernden Mosaiken »ad sanctos aureos« (›Die Goldenen Heiligen‹) nannte. Der Name des wiederum legendarischen Titelheiligen Gereon erscheint erstmals in einer Frankenchronik 727. Weitere Nachrichten, die sich teilweise auf das später eingerichtete Kanonikerstift beziehen, sind für 818, 839, 866 und 965 überliefert.

Der monumentale römische Zentralbau blieb im Erdgeschoss, wenn auch ummantelt, weitgehend, in den oberen Zonen nur in Resten erhalten. Es handelt sich um einen ovalen Raum von 18,5 auf 23,5 Meter lichter Weite. Er öffnete sich unten vollständig in einer Abfolge hufeisenförmiger tiefer Nischen, je vier auf jeder Seite. Nach Osten ist eine größere Apsis zu ergänzen, während im Westen der Eingang in eine querrechteckige Vorhalle mit seitlichen Apsiden führte. Die Mauerzungen zwischen den Nischen waren von vorgestellten Doppelsäulen verdeckt. Die Belichtung erfolgte durch eine Fensterzone über dem Nischenkranz. Ungeklärt ist der Raumabschluss: flache Decke, Holzgewölbe oder steinerne Wölbung? Auf Letztere deutet das Ausweichen der Mauern. Funde von Goldmosaiksteinen bestätigen den frühen Namen.

Im Westen war axial ein großes Atrium mit dreiseitigem Umgang vorgelagert, aus dem sich später der Kreuzgang des Stiftes entwickelte. Die Größe der Anlage verweist auf die frühe herausragende Bedeutung des Kults und war nur mit Hilfe der römischen Zentralgewalt zu realisieren. Dafür spricht die enge formale Verwandtschaft mit dem Nymphäum, dem so genannten Tempel der Minerva Medica (um 320) in Rom.

Unter Erzbischof Anno (1056–1075) wurde anstelle der Apsis ein lang gestreckter Chor für die Kanoniker mit darunter liegender dreischiffiger Hallenkrypta angebaut, deren Weihen 1068 und 1069 für den Gesamtbau überliefert sind. Das Äußere des flachgedeckten Chores erinnert mit seiner doppelgeschossigen, flach aufgelegten Blendarkatur ebenso wie die Krypta an den gleichzeitigen Langchor des Bonner Münsters, das durch seine Märtyrer wie durch die Gründungslegende eng mit St. Gereon verbunden war.

Auch er wurde vor 1156 durch ein quadratisches, von Gratgewölben überspanntes Sanktuarium mit mächtiger halbkreisförmiger Apsis verlängert und mit zwei großen Flankentürmen versehen, die unten Turmkapellen enthalten. Ebenfalls wurde die Krypta um fünf Joche verlängert, in spürbar schlankeren Proportionen und mit Gurtbögen. Im Gegensatz zu Bonn wurde der ältere, flachgedeckte Chor sofort anschließend aufgestockt und gewölbt, was die paarig angeordneten Fenster, die später vermauert wurden, belegen. Erst im 14. Jahrhundert wurden die Gewölbe des gesamten Chores durch gotische Rippengewölbe ersetzt und seitlich große Maßwerkfenster ausgebrochen.

1220 begann die durchgreifende Umformung des ovalen Raumes in ein unregelmäßiges Zehneck mit breiten Seiten in der Längsachse. Über den kapellenartigen Nischen wurden Emporen angeordnet und über diesen tiefe Rechtecknischen, in deren Außenwand große Fächerfenster sitzen und die mit einem Laufgang vor den Fenstern untereinander verbunden sind. Das riesige Gewölbe in Form einer mit profilierten Rippen besetzten Schirmkuppel besitzt in der Mitte einen gewaltigen hängenden Schlussstein in Gestalt eines Granatapfels, eine von Leder überzogene Holzkonstruktion, wie sich beim Brand 1942 zeigte.

Außen wurden vor und auf die ausgemauerten Zwickel zwischen den römischen Nischen schlanke, nicht gestufte Strebepfeiler gesetzt, deren Kopf durch kleine Strebebögen mit dem Obergaden verbunden ist. Die schlanken zweibahnigen Fenster sitzen in sehr viel breiteren, flachen Blendnischen, deren rahmende Wulste von Schaftringen unterteilt werden. Um den inneren Kuppelanstieg auszugleichen, schließt das Dekagon mit einer relativ hohen niederrheinischen Zwerggalerie mit Plattenfries, Doppelsäulchen und rhythmisch gliedernden Pfeilern ab. Die kaum wahrnehmbare Rückwand der Galerie steigt im Dach noch höher auf, damit die Dachbalken die Kuppel überspannen können.

St. Gereon, Krypta – Blick nach Südosten

Im Westen ist eine breite zweijochige Vorhalle angefügt, in deren Winkeln zum Hauptbau schlanke, bis in Fensterhöhe aufsteigende Treppentürme angeordnet sind. Ein weiterer aus späterer Zeit steht im Nordwinkel zum Langchor. Schon 1227 wird die Schließung des Gewölbes überliefert.

Auf der Südseite wurde im gleichen Bauabschnitt die zentralbauartige Taufkapelle errichtet, deren unregelmäßiger Grundriss von der Anlehnung an das Dekagon einerseits und einem langen, schräg geführten Wandelgang des Stiftes andererseits bestimmt ist. Die reiche Wandgliederung mit blendengerahmten flachen Muldennischen und

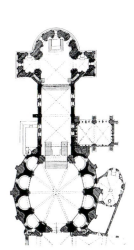

St. Gereon, Grundriss

St. Gereon, Ansicht von Nordosten

Der Niederrhein

*St. Gereon,
Innenraum Dekagon –
Blick nach Südosten*

*Grundriss Urbau,
Rek. Binding*

vorgestellten Säulchen ist an sich ein markantes Beispiel dieser Epoche, wird aber vor allem gesteigert durch die weitgehend erhaltene und sorgfältig restaurierte üppige Farbfassung.

Zur gleichen Zeit wurde auch der Kreuzgang im Westen erneuert, der bereits 1820 vollständig abgetragen wurde. 1940 bis 1944 wurde durch Bombentreffer auf der Nordseite eine bis auf das Fundament reichende Bresche geschlagen, wodurch ein Drittel des Gewölbes einstürzte. Ein Erdbeben 1959 schädigte das Gefüge zusätzlich. Die Wiederherstellung zog sich bis 1975 hin.

Krypta Der 1068 geweihte Raum mit seinen gedrungenen Säulen besitzt im Gegensatz zu Bonn gurtbogenlose Gratgewölbe, sodass die Joche fließend ineinander übergehen.

Außenansicht Die große Ostapsis ist mit den beiden Chorflankentürmen durch eine doppelgeschossige umlaufende Blendarkatur auf Säulen verbunden, ähnlich wie im gleichzeitigen Bonn. Allerdings ist hier die Brüstung der Zwerggalerie durch einen Plattenfries gekennzeichnet. Die Gliederung beginnt bereits im Kryptengeschoss, das mit einem umlaufenden Rundbogenfries abgesetzt wird. Die Proportionen der Apsis, die auch im Innern eine doppelgeschossige Blendarkatur aufweist, nehmen Bezug auf das damals noch erhaltene niedrigere Oval des römischen Kernbaus. Die Obergeschosse der Türme mit ihren Zwillingsgiebeln auf jeder Seite und den flach geneigten Faltdächern kamen erst im 13. Jahrhundert hinzu und geben dem Bau zusammen mit dem Dekagon eine unverwechselbare Silhouette (vgl. auch Abb. S. 7).

Dekagon, Inneres Deutlich sind die römischen Nischen im Untergeschoss zu erkennen, die von den vorgestellten romanischen Pfeilern überschnitten werden. In den Emporen werden Dreibogenstaffeln durch übergreifende Bögen umfangen, denen die Nischenbögen vor den Fächerfenstern in etwa ähnlichen Proportionen antworten. Die drei Untergeschosse werden durch eine übergreifende Kolossalordnung von Diensten zusammengefasst. Der Laufgang vor den Fenstern deutet die Triforienzone an, wobei nicht auszuschließen ist, dass ursprünglich unmittelbar darüber die Wölbung ansetzen sollte. Auch wenn die zweibahnigen Maßwerkfenster des Obergadens ganz in die niederrheinische Formenwelt integriert sind, so ist ihre Herkunft auch hinsichtlich der Proportionen aus der nordfranzösischen Gotik nicht zu übersehen.

Insgesamt gehört der viergeschossige, sich stufenweise nach oben entwickelnde Wandaufriss, verbunden mit dem Erlebnis des Zentralraums, zu den aufregendsten Schöpfungen der Kölner, ja der deutschen Architektur der Romanik. Sie wird gestört durch die Struktur zerreißende Fleckigkeit des Materials nach dem Wiederaufbau und die grelle und durch extreme Kontraste jeden Zusammenhang zerstörende Farbigkeit der Glasfenster von Georg Meistermann.

St. Kunibert

Die ehemalige Chorherrenstiftskirche liegt nördlich in erheblicher Entfernung vor der römischen Stadtmauer am Rhein und soll auf eine Clemenskapelle zurückgehen, die im 7. Jahrhundert von dem später heilig gesprochenen Bischof Kunibert erneuert wurde. Das Stift ist zuerst 886 bezeugt und wird im Testament Erzbischof Brunos 965 erwähnt. 1168 wurden die Gebeine des heiligen Kunibert erhoben. Eine archäologische Untersuchung fehlt bisher. Daten existieren nur für den spätstaufischen Neubau, der 1215 begonnen wurde. 1224 war die Apsis vollendet, 1226 konnten Altäre geweiht werden, 1227 war das Langhaus weitgehend vollendet.

St. Kunibert, Ansicht von Südosten, vom Rhein aus

Nach einer Bauunterbrechung erfolgte die Schlussweihe erst 1247 durch Erzbischof Konrad von Hochstaden, der ein Jahr später den Grundstein zum gotischen Domneubau legte.

Im 14. Jahrhundert wurde der Westturm aufgestockt, der 1830 einstürzte und das Querhaus beschädigte. Bei der Wiederherstellung wurden in der Westvierung zusätzliche Stützpfeiler eingezogen. Die schweren Bombentreffer 1942 bis 1945 zerstörten abermals Westturm und Westquerhaus bis auf geringe Teile der Umfassungsmauern. Der Wiederaufbau bis 1975 suchte im Querhaus einen Kompromiss zwischen dem 19. Jahrhundert und älterer Überlieferung zu erreichen, wobei die Zwischenpfeiler des 19. Jahrhunderts entfernt, dafür aber die Vierungspfeiler erheblich verstärkt wurden, ohne dass dies ablesbar ist. Dieser Raum wirkt heute abgeschnürt.

St. Kunibert zieht gleichsam die Summe aus der vorangegangenen Kölner Architektur, obwohl es sich nicht um einen Trikonchos handelt. Die Ostanlage greift den Gedanken der Chorflankentürme von St. Gereon auf, öffnet diese jedoch nach innen in voller Höhe, sodass sich ein schmales, aber vollständiges Querhaus herausbildet. Durch die Fort-

St. Kunibert, Grundriss

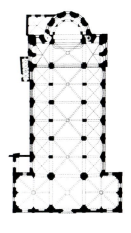

setzung des Fensterlaufgangs der Apsis und fünfteilige Gewölbe tritt eine zentrierende Wirkung ein, wodurch der Gedanke des Trikonchos anklingt. Im Untergeschoss der Apsis sind die Bündelsäulchen von den flachen Wandnischen gelöst, sodass auch unten ein Laufgang entsteht, den in den Turmquerarmen tiefe Nischen entsprechen. In den Außenmauern der Seitenschiffe setzen sich große flache Nischen fort. Das große Westquerhaus, dessen quadratische Querarme nicht nur die zweigeschossige Wandgliederung von St. Aposteln aufweisen, sondern auch dessen wiederum Raum zentrierende siebenteilige Gewölbe, könnte zunächst in seiner Funktion an die maasländischen Westchorhallen denken lassen, wenn es nicht ein großes Westportal gäbe. Offenbar erfolgte die Orientierung an St. Aposteln, unter Verzicht auf den Westchor.

Außenansicht Die beiden mächtigen Türme haben einen vergrößerten, leicht längsrechteckigen Grundriss, um innen die Querarme aufnehmen zu können. In den Blenden ihres zweiten Geschosses sitzen daher auch große Fenster. Die ausgeprägten Kleeblattblenden des dritten Geschosses deuten auf die späte Entstehungszeit hin. Im Winkel zwischen der Apsis und den Türmen sind Wendeltreppen angeordnet. Daher schwingt der Halbzylinder der Apsis seitlich in einer konkaven Kurve aus, wie es sonst nur von spätbarocken Lösungen bekannt ist. Statt der üblichen drei besitzt die Apsis fünf Fenster, was

St. Kunibert, Innenraum nach Osten

die Zahl der Blendarkaden auf neun erhöht, sie zugleich zu einer besonders schmalen vertikalen Form zwingt. Der Wechsel von Lisenen unten und Säulchen oben folgt ganz den Kölner Vorbildern. Bei der Galerie wurde auf den Plattenfries verzichtet und der Rhythmus auf Doppelarkaden reduziert wegen der schmalen Bogenstellungen darunter.

Unter der Apsis befindet sich eine kleine Krypta mit einem mittleren Rundpfeiler. Der vollständig erneuerte Vierungsturm ist mit seinem hohen gotischen Geschoss und dem niedrigen Achteckhelm einem Zustand angelehnt, der in einer Skizze des 17. Jahrhunderts (Vinckboon um 1660) festgehalten ist. Das Äußere des Langhauses und des Westbaus ist von flachen Lisenen und Rundbogenfriesen bestimmt. An den Seitenschiffen dominieren die großen Achtpasskreisfenster.

Innenraum Das Langhaus, mit seinem durch ein Blendtriforium auf drei Geschosse gesteigerten Aufriss, bildet eine zu größerer und lichterer Weite gesteigerte Wiederholung des Vorbildes St. Aposteln. Die Gewölbe mit ihren stark gestelzten Spitzbögen, die vor allem bei den Transversalrippen deutlich werden, sind kuppelartig überhöht. Die weit gespannten Arkaden – schlicht und ohne Kantenprofil – zeigen einen wenig ausgeprägten Stützenwechsel, wobei die Zwischenpfeiler sogar querrechteckig sind. Die Gewölbevorlagen steigen ohne Unterbrechung vom Boden aus auf, nur das Säulchen für die Transversalrippe der sechsteiligen Gewölbe beginnt erst in Triforiumshöhe. Im Seitenschiff werden die flachen Nischen und die Achtpassfenster sichtbar. Die zurückhaltende Farbfassung geht auf eine vollständige Rekonstruktion zurück. In den großen Fenstern der Apsis hat sich eine fast vollständige Farbverglasung aus der Bauzeit erhalten und vermittelt als einzigartiges Dokument einen Abglanz von dem ursprünglichen Reichtum an Glasmalerei.

St. Maria im Kapitol

Die ehemalige Damenstiftskirche liegt innerhalb der römischen Stadtmauer, ihr Langhaus steht auf den Fundamenten eines römischen Tempels, der vermutlich der kapitolinischen Trias geweiht war und der der Kirche den seit dem 13. Jahrhundert überlieferten Namen gab. Die Gründung geht auf Plektrudis (um 690) zurück, die 714 bis 717 Regentin war und in der Kirche bestattet wurde. Der Damenkonvent wurde von Erzbischof Bruno im 10. Jahrhundert gefördert.

Der salische Neubau, für den eine Weihe 1049 und die Schlussweihe 1065 überliefert sind, gehört

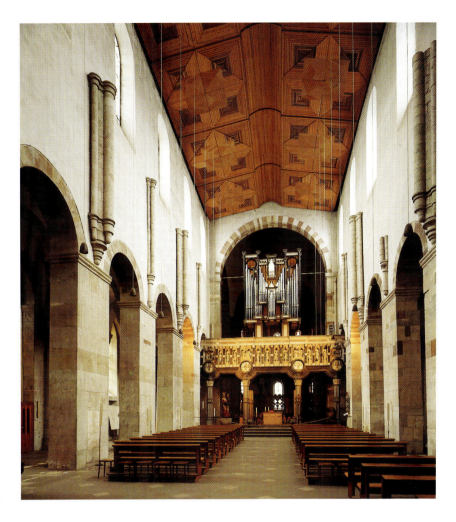

St. Maria im Kapitol, Langhaus nach Osten

zu den bedeutendsten Schöpfungen der mittelalterlichen Baukunst. Allein der Grundriss beeindruckt durch seine Klarheit und Logik. Die vermutlich auf spätantike Anregungen (Bethlehem?) zurückgehende Verbindung vom kleeblattförmigen Zentralbau und Längsbau tritt hier im nordeuropäischen Raum zum ersten Mal auf – bereichert durch den in Deutschland fast singulären Chorumgang, der auch um die Querkonchen herumgeführt ist. Dieser ist wie die Seitenschiffe des Langhauses gewölbt. Die Verbindung von flachgedeckten Hochräumen mit gewölbten Seitenschiffen erinnert an Bau I in Speyer. Wie dort besitzen die Seitenschiffe kräftige Pfeilervorlagen.

Der ursprünglich dreitürmige Westbau, dessen Treppentürme in der Flucht der Seitenschiffe stehen, öffnet sich zum Mittelschiff mit einem zweigeschossigen Säulengitter, das als Architekturzitat der königlichen Pfalzkapelle in Aachen zu verstehen ist (vgl. Ottmarsheim) – was bei der Herkunft von Äbtissin Ida, der Bauherrin und Enkelin Kaiser Ottos II., durchaus nachvollziehbar ist.

Im Scheitel der Querkonchen sind die eigentlichen Hauptportale angeordnet, für deren nördliches die berühmten, mit hölzernen Reliefs versehenen Türflügel bestimmt waren.

St. Maria im Kapitol, Grundriss vor 1945

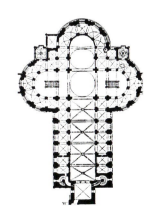

St. Maria im Kapitol, Trikonchos – Blick von Süden nach Norden, rechts der Chor

St. Maria im Kapitol, Grundriss Krypta

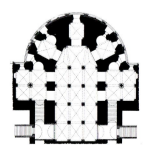

Langhaus Der monumental strenge Raum besaß ursprünglich keinerlei Vertikalgliederung. Die längsrechteckigen Pfeiler lassen nur Platz für schmale und steile Arkaden. Dadurch werden die Seitenschiffe deutlich abgetrennt. Den Raumabschluss bildete eine flache Decke. Die heutige stammt aus der Zeit des Wiederaufbaus in den fünfziger Jahren; mit der Form eines umgekehrten Schiffskiels soll sie wohl an die ehemalige Wölbung erinnern, die um 1240 in den Raum eingehängt und im Krieg zerstört worden ist. Mit ihr stehen die merkwürdigen hängenden Dienste an der Mittelschiffwand in Zusammenhang, die noch die sechsteilige Form erahnen lassen. Da später die Rippenanfänger entfernt wurden, ist heute der Sinn nicht mehr verständlich.

Der Renaissancelettner wurde zwar an seinen ursprünglichen Standort zurückversetzt, aber zu hoch aufgestellt. Zusammen mit der Orgel darüber wird eine vollständige Abtrennung des durch die farbige Verglasung dunklen Trikonchos bewirkt, die sicher nicht im Sinne der ursprünglichen Raumschöpfung zu verstehen ist.

Trikonchos Nach schwerer Kriegszerstörung erfolgte ein vereinheitlichender Wiederaufbau. Aus dem 11. Jahrhundert sicher überliefert sind nur die als Umgang um die Konchen herumgeführten Seitenschiffe, die auf Säulen ruhen und daher einen äußersten Kontrast zum Langhaus bilden. Die Obergeschosse der Querkonchen und die vorgelagerten Tonnengewölbe, an deren Stelle flache Decken vorzustellen sind, stammten aus dem 12. Jahrhundert, während die Hängekuppel in der Vierung, die ebenfalls eine flache Decke ersetzte, im 13. Jahrhundert hinzugefügt wurde.

Der in der Abbildung nicht sichtbare Chor besaß ein Obergeschoss des 13. Jahrhunderts, das beim Wiederaufbau nach 1945 durch eines des 12. Jahrhunderts ersetzt wurde, sodass alle drei Konchen heute gleich erscheinen, was seit dem 12. Jahrhundert bis 1945 nicht der Fall war. Die Joche neben der Vierung entsprechen in ihrer geringen Breite den Seitenschiffen des Langhauses bzw. dem Chorumgang.

Hallenkrypta Der erstaunlich hohe dreischiffige Hallenraum erstreckt sich bis unter die Vierung und ist dabei in der Oberkirche aufgrund des Geländeabfalls nicht durch eine Anhebung des Niveaus wahrnehmbar. An die Stelle des Umgangs treten radial angeordnete Kapellenräume, die in das breite Fundament eingelassen sind. Pfeilerarkaden führen in seitliche Kapellen mit bündelförmiger Mittelsäule. Wegen der Raumform, den kräftigen Säulen mit Würfelkapitellen und den Pfeilerarkaden ist die Anlage oft mit der etwas älteren in Speyer verglichen worden, jedoch ist das Verhältnis der sich verjüngenden Säulen zu den Würfelkapitellen ein anderes. Diese zeigen zudem schmale Grate. Die Gurtbögen im Gewölbe sind nur flach aufgesetzt, sodass sie von weit geringerer Wirkung sind als in Speyer.

Groß St. Martin

Die ehemalige Benediktinerabteikirche wurde von Erzbischof Bruno I. (953–965) in der Rheinvorstadt auf der ehemaligen Rheininsel als Stift gegründet und am Ende des 10. Jahrhunderts bereits in ein Kloster umgewandelt, das bis 1802 bestand. Unter der Kirche wurden große römische Lagerhallen ausgegraben, jedoch kein älterer Kirchenbau. Es wird vermutet, dass der Baubeginn mit einem großen Brand 1150 in Zusammenhang steht. 1172 ist eine Kirchenweihe bezeugt, die auf Grund der stilistischen Einordnung der Bauzier auf den Trikonchos zu beziehen ist. Weitere Baunachrichten fallen in die Zeit um 1207 bis 1211. Der Zeitpunkt der Vollendung von Turm und Langhaus ist nicht überliefert, dürfte aber um 1230 anzunehmen sein.

Während die nördliche Seitenschiffmauer im Kern älter zu sein scheint, war an die südliche, einspringende Mauer mit Turm die Pfarrkirche St. Brigiden angebaut. Die Bauten des Konvents lagen auf der Nordseite im Anschluss an die Nordkonche. Der mächtige Vierungsturm prägt zusammen mit dem unvollendeten gotischen Dom (Chor und Südturmstumpf) und dem spätgotischen Rathausturm für Jahrhunderte die immer wieder in Abbildungen dargestellte Rheinfront der Stadt. Der Turm wurde 1945 fast vollständig zerstört, ebenso Teile der Konchen, die Mittelschiffgewölbe und die Westfassade einschließlich der Vorhalle, die bis heute noch nicht wiederhergestellt wurde.

Die Baugeschichte ist kompliziert. Der Kleeblattchor ist der erste des 12. Jahrhunderts nach den beiden Vorläufern des 11. Jahrhunderts St. Maria im Kapitol und St. Georg und zeigt die neue gestraffte Form, die für alle in der gesamten Region verbindlich werden sollte. Ein Vergleich mit dem knapp 20 Jahre jüngeren Trikonchos von St. Aposteln ist aufschlussreich, weil man wegen der erheblich steileren Proportionen und der extrem dünnen und hohen Säulchen des Apsislaufganges die zeitliche Reihenfolge aus stilistischen Gründen umkehren würde. Im Gegensatz zu St. Aposteln bestand hier jedoch keine Bindung an die Proportionen eines älteren Bauwerks. Durch die erheblich schmaleren tonnengewölbten Joche zwischen Vierung und Apsiden wurden Letztere enger mit der Vierung verbunden. In den östlichen Winkeln blieb nur Platz für sehr kleine quadratische Treppentürme, die allerdings lediglich im Osten einen Unterbau besitzen.

Im Innern der Apsiden sind die beiden Geschosse streng getrennt und nicht aufeinander bezogen. Dafür ist das Obergeschoss in die Höhe gestreckt

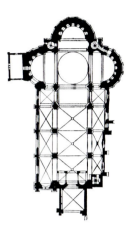

Groß St. Martin, Grundriss

Links: St. Maria im Kapitol, Krypta – Blick nach Nordosten

Der Niederrhein

*Groß St. Martin,
Ansicht von der
Rheinseite (Osten) aus*

und dominierend, vor allem aber wird die innere Schale des Fensterlaufgangs klar von der äußeren getrennt und mit dieser durch Miniaturgewölbe verbunden. Zwischen den Fenstern stehen jeweils zwei Säulchen, die extrem dünn sind, auf hohen Postamenten und wechseln den Querschnitt ihrer Schäfte vom Polygon zum Rund. Sie sind noch nicht zusammengerückt und mit einem Pfeiler kombiniert. In den Zwischenjochen sind jeweils nur zwei Laufgangarkaden übereinander angeordnet, die aber gekrönt werden von einem Lilienfenster wie in Schwarzrheindorf.

Der Vierungsturm ist nicht belichtet, stattdessen befindet sich dort eine Hängekuppel. Ob anfänglich ein achteckiger Turm vorgesehen war, ist nicht erwiesen. Nach Westen schließt sich wieder ein tonnengewölbtes Joch an, das aber nicht basilikal gestuft mit Fenstern angelegt ist, sondern als Emporenhalle. Denn über dem Seitenschiff befindet sich ein zusätzliches Geschoss, das sich ursprünglich mit einer Dreibogenstaffel in den Innenraum öffnete, doch wurde diese alsbald geschlossen. Das Emporengeschoss ist mit schweren Bandrippen überwölbt, weil ein Drittel des Gewölbes die westlichen Ecktürmchen des Vierungsturmes tragen muss. Diese Aufsätze stürzten wegen statischer Schäden später ein und wurden im 19. Jahrhundert rekonstruiert.

Die Anordnung des Emporengeschosses spricht dafür, dass es schon frühzeitig in die Planung aufgenommen worden war. Ob von der Gliederung des Zwischenjoches auf das ursprünglich geplante Langhaus geschlossen werden kann, ist fraglich. Es sollte sicherlich in seiner Gliederung abweichen, weil der Pfeiler und die Gurtbogenvorlage von vornherein asymmetrisch angelegt wurden; manches deutet darauf hin, dass zunächst ein flachgedecktes Langhaus beabsichtigt war und damit der Trikonchos als Zentralbau in besonderer Weise hervorgehoben werden sollte. Das ausgeführte Langhaus ist mit dem dreigeschossigen Aufriss und der abermals gesteigerten Höhe deutlich jünger. Mit seinen weit gespannten Arkaden und der gleichmäßigen Jochfolge im Mittel- und Seitenschiff erinnert es im Grundriss an das Bonner Münster.

Trikonchos Der großartige Turm – quadratisch mit vier achteckigen Türmchen an den Kanten – ist der einzigartige Beitrag von Groß St. Martin zur Baukunst der Region. Die drei Apsiden des Trikonchos wirken wie der Sockel des Turms und bilden mit ihm eine Einheit. Die Zwischenjoche treten durch drei mit Speichenrosetten geschmückte Giebel in Erscheinung. Es ist nicht ausgeschlossen, dass zunächst nur zwei östliche Türmchen vorgesehen waren, doch spätestens mit der Bauausführung oberhalb der Galerien war die endgültige Entscheidung gefallen.

Der Turm war aber zunächst niedriger geplant, wie die unmittelbar über den Firsten der Giebel umlaufende Zwerggalerie mit Plattenfries belegt. Zur Steigerung der Fernwirkung kam das Obergeschoss hinzu, wobei die Achtecktürme noch einmal um zwei Geschosse in die Höhe gestreckt wurden. Sie tragen wie bei St. Aposteln Giebelchen und Faltdächer. Auch für den Hauptturm werden ursprünglich große Giebel und ein Rautendach rekonstruiert, zumal der jetzige Helm nach einem Brand errichtet wurde und eine spätgotische Form aufweist. Die drei Konchen entsprechen in ihrer Gliederung mit doppelgeschossigen Blendarkaden und abschließender Galerie mit Plattenfries – die nach 1945 fast vollständig rekonstruiert wurde – vollkommen derjenigen von St. Aposteln. Da sie jedoch älter ist, darf sie nach St. Gereon als die eigentlich prägende für die Region angesehen werden.

Innenraum Die filigrane Gliederung des Apsislaufgangs ist auch aus der Ferne gut sichtbar, eben-

St. Kunibert, Innenraum nach Südosten

St. Pantaleon, Westwerk 1766/68 / 1833

so wie das tonnengewölbte Zwischenjoch vor der Vierung. Im etwas jüngeren Langhaus ist die scharfe Trennung zwischen den hohen weit gespannten Arkaden und den oberen beiden Geschossen bemerkenswert, weil das Dreierbündel der Gewölbevorlagen nicht bis zum Erdboden hinabgeführt ist. Ob dies durch einen Planwechsel bedingt oder ursprüngliche Absicht war, wird sich kaum mehr klären lassen.

Die drei relativ großen Bögen des Triforiums folgen zwar dem Typ von St. Aposteln, sind aber mit ihren Säulchen von der Wand gelöst, sodass hier ein echter Triforiumlaufgang entsteht. Die das Fenster begleitenden Nischen lösen die Wandfläche vollkommen auf und variieren das Motiv der Dreibogenstaffel, die im Übrigen wiederum frei stehend mit Laufgang auch vor der Westfassade erscheint. Das Raumerlebnis unterscheidet sich grundlegend von St. Aposteln, sodass in der gegensätzlichen Ausprägung dieser beiden im Typ so ähnlichen Kirchen der Beleg für bedeutende Künstlerpersönlichkeiten als Architekten erblickt werden kann.

St. Pantaleon, Westwerk

St. Pantaleon

Die außerhalb der römischen Stadt auf einem Hügel gelegene ehemalige Benediktinerklosterkirche steht über einer römischen Villa suburbana; die Schriftquellen jedoch reichen nur in das Jahr 866/67 zurück und erwähnen ein der Kirche angeschlossenes Hospital. Erzbischof Bruno (953–965), Bruder Kaiser Ottos I., gründete das Kloster mit Mönchen der Abtei St. Maximin in Trier und veranlasste den Neubau, der aber wohl noch nicht vollendet war, als er sich in ihm beisetzen ließ. 980 wurde der Bau geweiht. Kaiserin Theophanu, byzantinische Prinzessin und Gemahlin Kaiser Ottos II., beschenkte wie später ihr Sohn Otto III. das Kloster reich und wurde 991 in der Kirche begraben. Die Forschung geht davon aus, dass damals das neue Westwerk errichtet wurde, zumal der Leichnam Ottos III. 1002 hier aufgebahrt wurde.

Nach der Mitte des 12. Jahrhunderts wurde die Saalkirche durch gewölbte Seitenschiffe erweitert und dadurch in eine Basilika verwandelt, deren flache Decke 1619 bis 1622 durch den Jesuitenbaumeister Christoph Wamser durch Netzgewölbe ersetzt wurde, verbunden mit neuen Maßwerkfenstern und einem ebenfalls gotisierenden Chorpolygon. Nach dem Einsturz eines Turmes wurde das Westwerk seines westlichen Flügels, der oberen Treppentürme sowie des Emporengeschosses des Südflügels beraubt. 1890/92 wurden die verlorenen Teile auf der Grundlage einer Ansicht des 17. Jahrhunderts (Vinckboon) rekonstruiert, jedoch der Westflügel um die Hälfte verkürzt. 1942/45 wurden die Gewölbe zerstört, die bei der Wiederherstellung durch eine Flachdecke ersetzt wurden. Die im 17. Jahrhundert zerstörte Krypta wurde im 20. Jahrhundert freigelegt und neu gestaltet.

Da St. Pantaleon als Hauptkirche der Ottonen in Köln gelten kann, ist der Bau eines der wichtigsten Zeugnisse der ottonischen Architektur in Deutschland. Der Kernbau ist eine ungewöhnlich große Saalkirche mit niedrigen östlichen Querarmen und anschließenden, relativ großen Nebenapsiden. Die Hauptapsis war knapp halbkreisförmig und stark eingezogen. Im Westen war ein kleineres Westwerk in der Breite des Langhauses vorgelagert, dessen Fundamentrost für ein kryptenartiges Untergeschoss ausgegraben werden konnte. Anscheinend handelte es sich um einen turmartigen Mittelbau mit zwei flankierenden Treppentürmen.

Neben dem Typ der monumentalen Saalkirche ist besonders ihre innere wie äußere Gliederung durch steile, sehr flache Rundbogenblenden hervorzuheben. Außen nahmen sie die gesamte Höhe in Anspruch und umrahmten die hoch liegenden

Fenster, während sie innen unter denselben endeten und so an die Scheidarkaden einer Basilika erinnerten. Sie blieben sichtbar über den niedrigeren, später eingebrochenen Scheidarkaden erhalten.

Im Osten war das Niveau erhöht wegen einer an der Außenwand umlaufenden Stollenkrypta, die aber die Apsis nicht mit einbezog. Im Westen war vor der Kirche ein achteckiger Zentralbau mit außen vortretenden, wechselnd runden und rechteckigen Nischen begonnen worden, aber nicht zur Vollendung gelangt.

Die 980 geweihte Kirche wurde schon wenig später um etwa ein Viertel verlängert, wobei das Westwerk weichen musste. An seine Stelle trat ein neues, größeres, das in wesentlichen Teilen erhalten blieb. Dessen Grundriss ist T-förmig mit in den Winkeln eingestellten Türmen. Im Untergeschoss bildet der Westarm, der ehemals doppelt so lang war wie heute, eine tonnengewölbte, vollständig geöffnete Vorhalle mit seitlichen Nischen. Das eigentliche Portal liegt innen in der gerade durchlaufenden Westmauer. Die Querflügel schließen an einen fast quadratischen Mittelraum an, der sich zum Langhaus mit einem großen Bogen öffnet. Über diesen Mittelraum erhebt sich außen ein bekrönender Turm. Ein kryptenartiges Untergeschoss, wie bei dem Vorbild in Corvey, fehlt.

Die Querarme sind durch eine Doppelarkade mit mittleren Pfeilern getrennt, über ihnen befindet sich eine Empore, die sich in einer gleichartigen Doppelarkade öffnet. Über der Eingangshalle des Westarmes ist ebenfalls eine Empore angeordnet, mit einer monumentalen Drillingsarkade. Sämtliche Pfeiler bestehen aus großen Sandsteinquadern, die teilweise auffällige Ziermuster aufweisen. Die ursprüngliche Lage der Balkendecke über dem Mittelraum ist aufgrund der weitgehenden Erneuerung der oberen Partien nicht bekannt. Wegen der anschließenden Dächer dürfte er kaum eigene Fenster besessen haben.

Westwerk, außen Mit seinen drei Flügeln, den Winkeltürmen und dem bekrönenden Mittelturm ist der Baukörper klar gegliedert. Besonders reich ist der Dekor, die aus Lisenen und Rundbogenfriesen besteht und im Farbwechsel zwischen Tuff und Ziegeln nach römischem Vorbild gestaltet ist. In einer zweiten Schicht sind den Lisenen flache Pilaster mit Basen und zur Würfelform tendierenden Kapitellen vorgelegt. In diese Gliederung sind auch die unteren Turmschäfte mit einbezogen, eine für das 10. Jahrhundert singuläre Erscheinung. Es scheint daher angebracht, über eine Entstehungszeit des Westwerks im 11. Jahrhundert nachzudenken, zu-

St. Pantaleon, Blick vom Mittelschiff in das Westwerk

mal es in den Schriftquellen des 10. Jahrhunderts nicht explizit genannt wird. Die oberen Turmabschlüsse zeigten ursprünglich keine Blendarkaden und glichen dem Westbau von St. Maria im Kapitol.

Westwerk, innen Vor dem großen Bogen des Westwerks sind über den Seitenschiffarkaden des 12. Jahrhunderts die flachen Blenden des ottonischen Baus zu erkennen. Der Raum des Westwerks, der trotz des Portals ursprünglich einen Altar aufgenommen haben dürfte, ist gegenüber den karolingischen Vorbildern vereinfacht, jedoch in der Monumentalität gesteigert, was insbesondere durch die mächtigen, im Farbwechsel aus rotem und weißen Sandstein errichteten Pfeilerarkaden der Emporen zum Ausdruck kommt.

Der Niederrhein

St. Severin

St. Severin, Ostapsis

St. Severin, Grundriss

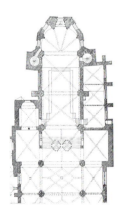

Rechts: St. Severin, Innenansicht mit Ostchor und Apsis

Die mit Ausnahme ihrer Ostteile vorwiegend spätgotisch geprägte ehemalige Stiftskirche steht über einem spätrömisch-frühchristlichen Gräberfeld an der südlichen Ausfallstraße weit außerhalb der römischen Stadt. Über den als Heiligen verehrten Kölner Bischof Severin aus dem späten 4. Jahrhundert wird in einer Legende des fränkischen Geschichtsschreibers Gregor von Tours (um 590) berichtet. Die Kirche wird Anfang des 9. Jahrhunderts erwähnt, ist aber erst seit 866 als Stift überliefert.

Wichtiger als die Schriftquellen sind die unter dem Fußboden der Kirche zugänglichen archäologischen Zeugnisse, die eine seit dem 4. Jahrhundert ununterbrochene Kontinuität christlicher Sakralbauten beweisen. Ausgangspunkt ist wiederum eine kleine Cella Memoriae mit westlicher Apsis, unter der ein gut erhaltenes Doppelgrab zutage trat. Auf drei Schiffe und um eine östliche Vorhalle erweitert, in der das später verehrte Severinsgrab lag, wurde sie zum Ausgangspunkt der um mehr als das Doppelte verlängerten Stiftskirche des 9. Jahrhunderts. Diese wurde im 10. Jahrhundert auf die heutige Breite des Langhauses, zudem mit niedrigen, abgeteilten Querarmen und einem Rechteckchor im Osten vergrößert, unter dem eine Stollenkrypta Platz fand. Zwischen 1030 und der Weihe 1043 wurde ganz ähnlich wie in Bonn und St. Gereon ein neuer lang gestreckter Chor angefügt, unter dem eine kreuzgratgewölbte und mit Pfeilern statt Säulen ausgestattete Hallenkrypta als Verlängerung der ursprünglichen Stollenanlage angeordnet wurde. Sie ist der älteste Teil der heutigen Kirchenanlage.

1230 bis zur abermaligen Weihe 1237 wurden Chor und Krypta noch einmal nach Osten verlängert durch eine außen gestreckt polygonale, innen halbkreisförmige Apsis und zwei schlanke Flankentürme, die innen Wendeltreppen aufnehmen. Wie in Bonn und bei St. Gereon wurde der Langchor aufgehöht und in zwei Jochen mit Kreuzrippengewölben versehen. Die niedrigen, durch Mittelstützen abgeteilten Querarme blieben insbesondere auf der Nordseite im Kern erhalten, dort ebenso der rechteckig ummantelte Nebenchor mit flacher Apsis.

Bereits 1286 setzte der gotische Umbau des Langhauses ein, wurde aber erst 1479 bis gegen 1500 unter weitgehender Erneuerung fertig gestellt, nachdem bereits zwischen 1393 und 1411 das Untergeschoss des Westturmes mit einem hölzernen Aufbau vollendet worden war.

Ostansicht Im Vergleich zu den älteren Kölner Apsiden fällt nicht nur die polygonale Kantenbildung des Baukörpers auf, sondern vor allem dessen sparsame Gliederung mit flachen Lisenen, Bogen-

friesen bzw. Blendbögen. Auch die Zwerggalerie wird durch breite Mauerstücke auf Vieröffnungen reduziert. Den gotisch aufgestockten Türmen fehlt am Unterbau jegliche Gliederung. Diese starke Vereinfachung ist bei fast allen Polygonallösungen zu verzeichnen.

Ostchor und Apsis Die halbkreisförmige Grundform ist auch hier in zwei Geschosse geteilt, von denen das obere nicht nur einen Laufgang, sondern auch bereichernde Bündelsäulchen enthält. Anstelle der großflächigen Apsiskalotte erscheint eine rippenbesetzte Schirmkuppel. Die Sechspassfenster des Untergeschosses sitzen in tiefen Leibungen, von denen die mittlere zu einer kleinen Kapelle mit einem reichen vielarmigen Schirmgewölbe erweitert ist. An den Gurtbögen des Chores haben die aus Westfalen stammenden Scheitel- und Schenkelwulste Platz gefunden. Die auf Konsolen ruhenden Vorlagen über dem Chorgestühl erinnern stark an die entsprechende Situation im Bonner Langchor.

St. Ursula

Die ehemalige Kanonissenstiftskirche ist untrennbar verbunden mit der Legende der heiligen Ursula, wonach sie an dieser Stelle mit ihren zunächst 11, ab dem 10. Jahrhundert sogar 11000 Jungfrauen nach längerer Reise den Märtyrertod gefunden haben soll. Schon früh verbinden sich hier archäologische Funde mit schriftlicher Überlieferung, zumal die Kirche, wie fast alle anderen, auf einem römischen Gräberfeld des 1. bis 4. Jahrhunderts steht. Eine um 400 datierte, in der Forschung diskutierte Inschrift besagt darüber hinaus, dass der vornehme Römer Clematius eine Kirche wiederherstellen ließ, wo heilige Jungfrauen für den Namen Christi ihr Blut vergossen hätten. Die zahlreichen Skelettfunde schon in früher Zeit dürften zur Ausweitung der Legende geführt haben.

Nachgewiesen ist ein dreischiffiger Kirchenbau mit Apsis und Bema (wie in Boppard) um 400 mit entsprechenden Bestattungen. Eine Zerstörung im Normannensturm 881/82 ist wahrscheinlich. Um 922 wurde die Kirche den aus Gerresheim vertriebenen Stiftsdamen übergeben, deren Konvent bis 1802 bestand. In zahlreichen mittelalterlichen und nachmittelalterlichen Reliquiaren, die in der berühmten, 1643 eingerichteten »Goldenen Kammer« eingebaut sind, verdichtet sich die Legende zur unmittelbaren Anschauung.

Eine Stiftung anlässlich einer Altarweihe 1135 in der Vorhalle des Westbaus datiert den romani-

schen Kernbau in das zweite Viertel des 12. Jahrhunderts. Sein ursprünglicher Chor wurde Ende des 13. Jahrhunderts durch einen besonders eleganten gotischen ersetzt, und anschließend wurde unter Einbeziehung des südlichen Querarmes ein zusätzliches Südseitenschiff angebaut. Die gotischen Gewölbe des Langhauses wurden im Zweiten Weltkrieg zerstört und hinterließen nur Konsolen. An ihre Stelle trat eine segmentbogig gekrümmte Decke, die die Überschneidung des gotischen Chorbogenscheitels durch eine Flachdecke vermeiden sollte.

St. Ursula vertritt als Erste unter den niederrheinischen Kirchen den Typ der Emporenbasilika, der für die weitere Entwicklung fruchtbar werden sollte. Das kurze Langhaus ist ungewöhnlich breit, insbesondere in den Abmessungen des Mittelschiffes. Die niedrigen Scheidarkaden ruhen auf Pfeilern, denen zum Seitenschiff hin Halbsäulen vorgelegt

St. Ursula, Westansicht

St. Ursula, Querschnitt

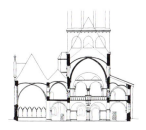

Der Niederrhein

St. Ursula, Innenraum nach Westen

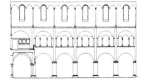

St. Ursula, Schnitt, Rek. Mühlberg

sind, weil diese im Gegensatz zu den ursprünglich flachgedeckten Emporen gewölbt sind. Die leicht querrechteckigen Querarme sind nur wenig höher als Seitenschiffe und Emporen. Sie öffnen sich heute mit einem großen Bogen zum Mittelschiff. Ursprünglich wurden jedoch die Emporen durch die Querarme hindurch fortgeführt; ihre Gewölbe ruhten im Untergeschoss auf eingestellten Mittelpfeilern. Räumlich bildeten sie damit zweigeschossige Kapellen mit Mittelstütze und waren als Querarme innen nicht wahrnehmbar.

Der Westbau, der nur wenig über die Fluchten der Seitenschiffe vorspringt, vertritt einen später im Ostseeraum weit verbreiteten Typ. Er besteht aus einem mächtigen Mittelturm in der Breite des Mittelschiffes und zwei begleitenden, kapellenartigen Räumen, die die Seitenschiffe fortzusetzen scheinen, im Innern aber durchaus selbstständige Raumeinheiten bilden. Sie sind ebenso wie die Querarme in die Emporenanlage einbezogen, wobei die Gewölbe im mittleren Turmraum auf einer Mit-

telsäule ruhen. Die Empore greift über den Turm hinaus nach Osten um eine Arkadenstellung in das Mittelschiff aus und diente den Stiftsdamen als Chor. Ebenso wie unten ist auch oben die große Öffnung der westlichen Turmempore zum Mittelschiff durch eine eingestellte Doppelöffnung unterteilt, die jedoch statisch keine Funktion hat.

Westbau Der Westbau mit seinem markanten Mittelturm bildet mit den seitlichen, von Pultdächern gedeckten Flügeln eine Einheit. Die durchlaufenden Blendarkaden des Untergeschosses bildeten die Schildbögen der Gewölbe des ehemals hier vorgelegten Flügels eines axial angeordneten Kreuzgangs. Dies erklärt auch das Fehlen jeglicher Gliederung oberhalb der Blendarkaden, denn hier schloss das Obergeschoss des Kreuzgangflügels an. Von hier aus gab es einen direkten Zugang zur Empore des Westbaus, deren Funktion als Chor für die Stiftsdamen somit eindeutig gesichert ist.

Der mächtige Mittelturm wurde im 13. Jahrhundert erhöht und erhielt im 17. Jahrhundert seine Schweifhaube mit Laterne und offener Krone. Der in der Abbildung nicht sichtbare Obergaden des Mittelschiffes ist durch Blendarkaden reich gegliedert. Da diese über die Querarme hinweggeführt sind, können deren Dächer dort nicht angeschlossen haben, sondern müssen zum Obergaden hin abgewalmt gewesen sein. Da der Nordgiebel aus dem 19. Jahrhundert stammt, ist anzunehmen, dass beide Querarme wie isolierte Kapellen ehemals Zeltdächer besaßen, was der inneren Struktur entsprechen würde.

Langhaus Besonders markant ist die Gliederung der Mittelschiffwände. Die Emporen besitzen Drillingsarkaden unter übergreifenden Bögen. Von den Pfeilern steigen vertikal flache Lisenen bis zu einem ehemaligen Gesims über den Emporen auf, von dort sind sie durch schlanke Säulchen bis zu einem dreiteiligen Blendbogenfries über den Fenstern fortgeführt – ein Gliederungstyp, den man eher im Äußeren (gleichzeitig Maria Laach) erwarten würde. Diese dreigeschossige, reiche Aufrissgliederung ist unabhängig von Gewölben und konnte in ihrem oberen Teil erst durch die Zerstörung der Gewölbe entdeckt werden. Die sichtbaren Fächerfenster des Nordseitenschiffes sind eine nicht gut dokumentierte Rekonstruktion des 19. Jahrhunderts und gingen möglicherweise auf eine Veränderung des 13. Jahrhunderts zurück.

Der individuelle Charakter des Raumes von St. Ursula ist im engeren Sinn mit keinem der anderen kölnischen Kirchen zu vergleichen.

Brauweiler
St. Nikolaus und St. Medardus

Die ehemalige Benediktinerabteikirche nordwestlich des modernen, durch seinen Autobahnring gekennzeichneten Köln geht auf die Eigenkirche eines fränkischen Hofgutes zurück, auf dem Pfalzgraf Ezzo ein 1028 geweihtes Kloster gründete. In dessen Kreuzgang wurde seine Gemahlin Mathilde, Tochter Kaiser Ottos II., bestattet. Ihre Tochter Richeza, Königin von Polen, ließ die Gesamtanlage (Weihe der Krypta 1051, Gesamtweihe 1061) nach dem auf die Ostkonche mit Umgang reduzierten Vorbild von St. Maria im Kapitol erneuern. Von dort wurde auch der Typ der Hallenkrypta mit seitlichen Zentralräumen und unter dem oberen Umgang angeordneten rechteckigen Radialkapellen übernommen, wie durch archäologische Untersuchungen ermittelt werden konnte. Sie blieb in stark vereinfachter Gestalt als fünfschiffige Anlage unter dem heutigen Chor erhalten. Die Verbindung mit dem Kölner Vorbild erklärt sich durch die Tatsache, dass die Bauherrin Richeza eine Schwester der Kölner Äbtissin Ida war, die dort den großartigen Neubau in Auftrag gegeben hatte.

Eine fast vollständige Erneuerung setzte um 1135 mit dem dreitürmigen Westbau ein, der zwar im Prinzip dem leider weitgehend verlorenen von St. Maria im Kapitol folgt, aber im wörtlichen Sinne über ihn hinauswächst und zu den eindrucksvollsten Denkmälern der niederrheinischen Romanik zählt. Der mächtige, von Lisenen und Rundbogenfriesen gegliederte Mittelturm wird von zwei quadratischen Treppentürmen flankiert, die sich ab dem dritten Geschoss als selbstständige Baukörper von ihm lösen, um ein Geschoss über seine Traufe aufzusteigen und somit eine Dreiturmgruppe zu bilden. Die oberen beiden Geschosse des Hauptturmes werden auf jeder Seite durch drei Zwillingsöffnungen als Schallarkaden gegliedert, von denen die oberen etwas reicher umrahmt sind als die unteren. Im Untergeschoss sind die berühmten Muldennischenreliefs mit Tierkreiszeichen eingelassen (heute zum Teil im Bonner Landesmuseum).

Unmittelbar im Anschluss, 1140/50, wurde das nur zwei (nicht ganz gleich große) Doppeljoche tiefe Langhaus errichtet mit ungewöhnlich breiten Seitenschiffen, deren Außenmauern mit den Stirnseiten der Querarme eine durchgehende Flucht bilden. Die unregelmäßigen Seitenschiffjoche sind stark querrechteckig, was für die ursprünglichen Kreuzgratgewölbe geometrische Probleme mit sich brachte. Mit seiner vollständigen Einwölbung durch Kreuzgratgewölbe auch im Mittelschiff gehört Brauweiler zu den frühesten Gewölbebasiliken des Nie-

derrheingebietes, rund ein halbes Jahrhundert nach dem monumentalen Vorbild in Speyer. Im 13. Jahrhundert wurden die Seitenschiffgewölbe und 1514 die Gewölbe des Langhauses als Rippengewölbe mit tieferem Kämpferpunkt erneuert.

Ansicht der sechstürmigen Abteikirche von Süden

Ansicht von Osten

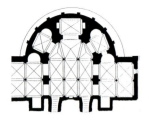

Grundriss Krypta, Rek.

Langhaus – Innenraum nach Südosten

Nach einem Brand 1149 wurde eine neue Klosteranlage errichtet, von der sich zwei Flügel des Kreuzgangs und vor allem der schöne, zweischiffige Kapitelsaal erhalten haben, der – wenn auch stark restauriert – seine romanischen Gewölbemalereien bewahrte (fast gleichzeitig mit Schwarzrheindorf).

Ab 1187 wurden die Ostteile der Kirche erneuert, sodass 1200 die umgebaute Krypta geweiht werden konnte. In der Vierung blieben die Pfeiler des 11. Jahrhunderts erhalten, bereichert durch Säulenvorlagen. Während die Querarme und der quadratische Chor von Gratgewölben überspannt wurden, wurde in die Vierung eine Hängekuppel eingehängt, wie in Knechtsteden und später in Groß St. Martin und St. Maria im Kapitol. Der Chor wird von zwei gerade geschlossenen Nebenchören von halber Breite der Seitenschiffe begleitet, die sich aber mit einer einzigen großen Arkade zum Hauptchor öffnen, was ungewöhnlich und möglicherweise auf das Vorbild des Trierer Domes zurückzuführen ist. An die Stelle des Chorumgangs trat eine einfache Apsis des Kölner Typs (vgl. St. Aposteln u. a.), die im Untergeschoss um eine rechteckige Kapelle nach Osten erweitert ist. Trotz des basilikalen Querschnitts besitzt das Chorquadrat keine Fenster, weil außen ohne erkennbare Vorbereitung im Grundriss Chorflankentürme angefügt sind, die mit zwei Seiten auf den Gewölben bzw. den Scheidarkaden stehen – eine Konstruktion, noch waghalsiger als bei Groß St. Martin in Köln. Der Ausbau der Osttürme und des möglicherweise geplanten Vierungsturmes wurde jedoch aufgegeben und erst 1866/76 durch H. Wiethase durchgeführt. Als Vorbild für den Vierungsturm diente dabei derjenige von Maria Laach.

Die erhaltenen Kreuzgangflügel dürften um 1190 errichtet worden sein. Sie wurden in eine große barocke Klosteranlage mit drei Innenhöfen einbezogen, die um 1780 entstand. 1802 wurde das Kloster aufgehoben.

Außenansicht Besonders eindrucksvoll erscheint die westliche Dreiturmgruppe, bekrönt von einem spätgotischen Spitzhelm. An Seitenschiff und Querhaus haben sich als Blendarkaden die ehemaligen Schildbögen des Kreuzgangflügels erhalten, von dem noch ein Joch als Portalvorhalle aufrecht steht. Darüber erscheinen an Querhaus und Nebenchor weitere Blendarkaden, da der Kreuzgang in diesem Abschnitt offenbar doppelgeschossig angelegt war. Der obere Teil des Seitenschiffes ist durch kleine Blendarkaden auf Säulchen reich gegliedert, entsprechend dem zeitgleichen Obergaden von St. Ursula in Köln. Der Vierungsturm und die Obergeschosse der Osttürme stammen von 1866.

Ostapsis Wie bei den Kölner Vorbildern sind die beiden Flankentürme vollständig in die Apsisgliederung einbezogen, deren Zwerggalerie mit Plattenfries hier als echter Laufgang sogar um die Türme herumgeführt wird. Diese standen ursprünglich auf der Rückwand der Galerie, sodass das Pultdach wie am Westturm von Maria Laach noch stärker ausgeprägt und die Schäfte schlanker waren. Die Galerie der Apsis besitzt übrigens keine Rückwand. Vor die Apsis springt als würfelförmiger Baukörper eine Scheitelkapelle vor, die unten auf einem Bogen ruht, damit die Krypta Licht erhält, und oben ein doppeltes Zeltdach trägt, damit das Scheitelfenster der Apsis frei bleibt. Die zu mächtigen Turmschäfte des 19. Jahrhunderts fallen unangenehm auf.

Langhaus Über den schlichten Pfeilerarkaden mit kreuzförmigen Pfeilern an der Jochgrenze erscheint ein hohes Blendtriforium, das flache Nischen rahmt. Damit gehört das Langhaus von Brauweiler nicht nur zu den ersten Gewölbebauten, sondern auch zu dem ersten mit dreigeschossigem Aufriss im Mittelschiff. Es wurde damit wegweisend für die niederrheinische Baukunst nach 1150.

Chor und Apsis

Chor und Apsis Deutlich spürbar ist das Fehlen von Fenstern im Altarhaus vor der Apsis. Dieses ist durch ein Nischentriforium über der weit gespannten, leicht spitzbogigen Arkade ausgezeichnet, das gegenüber dem Langhaus höher angeordnet und um Doppelsäulen bereichert ist. Der Aufriss erinnert dadurch ein wenig an den Ostchor des Trierer Domes. Die zweigeschossige Apsis hat unten flache Blenden auf Doppelsäulchen mit Schaftringen. Hinter der Zwillingsarkade im Scheitel wird das Vierpassfenster der Kapelle sichtbar. Der Laufgang des Obergeschosses orientiert sich an Groß St. Martin, besitzt aber bei weitem nicht dessen Eleganz, da er niedriger ist und offenbar einen Höhenausgleich mit dem Untergeschoss suchte wie in St. Aposteln. Die Säulchen zwischen den Fenstern stehen weiter auseinander. Auffällig sind die großen Fenster des Untergeschosses.

Knechtsteden
St. Marien und St. Andreas

Bei der ehemaligen Prämonstratenserstiftskirche handelt es sich um eine neue Gründung von 1130, an der nacheinander Angehörige verschiedener Kölner Stifte maßgeblich beteiligt waren. Die Kirche wurde 1138 mit den Ostteilen begonnen, einschließlich der Fundamente in der gesamten Länge. Das Langhaus wurde unter dem dritten Probst 1151 bis 1165 in der Baurichtung von West nach Ost vollendet. 1162 ist bereits eine Stiftung für die Ausstattung überliefert. Erst danach erhielten die drei Osttürme ihre oberen Geschosse. 1477 musste das Obergeschoss der Ostapsis und ein Teil des Ostchores nach einer Zerstörung in einfachsten spätgotischen Formen erneuert werden. Der auf der Nordseite gelegene Kreuzgang war eine Stiftung des Kölner Goldschmieds Albertus (um 1180). Das Stift wurde 1802 aufgehoben und dient heute als Missionshaus der Spiritaner.

Obwohl Knechtsteden zu den frühesten Gewölbebauten am Niederrhein gehört, besticht es durch die klare Grundrissdisposition, die Ausgewogenheit seiner Proportionen und sein perfektes Gewölbe- und Gliederungssystem. Ungewöhnlich für eine späte Neugründung ist die Wahl der Doppelchoranlage mit einfacher Westapsis, vielleicht bedingt durch das Doppelpatrozinium oder die Doppelfunktion als Kloster und Pfarrkirche.

Das gestreckte Langhaus besteht aus vier quadratischen Doppeljochen des gebundenen Systems mit Kreuzgratgewölben. Im Osten schließt sich ein Querhaus mit quadratischer Vierung und ebensolchen Querarmen an, dem ein quadratisches Altarhaus mit Halbkreisapsis angefügt ist. Die Anlage von Chorwinkeltürmen folgt Maria Laach, zieht aber die Konsequenz aus dem dortigen Planwechsel, indem die Türme eine größere Grundfläche und starke Mauern erhalten und die Nebenapsiden verkleinert und ganz nach außen gerückt werden. Die vier Joche des Ostbaus sind mit Hängekuppeln eingewölbt, möglicherweise den frühesten dieser spezifisch niederrheinischen Form.

Außenansicht   Der Akzent liegt ganz auf dem liturgisch wichtigen, mit drei Türmen ausgezeichneten Ostbau. Der unbelichtete Vierungsturm ähnelt ein wenig Maria Laach und hatte seinerseits den Bonner in seiner ersten Form zur Nachfolge. Ablesbar sind noch die ursprünglichen Giebel über jeder Seite des Achtecks, die sicher ein Faltdach vorbereiteten. Am Querhaus fallen die strebepfeilerartig verstärkten Kanten mit Rücksprüngen auf. In Verbindung mit den rahmenden Deckgesimsen über den Fenstern und dem Konsolenfries ergibt sich ein ungewohnter, französisch anmutender Akzent, der vielleicht durch die Verbindung mit Prémontré, dem Gründungsort des Ordens, bedingt ist.

Die Hängekuppeln im Innern unterstreichen die Sonderstellung. Am Langhaus deuten nur die wegen der inneren Schildbögen zusammengerückten Fenster des Obergadens auf die Wölbung hin. Der großformige Bogenfries am Seitenschiff erinnert an Maria Laach. Das schöne, reich gegliederte Säulenstufenportal bildet den Hauptzugang und ist eine Ergänzung von 1180.

Langhaus   Markant ist der Stützenwechsel aus gemauerten Säulen und quadratischen Pfeilern mit Halbsäulenvorlagen, aus denen sich zwanglos die Gewölbevorlagen entwickeln. Dies hat freilich zur Folge, dass die notwendige Mauerstärke zum Seitenschiff hin verschoben wird und die breiteren Arkadenleibungen auf den Würfelkapitellen der Halbsäulenvorlagen nicht ausreichend Platz finden. Die zisterziensisch beeinflusste Askese der Prämonstratenser drückt sich in der konsequenten Anwendung des Würfelkapitells aus. In Fortsetzung der Halbsäulen sind die Gurtbögen der Hauptgewölbe als Wulste angelegt. Das nicht verkröpfte Arkadengesims teilt die Wand auf halber Höhe.

Ansicht von Südwesten

Innenraum nach Westen

Im ersten östlichen Joch erscheint eine Drillingsbündelsäule als Stütze, die an entsprechende Bildungen des 11. Jahrhunderts in der Krypta von St. Maria im Kapitol erinnert. In der schlichten Westapsis hat sich die mehrfach restaurierte Ausmalung von 1160 mit der Maiestas Domini – Christus als Weltenherrscher – in der Kalotte und Aposteln zwischen den Fenstern erhalten. Insgesamt darf der Raum als klassisch für die Romanik im Allgemeinen und für eine deutsche Gewölbebasilika aus der Mitte des 12. Jahrhunderts im Besonderen angesehen werden.

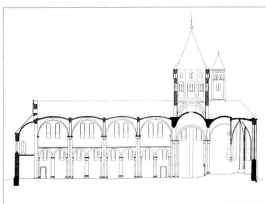

Neuss
St. Quirin

Rechts: Westbau

Westbau, 2. Zustand, Rek. Bader/Schorn/Weyres

Trikonchos von Südosten

Mehrere zwischen der Zeitenwende und dem 4. Jahrhundert aufeinander folgende römische Militärlager und die Zivilsiedlung Norvaesium (ab dem 9. Jahrhundert Noesium) sind nachgewiesen. Die ehemalige Kanonissenstiftskirche steht wie in Bonn, Köln und Xanten auf einem spätantiken Gräberfeld. Eine entsprechende Cella Memoriae konnte ausgegraben werden. Die angebliche Gründung eines Benediktinerinnenkonvents 825 folgt einer späten Überlieferung. Erst Ende des 10. Jahrhunderts wird eine Äbtissin erwähnt.

Das Patrozinium Sancti Quirini erscheint erstmals 1043. Sicher fassbar ist eine dreischiffige Kirche mit schmalem Querhaus und rechteckigem Chor vom Ende des 9. Jahrhunderts. Die Erweiterung zu einem dreischiffigen, gerade geschlossenen Chor und einer aufwändigen fünfschiffigen Krypta mit flachen Wandnischen wird in die Mitte des 11. Jahrhunderts datiert. Die Umfassungsmauern dieser Krypta blieben erhalten, während Stützen und Gewölbe im 12. Jahrhundert erneuert wurden. Gegen 1179 wurde das Frauenkloster in ein adliges Damenstift umgewandelt, das bis 1802 bestand.

Die Emporenbasilika mit östlichem fünftürmigem Trikonchos und großem Westbau geht auf einen vollständigen Neubau zurück, für den eine

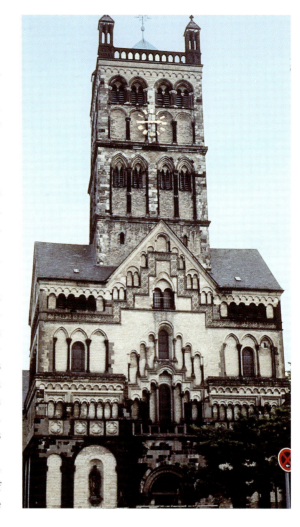

Inschrift im südlichen Seitenschiff 1209 den Baumeister Wolbero überliefert. Zuvor waren dem Baubefund zufolge die Umfassungsmauern des Westbaus errichtet worden, der als quer liegende Westchorhalle mit umlaufender Zwerggalerie und zurückgesetzten Doppeltürmen wie bei St. Servatius in Maastricht und St. Jakob in Lüttich konzipiert war. Obwohl als Gesamtanlage sicher einheitlich geplant, deuten unregelmäßig tiefe Joche des Mittelschiffes darauf hin, dass nach dem Westchor zunächst der Kleeblattchor ausgeführt und dann das Langhaus dazwischen gesetzt wurde, wobei sich das Konzept für den Westbau veränderte. Die Entscheidung fiel für einen großen Mittelturm, dessen Inneres als viertes Joch mit seitlichen Emporen vollständig in das System des Langhauses integriert wurde (vgl. Xanten; Essen-Werden). Außen blieb die Gestalt des Querriegels unverändert, wurde aber zu doppelter Höhe aufgestockt. Das Langhaus erhielt zwischen dem dritten und vierten Joch ein niedriges Querschiff, das innen durch eine Mittelstütze unterteilt und dadurch vollständig in die Emporenanlage integriert wird, sodass es im Mittelschiff zunächst nicht wahrnehmbar ist (wie ursprünglich in St. Ursula in Köln).

Im 18. Jahrhundert wurden die Zwerggalerien, Giebel und Winkeltürme des Trikonchos abgebrochen und dieser unter einem gemeinsamen Mansarddach zusammengefasst. An die Stelle des Faltdaches über dem Vierungsturm trat eine von dem Ritter Quirinus bekrönte Schweifhaube, die bis heute erhalten ist. 1881 bis 1900 wurden die Galerien, Giebel und kurzen Winkeltürme rekonstruiert. 1944 wurde die Ostkonche bis hinunter zur Krypta zerstört, bis 1950 erfolgte die Wiederherstellung.

Trikonchos In der Gesamtanlage gehört der fünftürmige Ostbau zu den reichsten Architekturbildern des Niederrheins. In seinen steilen Proportionen und dem dichten Heranrücken der Konchen an den Kern folgt der Bau am deutlichsten dem Vorbild Groß St. Martin in Köln. Dies gilt auch für die westlichen Winkeltürme, die – obwohl das anschließende Halbjoch kürzer gehalten wurde – wiederum teilweise auf dessen Gewölben stehen. Die Konchen bilden weder innen noch außen volle Halbkreise, was zur Straffung des Baukörpers beiträgt. Trotz fortlaufender Galerieöffnungen und Blendarkaden ist die Geschossgliederung der Turmschäfte und Kreuzarme des Trikonchos absichtlich von derjenigen der Apsiden abgesetzt – im Gegensatz zu allen Vorbildern, offenbar in der Absicht, durch die Sprünge eine Vertikalisierung zu erzielen.

Der Plattenfries, normalerweise als Brüstung von den Zwerggalerien her bekannt, ist hier zwischen die beiden Geschosse der Apsiden eingeschoben. Die obere Blendarkatur steht auf lang gestreckten Postamenten, um eine weitere Horizontalteilung zu erzielen. Im Gegensatz zu Groß St. Martin sind die Winkeltürme nicht nur etwas kräftiger ausgebildet, sie sind vor allem deutlich niedriger als der Mittelturm, dessen achteckige Gestalt sie nicht berühren. In dessen Achteckseiten wechseln große Lilien- und Blütenfenster mit den lebhaftesten dekorativen Umrissen der niederrheinischen Baukunst.

Westbau Monumental und zugleich feingliedrig ist der mächtige Querbau mit seinem großen Mittelturm auf quadratischem Grundriss. Dieser ist hinter einem Giebel zurückgesetzt und erinnert damit an eine zweischalige Konstruktion im Innern, die die ursprüngliche Planung zweier kleinerer, zurückgesetzter Türme fortschreibt. Bei genauerem Hinsehen wird über den Blenden des Untergeschosses die ursprünglich offen konzipierte, reich gerahmte Zwerggalerie erkennbar, über der das Dach des zunächst niedrigen Westbaus beginnen sollte und zwischen dessen Türmen bereits ein Giebel vorgesehen war. Mit der Erhöhung des Mittelschiffes wurde dieser Giebel aufgestockt. Erst danach wurden die Galerieöffnungen vermauert, und mit einer Art Wiederholung des Unterbaus wurde die Höhe des Westbaus nahezu verdoppelt, nunmehr mit Blendarkaden auf Säulchen, einem umlaufenden Vierpassfries darüber und einer abermaligen Zwerggalerie, die jedoch nicht als zweischaliger Laufgang konzipiert ist, sondern deren Öffnungen in den Dachstuhl führten. An dem Gedanken eines Mittelgiebels wurde festgehalten.

Die Blendengliederungen des Mittelturmes folgen den spätromanischen Gliederungsformen. Der obere Abschluss mit kleinen Ecktürmchen ist eine moderne Rekonstruktion, die sich auf eine erstmals 1496 dokumentierte Lösung stützt. Insgesamt darf die Kombination von Trikonchos, Westquerriegel und kleinem Querhaus als singulär angesehen werden.

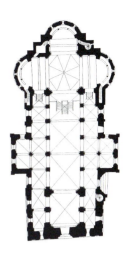

*Trikonchos –
Innenraum nach Nordosten*

Nördliche Wand des Mittelschiffes von Süden

Trikonchos, Innenraum Während die Vierung wie in St. Aposteln einen offenen, belichteten Turm trägt, erinnert die Steilheit des Raumes an die gleichfalls in Köln liegende Kirche Groß St. Martin. Allerdings ist zur Steigerung der Höhe zwischen die Vierungsbögen und die Überleitungstrompen in das Achteck ein quadratisches Geschoss zwischengeschaltet, das die Grundform der Vierung noch einmal klar betont. In dessen Schildwänden sind Dreibogenstaffeln als Blenden eingelassen.

Die Gliederung der Konchen kombiniert diejenige von St. Aposteln und Groß St. Martin, Letztere zeichnet sich ab in der klaren Trennung der Mauerschalen und die Höhenabmessungen, Erstere durch die Gleichartigkeit beider Geschosse, wobei hier auch unten ein Laufgang angeordnet wird. Neu ist jedoch die Übertragung der Apsidengliederung auf die kurzen Kreuzarme, in denen der Laufgang in voller Höhe fortgesetzt wird. Dies bedeutet eine Umkehrung der Verhältnisse, weil sonst diese Joche innen stets unterschieden werden, aber außen integriert sind. Die kurzen Kreuzarme sind zudem durch eine mittlere Rippe unterteilt, und anstelle von Tonnengewölben erscheinen hier gebuste Kappen wie bei Schirmkuppeln.

Langhaus Die unregelmäßige Jochteilung fällt sofort bei der Gestaltung der wiederum einfachen Pfeilerarkaden auf. In deren Bogenleibungen erscheinen erstmals sichelförmige Unterzüge. Die reichere Gestaltung der Emporen, die fast die Höhe des Untergeschosses erreichen, erfolgt nur zurückhaltend durch schlanke schwarze Mittelsäulchen und eingestellte Ecksäulchen. Diese Form führt relativ dicht an die vermutlich etwas ältere des Limburger Domes heran, die ihrerseits von Nordfrankreich bestimmt ist. Auffällig sind die kleinen Scheitelwulste in den Emporenöffnungen.

Die Flächigkeit der Gliederung wird betont durch den Verzicht auf Pfeilervorlagen für die Hochschiffgewölbe. Hier steigen allein schlanke Halbsäulen wie gotische Dienste auf, ohne von einem Horizontalgesims unterbrochen zu werden. In der großen Wandfläche über den Emporen sind siebenlappige Fächerfenster mit unteren Sohlbankschrägen eingelassen und bilden einen ornamentalen Akzent. Nur für das kürzere Ostjoch wurde ein Rundbogenfenster gewählt, das knapp neben dem außen an dieser Stelle angeordneten Winkelturm Platz hat. Die fast rundbogig geführten Gewölbe setzen ungewöhnlich hoch an. Ihre Scheitel steigen nach oben wie bei flachen Kuppeln an. Die beiden Rundbogenblenden neben der zweiten Säulenvorlage waren ursprünglich Öffnungen, die in die Dächer der versetzt zum Jochrhythmus angeordneten Querarme führten.

Die Vollendung des gesamten Baus wird zwischen 1230/40 vermutet.

Gerresheim (Düsseldorf)
St. Hipolytus

Die ehemalige Kanonissenstiftskirche geht auf einen 870 als Eigenkloster gegründeten Frauenkonvent zurück, der 919 nach der Zerstörung durch die Ungarn mit seinen Reliquien nach St. Ursula in Köln flüchtete. 950 folgte der Wiederaufbau mit Weihe 970. Der bestehende Bau ist einheitlich spätstaufisch, wurde zwischen 1210 und 1220 begonnen und nach einer verlorenen Altarinschrift 1236 geweiht. Das hochadlige Damenstift bestand bis zur Aufhebung 1806.

Die dreischiffige Gewölbebasilika besitzt drei Doppeljoche im gebundenen System, ein nur wenig vorspringendes Querhaus mit kurzen Querarmen und einen Chor aus querrechteckigem Altarhaus und halbkreisförmiger Apsis. Das Altarhaus wird flankiert von zwei kapellenartigen Anbauten, von denen der südliche älter als die bestehende Kirche sein dürfte und der nördliche mit reichem Gewölbe ausgestattet ist. Die Vierung wird bekrönt von einem unbelichteten schlanken, zweigeschossigen Vierungsturm, dessen Giebel und Faltdach auf eine Rekonstruktion des 19. Jahrhunderts zurückgehen. Neben dem Mittelteil der einfachen turmlosen Westfront wird der einzige Treppenaufgang zum Dachstuhl als schlanker, rechteckiger Turmschaft sichtbar. Im östlichen Langhausjoch springen die Seitenschiffmauern in die Flucht des Querarmes vor, wodurch innen tiefe Rechtecknischen als kapellenartige Erweiterungen entstehen. Die Mauern und Pfeiler mit dem zugehörigen Gurtbogen des westlichen Doppeljoches sind verstärkt und zusätzlich gestuft, was darauf hindeutet, dass hier ein mächtiger quadratischer Mittelturm wie etwa gleichzeitig in Neuss geplant, aber nicht ausgeführt wurde. Außen erscheint am Obergaden ein getreppter Strebepfeiler. Das Äußere der Apsis ist wie bei den gleichzeitigen Polygonalchören auf flache Rundbogenblenden ohne Horizontalteilung reduziert.

Außenansicht von Norden

Innenraum nach Osten

Von den Konventsgebäuden hat sich auf der Nordseite der Ostflügel des Kreuzgangs und der zugehörige romanische Konventstrakt in seinen Umfassungsmauern erhalten, der nach tief greifenden Umbauten entkernt und wiederhergestellt werden konnte.

Neben St. Quirin in Neuss und der Abteikirche in Essen-Werden ist Gerresheim der bedeutendste spätstaufische Bau nördlich von Köln; in seiner Innengliederung ist er verwandt mit dem Langhaus von St. Kunibert, in den Ostteilen mit Sinzig und Linz sowie im Vierungsturm mit St. Andreas und dem Bonner Münster. Er belegt damit den engen formalen Zusammenhang der gesamten Gruppe.

Außenansicht Die Turmbekrönung legt den Akzent auf den liturgisch wichtigen Ostbau. Die Außengliederung aus Lisenen und Rundbogenfriesen ist schlicht. Wie in St. Kunibert, Köln, sind die Seitenschiffe durch große Achtpassfenster bzw. Fächerfenster im Westjoch ausgezeichnet. Am Obergaden deutet die Form der zusammengerückten, ungewöhnlich schlanken Fenster auf die späte Entstehungszeit hin. Auch die einfache Querschnittsfassade im Westen ist nur durch Lisenen strukturiert und weit schlichter als in Sinzig. Die nach Analogien wiederhergestellte Farbfassung aus weißen Flächen und roten Gliederungen mit aufgemalten weißen horizontalen Lagerfugen geht auf die jüngste Zeit zurück und vermittelt den Farbklang, der seit der Neufassung des Limburger Domes in den siebziger Jahren des 20. Jahrhunderts für die ganze Region typisch wurde.

Langhaus und Apsis Der dreigeschossige Aufriss hat viel gemein mit St. Kunibert in Köln, so die relativ hohen Arkaden mit Stützenwechsel aus ausgeprägt kreuzförmigen Pfeilern mit Eckdiensten und extrem querrechteckigen und darum schlanken Zwischenpfeilern. In den Arkaden erscheinen sichelförmige Unterzüge mit Scheitelwulsten wie in Neuss. Auch das Triforium folgt mit seinen jeweils vier Bogenstellungen dem Vorbild von St. Aposteln und St. Kunibert, jedoch stehen die Doppelsäulchen frei vor der Wand und lassen einen schmalen Durchgang hinter sich wie bei den Apsidengliederungen. Öffnungen für einen echten Laufgang fehlen jedoch, sodass der Zusammenhang mit den niederrheinischen Blendtriforien offenkundig ist.

Die Rippengewölbe sind stark gebust, in Chor und Apsis sind sie mit westfälischen Zierscheiben belegt, was bei der räumlichen Nähe zu Westfalen nicht verwundert. Die Apsisgliederung mit ihren schlanken, von Schaftringen unterteilten Diensten ist eingeschossig und gehört damit in die späteste Gruppe wie Linz und das benachbarte Kaiserswerth. Auch hier fallen die ungewöhnlich schlanken und damit fast gotisch wirkenden Rundbogenfenster auf. In dem Schirmgewölbe der Apsis ist ein gemalter Gnadenstuhl zwischen Apostelndarstellungen als Wiederherstellung romanischer Reste erkennbar. Der große Kruzifixus aus Holz wird in das 10. Jahrhundert datiert und stammt damit aus dem Vorgängerbau. Zusammen mit dem Gerokreuz in Köln und der »Goldenen Madonna« in Essen gehört er zu den bedeutenden frühen Zeugnissen der Monumentalskulptur. Die Farbfassung des Innenraumes ist eine moderne Rekonstruktion nach spärlichen Befunden.

Kaiserswerth (Düsseldorf)
St. Suitbert

Die ehemalige Chorherrenstiftskirche wurde von dem gleichnamigen angelsächsischen Missionsbischof, einem Begleiter des heiligen Willibrord, kurz vor 700 gegründet und gehört damit zu den Spuren der angelsächsischen Mission in vorkarolingischer Zeit. Der Gründer wurde als Heiliger verehrt, obwohl die Kanonisierung 796 nicht verbürgt ist. Zum Schutz des Stiftes in der Rheinniederung wurde unter Kaiser Friedrich Barbarossa (1152 bis 1190) in Sichtverbindung eine Kaiserpfalz angelegt, die als Zollstation diente; sie beeindruckt durch ihre monumentalen, durch Basaltlava düsteren Überreste, ist formal aber nicht leicht zu deuten. Die heutige Kirche entstand Anfang des 13. Jahrhunderts, 1237 wird eine Weihe angekündigt. Die Auflösung des Stiftes erfolgte 1803.

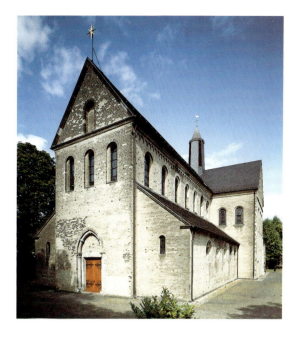

Außenansicht

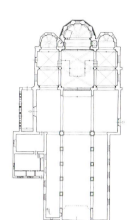

Die turmlose Pfeilerbasilika mit längsrechteckiger Vierung, unterquadratischen Querarmen und einem dreischiffigen Chor mit drei Apsiden stellt eine interessante Kombination einer zunächst altertümlich wirkenden Flachdeckbasilika mit einem sehr reich gegliederten Chor dar. Dies hat dazu geführt, verschiedene Bauzeiten mit einem sehr viel älteren Lang- und Querhaus oder aber zumindest einen Planwechsel anzunehmen. Beides ist jedoch nicht der Fall, sondern es handelt sich um die Inszenierung von Räumen mit unterschiedlicher liturgischer Bedeutung, wobei beim Langhaus offenbar bewusst an der überlieferten Gestalt festgehalten wurde. Dies ist auch bei einigen Beispielen am Oberrhein zu verzeichnen (Schwarzach; Hagenau) und wird später bei den Bettelordenskirchen zur Selbstverständlichkeit. Darüber hinaus gibt es einige Besonderheiten: das Mittelschiff des Chores ist breiter als die Vierung; die Nebenchöre sind so breit, dass sie fast die Flucht der Querarme aufnehmen; die Längsbögen der Vierung ruhen im Osten auf Zungenmauern anstatt Pfeilern; und im Westen des Langhauses stehen an der Stelle von Halbpfeilern wiederum weit vorspringende Zungenmauern. Bezüge zu einem Vorgängerbau wird man daraus nicht ableiten können, jedoch wurde das Langhaus offenbar während der Bauzeit nach Westen verlängert. Spuren von einem 1243 abgebrochenen Turm lassen sich nicht nachweisen, sodass von einem hölzernen Aufbau auszugehen ist, ähnlich wie in St. Cäcilien in Köln.

Außenansicht Das gesamte Äußere ist so schlicht, dass außer dem Rundbogenfries am Obergaden sogar die vertikalen Lisenen fehlen. Nur die Seitenschifffenster bestehen aus kreisgerahmten Vierpassöffnungen. Ebenso einfach sind auch die polygonalen Apsiden, wobei die Nebenapsiden im Innern rund und mit Rippengewölben ausgestattet sind.

Querhaus, Vierung und Langhaus nach Nordwesten

Der Niederrhein

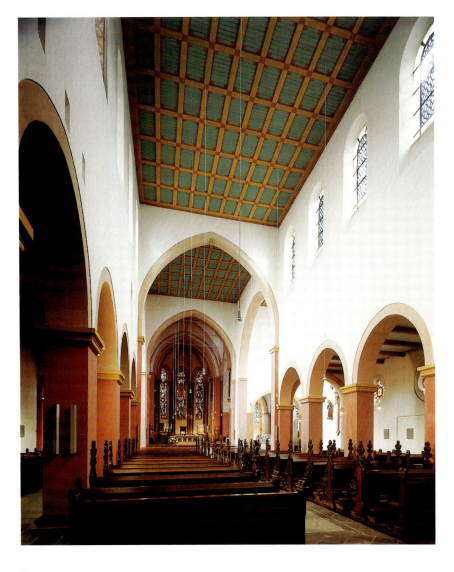

Langhaus nach Osten

Kaiserswerth, Palas der Kaiserpfalz

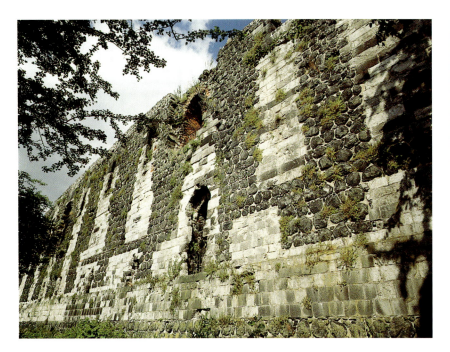

Innenraum Die ausgeschiedene Vierung tritt in dem flachgedeckten kastenartigen Raum deutlich in Erscheinung. Ihre Längsbögen sind rund und niedriger, während der Querbogen spitz, gestelzt und mit einem Scheitelwulst ausgestattet ist. Die niedrigen Pfeilerarkaden des Langhauses lassen über sich – unter den einfachen Rundbogenfenstern des Obergadens – eine große Wandfläche sichtbar. Die vermauerte Öffnung zum Dachstuhl könnte mit der ursprünglichen Orgel zusammenhängen.

Die Fenster des Obergadens sitzen nicht senkrecht über den Arkadenöffnungen, was den altertümlichen Eindruck des Raumes unterstreicht. Nur die ganz zarten Zuspitzungen der Arkadenbögen und die deutlich zugespitzten Querbögen der Vierung lassen neben den ausgeprägten Pfeilerkämpfern die späte Entstehungszeit ahnen.

Im Hintergrund wird der reich gegliederte Chor sichtbar, wobei die Chorgewölbe Scheitelrippen aufweisen. Die Apsis mit ihrem eingeschossigen Aufriss, den lang gezogenen Fenstern und den von Schaftringen unterteilten Bündeldiensten in den Winkeln, die ein Schirmgewölbe tragen, ist derjenigen von Linz, aber auch von Gerresheim vergleichbar. Die Spannung zwischen dem »modernen«, das heißt zeitgenössischen Chor mit seiner Wölbung und dem archaisch anmutenden Quer- und Langhaus war offenbar von Anfang an gewünscht. Vielleicht sollte damit auf das hohe Alter des Stiftes hingewiesen werden.

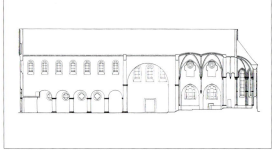

St. Suitbert, Längsschnitt

Mündelheim (Duisburg)
St. Dionysius

Der Ort wird 947 und 1071, die Pfarrkirche Sankt Dionysius 1221 und 1300 erwähnt. Sie dürfte nach Aussage ihrer Kapitelle 1220/30 entstanden sein, wobei ein älterer Westturm, der vor der Fassade angeordnet ist, einbezogen wurde. Nach weitgehender Zerstörung 1944 wurde dieser fast gänzlich neu errichtet.

Außenansicht Das kurze Langhaus mit Rundbogenblenden an den Seitenschiffen und einem Bogenfries am Obergaden besitzt zwei flache Nebenapsiden vor den Seitenschiffen. Nach Osten springt ein niedrigeres Altarhaus mit schlichter Hauptapsis vor, deren Fenster um Rundwulste bereichert sind. Eindrucksvoll ist der klar gestufte und wie aus einzelnen Kuben und Halbzylindern zusammengefügte Baukörper.

Langhaus und Apsis Das gedrungene, nur aus zwei Doppeljochen bestehende Langhaus der gewölbten Pfeilerbasilika lädt zum Vergleich mit dem älteren Moselweiß ein. Die größere Raumhöhe, die Rippengewölbe und die vom Boden aufsteigenden Dreierbündel der Dienste mit ihren Knospenkapitellen anstelle der Halbsäulen lassen den Bau deutlich jünger wirken als jene nur 25 Jahre ältere Kirche. Der Kontrast zwischen den Diensten und den gedrungenen Rundbogenarkaden ist auffällig. Das gegenüber dem Langhaus niedrigere Chorquadrat (vgl. Bacharach; Köln, St. Andreas) folgt einem insbesondere im deutschen Sprachgebiet weit verbreiteten Typ.

Außenansicht von Nordosten

Links: Innenraum nach Osten

Essen, Münster, Längsschnitt des Westbaus, Umzeichnung nach Rek. von W. Zimmermann (zur folgenden Seite)

Essen
Münster St. Kosmas und Damian

Das Münster, die ehemalige Damenstiftskirche St. Kosmas und Damian – und seit 1958 Kathedrale des Ruhrbistums Essen –, wurde Mitte des 9. Jahrhunderts von dem Hildesheimer Bischof, dem Sachsen Altfrid, auf seinem Grundbesitz gestiftet. Vor Mitte des 10. Jahrhunderts hatte sich daraus ein freies Reichsstift unter königlichem Schutz entwickelt, dessen Äbtissin seit dem 13. Jahrhundert als Reichsfürstin galt. Die Äbtissinnen des späten 10. und 11. Jahrhunderts gehörten dem ottonischen Herrscherhaus an. Dem ursprünglichen Bau aus dem 9. Jahrhundert folgte vermutlich ein weiterer um 960/65, während der heutige unter Verwendung älterer Fundamente unter der Äbtissin Theophanu (1039–1058), Enkelin Kaiser Ottos II., entstanden sein dürfte. Die Weihe der Krypta fand 1051 statt. Von diesem Bau stehen noch aufrecht das Westwerk, die unteren Teile der Seitenschiffmauern und des Querhauses sowie das Untergeschoss der ehemaligen Außenkrypta. Um 1060 wurde im Westen ein Atrium errichtet mit einer Eingangskapelle, aus der die spätgotische Pfarrkirche St. Johann hervorging. Nach einem Brand 1275 wurden die aufgehenden

Westbau mit seitlichen Atriumsarkaden

Teile mit Ausnahme des Westwerks zu einer gotischen Hallenkirche zusammengefasst. 1803 wurde das Stift aufgehoben. Nach umfangreichen Kriegszerstörungen 1943/44 erfolgte die Wiederherstellung 1952/59.

Wegen der engen Verbindung zu den ottonischen Kaisern, der komplizierten Westanlage mit betonter Rezeption der Aachener Pfalzkapelle, der ausgeprägten Nischenbildung im Langhaus und der komplizierten Außenkrypta gilt das Essener Münster weit verbreitet als Musterbeispiel der ottonischen Architektur. Aufgrund der Entstehungszeit im 11. Jahrhundert, sogar nach dem Tode des ersten salischen Kaisers, ist in der auf Herrschergeschlechter bezogenen Periodisierung der Bau jedoch als salisch zu bezeichnen.

Die ehemals flachgedeckte Basilika mit breiten Seitenschiffen und geringer Höhenerstreckung besaß möglicherweise einen einfachen Stützenwechsel. Die erhaltene untere Zone der Seitenschiffe zeigt eine dichte Abfolge von Muldennischen. Die Querarme traten kaum über die äußere Flucht hervor und waren im unteren Teil leicht polygonal ausgebildet mit flachen Muldennischen in der Diagonale. Es könnte dies als Andeutung von Querkonchen interpretiert werden.

Kompliziert ist die Anlage der Krypta unter dem Altarhaus und der ehemaligen Apsis. Die dreischiffige, dreijochige Hallenkrypta auf Pfeilern und mit seitlichen Nischen ist außen umgeben von einer zwei Joche tiefen fünfschiffigen Außenkrypta mit unterschiedlichen Schiffsbreiten, deren Gewölbe in Längs- und Querrichtung als Tonnen mit Stichkappen ausgebildet sind. Auch hier wird nahezu jede freie Wandfläche durch Nischen ausgehöhlt. Der Altarraum springt nach Osten um eine halbe Achse vor.

Bei der Nischenbildung im Westwerk, den Langhausmauern und der Ostkrypta bleibt es fraglich, ob es sich um ein ottonisches Antikenzitat oder eine spezifisch rheinische Komponente handelt, wie sie mit Schwarzrheindorf ab der Mitte des 12. Jahrhunderts wieder in Erscheinung trat.

Westbau Von außen nicht ablesbar ist die komplizierte Struktur, die sich hinter dem Unterbau verbirgt und nur durch verschiedenartige Öffnungen in Erscheinung tritt. Die polygonalen Treppentürme sind vollständig integriert und bilden den Auftakt zum achteckigen Mittelturm (Oktogon), dessen Seiten mit je zwei flachen Pilastern besetzt sind. Sie rahmen eine doppelbogige Mittelöffnung und tragen einen angedeuteten Architrav. In ihrer Anordnung beziehen sie sich eindeutig auf das Aachener Vorbild, dessen Westbau ebenfalls mit zwei Treppentürmen ausgestattet ist, jedoch hier mit dem dahinter liegenden Oktogon zu einer Einheit verschmolzen wird. Seitlich schließen sich die romanischen Arkadenstellungen des Atriums von 1060 an.

Westapsis In gedrungeneren Abmessungen gleicht der Aufriss der drei Polygonseiten der Aachener Pfalzkapelle bis ins Detail, sogar einschließlich der Kämpferblöcke auf den Säulen. Da das Tambourgeschoss fehlt, greifen hier die Bögen direkt in die Kalotte ein, die das Aachener Klostergewölbe ersetzt. Der Apsisbogen selbst ruht auf zwei kolossalen Pilastern mit großem Bossenblattkapitell. Die halbrunde Pfeilervorlage daneben gehört bereits zum gotischen Umbau des 13. Jahrhunderts. Hinter den Säulengittern ist die komplizierte Geschossanordnung der Emporen und Zwickelräume nur zu ahnen.

Der äußere Achteckturm steht nicht über den drei sichtbaren Seiten der Apsis, sondern um halbe Breite nach Westen verschoben und bildet weniger einen Chor- denn einen Apsisturm. Dieses Gefüge, das ausschließlich auf kulissenhafte Wirkung der jeweiligen Architekturzitate nach innen wie nach außen angelegt ist, nicht aber auf eine den ganzen Bau durchdringende vertikale Struktur, gehört zu den kompliziertesten Raumschöpfungen des gesamten Mittelalters.

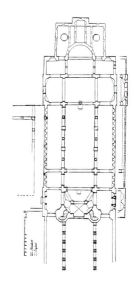

Grundriss, Rek. des Zustandes 1051

Westapsis – Innenraum nach Westen

Essen-Werden
St. Liudger

Ansicht von Nordwesten

Längsschnitt Westwerk nach Norden, Rek. Borger

Die Benediktinerabteikirche wurde um 800 von dem friesischen Missionar Liudger, dem ersten Bischof von Münster, gegründet, der auch dort bestattet wurde. Das ursprüngliche Patrozinium war Salvator (Erlöser). Die Baugeschichte ist relativ gut durch Schriftquellen gesichert. Für 875 ist die Weihe einer zweiten Kirche überliefert, die bereits die Länge des heutigen Hauptbaus besaß: eine dreischiffige Basilika ohne Querhaus mit drei Apsiden sowie einer Ringkrypta mit Querstollen und Confessio. Ihr wurde ein Westwerk angefügt, das 943 geweiht wurde und in vereinfachter Gestalt dem Vorbild von Corvey folgt. Dieser Bauteil ist trotz Umbauten weitgehend bewahrt geblieben und stellt das einzige größere, aufrecht stehende Monument aus der ersten Hälfte des 10. Jahrhunderts, der Frühzeit der Ottonen, dar.

1059 wurde eine im Osten angefügte Außenkrypta geweiht, danach entstand ein heute verschwundenes westliches Paradies. Nach einem Brand von 1256 erfolgte ein fast vollständiger Neubau, der auch das Innere des Westwerks integrierte. Die Außenkrypta blieb erhalten. Die Weihe fand 1275 statt, 34 Jahre nach der Grundsteinlegung des Kölner Domes 1248. Damit ist Werden der letzte Großbau der niederrheinischen Spätromanik.

Bei dem Westwerk wurde auf das kryptenartige Untergeschoss von Corvey verzichtet, sodass sich der quadratische Mittelraum, der außen durch einen großen Turm sichtbar wird, auf dem Niveau des Langhauses befindet. Ob dieser Raumschacht durch Holzdecken in Geschosshöhe und darüber unterteilt war, ist unbekannt. Er ist auf drei Seiten von Räumen mit Quertonnen umgeben, die darüber wiederum gewölbte Emporen tragen. Im Westen war das Emporenuntergeschoss kleinteilig unterteilt. In den westlichen Winkeln sind Treppenaufgänge angeordnet, die wie in Corvey rechtwinklig um einen mittleren Kern geführt sind, aber außen nicht durch Türme in Erscheinung treten. An deren Stelle waren möglicherweise zwei Westtürme der alten Salvatorkirche einbezogen worden, die zuvor eine Doppelturmfassade besessen haben müsste, was für die Zeit jedoch vollkommen unwahrscheinlich ist. Beim Neubau wurde der mittlere Teil des Westbaus ausgebrochen und als Westjoch des Mittelschiffes in die Gesamtanlage einbezogen.

Die Kombination von Ringkrypta und Querstollen der ursprünglichen Anlage führt zu einer Vorstufe der Hallenkrypta und ist der Westkrypta des alten, karolingischen Kölner Domes verwandt. Die Anlage wurde Mitte des 11. Jahrhunderts tief greifend verändert und diente als Zugang für die angefügte eingeschossige, dreischiffige Außenkrypta mit drei stark querrechteckigen Jochen.

Bei dem Neubau des 13. Jahrhunderts handelt es sich um eine dreischiffige Emporenbasilika mit kurzem Langhaus und östlichem Querhaus aus drei quadratischen Jochen, wobei die Vierung durch einen steilen, belichteten Vierungsturm bekrönt wird. An das wiederum quadratische Altarhaus schließt sich eine stark eingezogene polygonale Apsis an, das Altarhaus ist flankiert von zwei doppelgeschossigen Anbauten mit Wendeltreppen, die die Nebenapsiden der Querarme ganz nach außen rücken. Auffällig ist die Öffnung der Obergeschosse der Choranbauten als Emporen zum Chor und Querhaus. Die Anlage des Vierungsturmes mit dem quadratischen Zwischengeschoss und den hoch liegenden Trompen entspricht der Lösung von St. Quirin in Neuss, hier allerdings mit zweibahnigen frühgotischen Fenstern.

Westfassade Das Westwerk ragt mit seinem Mittelturm aus dem Obergaden des Langhauses auf. Im Turm und im Obergeschoss darunter sind zahlreiche Öffnungen vermauert, sodass das Ganze wie ein geschlossener Block wirkt. Das große Westfenster und das kurze Stück Obergaden vor dem Mittelturm sind Zufügungen des 13. Jahrhunderts. Das Obergeschoss des Westwerkturmes mit seinen Giebeln und dem Faltdach stammt von 1830/40.

Am Neubau von 1256/75 fällt die schlichte Gestaltung des Äußeren auf. Nur die großen Sechspassfenster des Obergadens setzen einen Akzent. Der schlichte Vierungsturm mit Giebeln und Faltdach lässt nichts vom Reichtum des Innern ahnen.

Innenraum nach Osten

Innenraum Der Stützenwechsel des Langhauses aus einfachen quadratischen und stärkeren kreuzförmigen Pfeilern mit entsprechenden Gewölbevorlagen sowie Einzeldienste ab der Emporenhöhe über den Zwischenpfeilern lassen erkennen, dass hier wie im Chor und den Querarmen zwei sechsteilige Gewölbe vermutlich mit Scheitelrippe über großen quadratischen Doppeljochen geplant waren. Sie wurden bei der Ausführung durch modernere querrechteckige Gewölbe ersetzt.

Der Obergaden ist bestimmt durch Achtpassfenster in Kreisblenden. Nur an der Front der Querarme und in der Apsis erscheinen lang gezogene Rundbogenfenster. Die Apsis entspricht derjenigen von Gerresheim, Kaiserswerth und Linz. Die relativ flachen, fast rundbogigen Gewölbe in Langhaus und Chor setzen wie in Neuss sehr hoch an und verraten durch ihre Schlusssteine, dass sie bereits gotisch sind. Im Chor tragen sie wie in Gerresheim westfälische Zierscheiben. Erstaunlicherweise ist die Apsis deutlich niedriger und lässt Platz für drei Rundfenster darüber.

Der Aufriss des Langhauses orientiert sich an St. Quirin in Neuss, ist jedoch ausgeglichener, weil die Wandflächen über den Emporen nicht so groß und die vertikalen Wandvorlagen ausgeprägter sind. Besonders deutlich treten die sichelbogenförmigen Unterzüge der Arkaden hervor. Mit Ausnahme der Gewölbe ist die Gesamterscheinung so fest in der niederrheinischen Tradition verankert, dass nichts auf den revolutionären Umbruch hindeutet, der sich mit dem Bau des Domes in Köln vollzog.

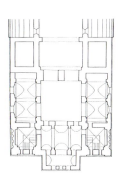

Grundriss Westwerk Empore, Rek. Effmann, Borger

Xanten
St. Viktor

Die ehemalige Chorherrenstiftskirche als Kern der mittelalterlichen Stadt geht wie die Kirchen in Bonn, Köln und Neuss auf ein römisches Gräberfeld zurück, das sich zwischen dem römischen Legionslager Vetera (25 v. Chr.) und einer bedeutenden zivilen Stadt Colonia Ulpia Traiana (heute teilweise ausgegraben als »archäologischer Park«) entlang einer Straße erstreckte. Zahlreiche Cellae Memoriae sind nachgewiesen, darunter eine über einem Doppelgrab und eine zweite über dem Grab eines vornehmen enthaupteten Christen (?), um die sich fränkische Gräber gruppierten. Erstere wurde Ausgangspunkt der späteren Kirchen. Gregor von Tours (590) erwähnt den heiligen Viktor als Mitglied der Thebäischen Legion (Köln, St. Gereon; Bonn, St. Cassius und Florentius), das Namen gebende »ad Sanctos« erscheint erstmals 838.

Turmfront von Westen

Eine karolingische Saalkirche mit Rechteckchor wurde mehrfach erweitert und erhielt im Westen einen Wohnbereich als offenes Atrium. Der zugehörige Konvent wird 863 und 866 erwähnt. Eine größere querschifflose Basilika mit Spannmauern in den Seitenschiffen wie bei St. Salvator in Werden wurde wohl um 968 geweiht. Nach mehrfachen Wiederherstellungen ist eine weitere Weihe von 1128 überliefert. An diese Kirche wurde der 1213 geweihte gewaltige Westbau angefügt, der möglicherweise der erste Abschnitt eines geplanten Neubaus sein sollte. Dieser verzögerte sich jedoch und wurde erst 1263 bis ins 16. Jahrhundert in Formen der gotischen Kathedralarchitektur ausgeführt, mit seinen fünf Schiffen (jedoch ohne Querhaus) fast eine Konkurrenz zum Dom in Köln und zwischen diesem und der niederländischen Grenze der bedeutendste gotische Bau.

Von außen wirkt der Westbau wie eine mächtige Doppelturmfassade, deren Mittelteil durch ein riesiges achtbahniges Fenster der Spätgotik akzentuiert und durch einen hoch liegenden Giebel bekrönt wird. Das kleine Säulenstufenportal wirkt dagegen merkwürdig bescheiden. Erst im Innern ist erkennbar, dass der Raum querschiffartig angeordnet ist wie in Neuss, er jedoch in seiner ursprünglichen Disposition erhalten blieb und nur im Mittelschiff der Raumhöhe des gotischen Langhauses angeglichen wurde. Da es sich in der Regel um liturgisch als Chöre genutzte Räume handelt, hat die Forschung diesen typisch niederrhein-maasländischen Bautyp als »Westchorhalle« bezeichnet, deren frühestes Auftreten in Maastricht (St. Servatius) und Lüttich (St. Jakob; St. Bartolomäus) in der zweiten Hälfte des 12. Jahrhunderts zu verzeichnen ist.

Strukturell ergibt sich eine deutliche Verwandtschaft mit Schwarzrheindorf und dem Westchor von St. Georg in Köln, weil die zweigeschossige Gliederung unten aus einer enormen Mauermasse besteht, in die Muldennischen mit einer rahmenden Blendarkatur eingelassen sind, während der Rücksprung des Obergeschosses zweischalig als Laufgang genutzt wird; in Xanten ist er emporenartig vertieft und mit einer monumentalen Arkadenstellung ausgestattet. In der nördlichen und südlichen Stirnwand des dreijochigen Raumes sind sogar kleine kleeblattförmige Kapellen mit Altarstellung in die Mauerstärke eingelassen. Wie in Neuss vorgesehen und in Lüttich und Maastricht ausgeführt, waren zunächst wohl schlankere Türme über der inneren Mauerschale geplant; davon zeugt nicht nur das merkwürdig niedrige dritte Turmgeschoss mit Blendarkaden im Äußeren, sondern ein dahinter angeordneter tonnengewölbter Laufgang in Höhe der inneren Schildwände, der strukturell einer

Xanten

Inneres Nordwestjoch unter dem nördlichen Turm, Ansicht von Süden

Zwerggalerie entspricht und die Zweischaligkeit des Innenraumes nach oben verlängert. Da er weder innen noch außen in Erscheinung tritt, ist seine Funktion unbekannt und am ehesten als Resultat eines Planwechsels zu erklären. Vom vierten Geschoss an nehmen die Westtürme den Grundriss des Unterbaus voll in Anspruch.

Westansicht Das jeweils oberste Turmgeschoss und die Helme wurden erst nach der Mitte des 13. Jahrhunderts aufgesetzt, ebenso der Mittelgiebel im 16. Jahrhundert. Die geschossweise Gliederung mit flachen Trachytblenden unten und zunehmender Mehrschichtigkeit aus reinem Tuff mit Kleeblattformen oben folgt ganz dem Formenrepertoire des Niederrheins. Deutlich erkennbar ist neben dem Mittelfenster das niedrige Zwischengeschoss und das betont kräftige Gesims darunter, das wohl die ursprüngliche Trauflinie für ein zurückspringendes Pultdach andeutet, aus dem die schlankeren Türme herauswachsen sollten.

Innenraum, Westen Die zweigeschossige Gliederung mit dem emporenartig erweiterten und durch Arkaden und eingestellte Säulen ausgezeichneten Laufgang kann auch als ein auf die Wandgliederung reduziertes Westwerk verstanden werden, zumal der Raum ähnliche liturgische Funktionen hatte. Der festliche Charakter verbindet sich hier mit der Monumentalität antiker Bauten. Die Ruinen der benachbarten römischen Stadt und ihres Amphitheaters standen damals noch aufrecht.

Westbau nach Westen, nach Weyres

153

Wissel
St. Clemens

St. Clemens, nördliche Mittelschiffwand des Langhauses nach Westen

Die ehemalige Stiftskirche entstand nach der Mitte des 12. Jahrhunderts (1150/60) und gehört damit in die frühe Gruppe der Gewölbebauten. Ein Probst wird Ende des 11. Jahrhunderts genannt, das kleine Stift erstmals 1167 erwähnt. Die kleine kreuzförmige, im gebundenen System gewölbte Pfeilerbasilika mit drei Doppeljochen, kräftig ausladendem Querhaus und ursprünglich quadratischem Altarhaus mit Apsis und Chorwinkeltürmen mit niederrheinischen Rautendächern gehört zu den besterhaltenen Bauten der Region. Nur die Apsis und die Chorgewölbe wurden gotisch erneuert.

Langhaus Mit ihren gedrungenen Proportionen, niedrigen Arkaden und den schweren Bandrippengewölben, die am Niederrhein nur in einer kleinen Gruppe vertreten sind, fordert der Bau zu Vergleichen mit Bauten des Elsass heraus. Sein Gewölbesystem mit Bandrippen und diagonal gestellten Pfeilervorlagen gleichen Durchmessers verdankt er der 1138 geweihten, in Bildern überlieferten, aber leider vollständig zerstörten Marienkirche in Utrecht. Außerdem tritt es etwas weiter entfernt im Langhaus der Liebfrauenkirche in Maastricht auf, wird aber sonst mit Ausnahme der Winkelemporen von Groß St. Martin in Köln am Niederrhein nicht verwendet. Die kleinen, durch Stufungen akzentuierten Dachstuhlöffnungen unter dem Obergaden deuten wie in St. Kastor in Koblenz eine Dreigeschossigkeit an.

Emmerich
St. Martin

Das ehemalige Kollegiatsstift wird 914/17 erwähnt und ist dem Patron des Utrechter Domes geweiht. Von einer in die Mitte des 11. Jahrhunderts zu datierenden Kirche wurde der Westteil durch Versetzung des Rheines zerstört, während das Langhaus später einstürzte. Im Kern erhalten blieb nur die dreiteilige Choranlage, heute ein seitlicher Annex der jüngeren Kirche. Bemerkenswert ist die äußere polygonale Brechung von Haupt- und Nebenapsiden.

Krypta Die dreischiffige Hallenkrypta mit vier Jochen unter der Apsis und einem Teil des Chorquadrats besitzt gurtbogenlose Kreuzgratgewölbe wie in St. Gereon in Köln, fällt aber durch ihre reich gestalteten Stützen auf, die als Bündelpfeiler oder Bündelsäulen in Erscheinung treten, und zwar paarweise wechselnd: im Osten vierpassförmig, dann quadratisch aus acht Stäben und westlich eine Bündelsäule mit flachem Würfelkapitell. Als Vergleiche bieten sich nur die Vierpass-Stützen in St. Maria im Kapitol bzw. später im Langhaus von Knechtsteden an. Ob eine Beziehung zu den kannelierten und mit Ecksäulchen ausgestatteten Pfeilern der Außenkrypta des Damenstiftes Essen besteht, ist nicht gesichert.

Rechts: St. Martin, Krypta nach Osten

Kellen (Kleve)
St. Willibrord

Saalkirche Die einfache, flachgedeckte, allerdings ungewöhnlich breite Saalkirche, deren stark eingezogener ursprünglicher Rechteckchor in der Gotik ersetzt wurde, repräsentiert den Normaltyp des Kirchenbaus seit merowingischer und karolingischer Zeit auch in den ehemals römischen Gebieten westlich des Rheins. Er wurde auch für Kloster- und gelegentlich vielleicht auch Bischofskirchen verwendet. Bei Ausgrabungen erscheint dieser Typ, wenngleich meist schmaler, stets als ältester in der Abfolge.

Der Innenraum ist ohne Gliederung, die Fenster sind klein und hoch liegend. Das Äußere ist bereichert durch schmale Lisenen, die flache Rundbogenblenden tragen. So ähnlich sah die sehr viel größere Saalkirche von St. Pantaleon in Köln aus, die noch im 10. Jahrhundert entstand, ebenso die Langchöre von St. Gereon in Köln und dem Bonner Münster aus der ersten Hälfte des 11. Jahrhunderts. In Kellen wird sie aus historischen Gründen in die Zeit um 1100 datiert.

Schon 751/52 besaß die Abtei Echternach in Cellina (Kellen) Güter. Die Vorgängerin der heutigen Pfarrkirche ist 1069 als Echternacher Besitz erwähnt, wie auch das gleiche Patrozinium nahe legt. Eine Seite des älteren Chores ist erhalten. Der Westturm kam im Nachmittelalter hinzu, sodass der Bau – wie es bei diesem Typ fast die Regel ist – ursprünglich turmlos war.

Nimwegen (Niederlande)
Valkhof

Ein erst im 5. Jahrhundert aufgegebenes römisches Kastell an der Siedlungsgrenze von Franken, Sachsen und Friesen wurde fränkischer Königshof, auf dem 777 Karl der Große Ostern feierte. Unter seinem Sohn Ludwig dem Frommen (814–840) wurden hier vier Reichsversammlungen abgehalten. Nach der Zerstörung durch die Normannen 881 bevorzugten Ottonen und Salier die Pfalz. Kaiserin Theophanu, Gemahlin Ottos II., residierte hier als Reichsverweserin bis zu ihrem Tode 991. Kaiser Friedrich Barbarossa griff die Tradition auf und erneuerte 1155 die Anlage. Von der Doppelkapelle St. Martin hat sich im Wesentlichen nur die Apsis mit zweigeschossiger Außengliederung bewahrt.

Vollständig erhalten, wenn auch stark erneuert, ist dagegen die Nikolauskapelle aus der Mitte des 11. Jahrhunderts, eine der zahlreichen Nachbildungen der Aachener Pfalzkapelle, bei der sogar das Prinzip des Grundrisses – ein Achteck innen mit 16-seitiger Umfassungsmauer des Umgangs – übernommen wurde. Die erheblich kleineren Abmessungen führen zu einem steilen Raumschacht im Innern. An die Stelle des Aachener Säulengitters

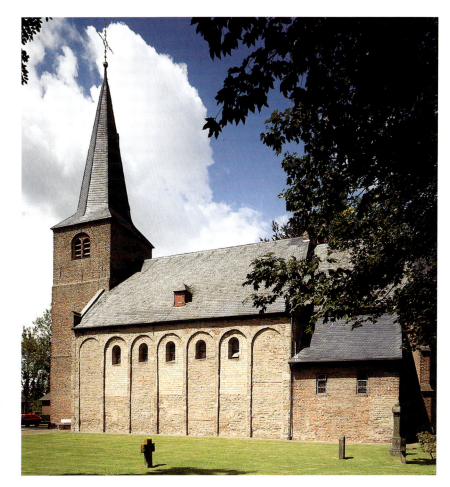

Ganz oben: St. Willibrord, Außenansicht

Oben: St. Willibrord, Innenraum nach Osten

Der Niederrhein

Oben: Nimwegen, Nikolauskapelle auf dem Valkhof

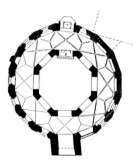

Oben: Nikolauskapelle, Grundriss, Rek. vanAgt

Unten: Nikolauskapelle, Querschnitt, Rek. van Agt

Backstein erneuert und der Kernraum aufgestockt. Weitgehend unverändert blieb dagegen der westliche Vorbau mit Eingangshalle, der wiederum vereinfacht seinem Vorbild folgt. So stehen am Anfang und am Ende des Hauptabschnitts des Rheinlaufes fast symbolisch zwei Aachenkopien: Ottmarsheim und Nimwegen.

Trotz der Erneuerung in Backstein blieb die Grundform gewahrt. Vom ursprünglichen mittleren Oktogon des Baus ist über dem Umgangsdach noch ein schmaler Streifen erkennbar mit seiner Gliederung durch Blenden und Fenster, ebenso der westliche Vorbau.

Doppelkapelle St. Martin (»Barbarossakapelle«) In der Mitte des älteren Nordtraktes der Königspfalz, dem so genannten Barbarossahaus, lag die einstige Doppelkapelle mit dem alten fränkischen Patrozinium St. Martin, deren Apsis als einziger Überrest erhalten blieb. Ihre Doppelgeschossigkeit zeigt an, dass sie als Palastkapelle anzusehen ist. Sie dürfte gegen 1160 entstanden sein.

Auffällig sind die Fünfzahl der Fenster und die eingestellten Säulen unter dem Apsisbogen. Es ist unbekannt, ob zwischen den Geschossen eine Verbindung bestand.

sind bei den Emporen einfache Doppelarkaden getreten. Während das Untergeschoss gewölbt war, besaßen Emporen und Mittelraum nur hölzerne Decken, eventuell ein Holzgewölbe.

Zwei Drittel der Umfassungsmauern einschließlich der Gewölbe wurden im 14./16. Jahrhundert in

Doppelkapelle St. Martin, Querschnitt

Anhang

Glossar

Akanthus: Pflanze (Bärenklau), deren gezackte Blätter umgeformt zur Dekoration des korinthischen Kapitells dienten.

Altarhaus: siehe Chorquadrat.

Ambo: Erhöhtes, kanzelartiges Pult für liturgische Lesungen (Vorläufer der Kanzel).

Apsis: Chorabschluss über meist halbkreisförmigem, später polygonalem Grundriss und von einer Halbkuppel (Klostergewölbe, Schirmkuppel) überwölbt (auch Konche). Standort des Altars. An Querarme und Nebenchöre anschließend (Apsidiole, d.i. kleine Apsis); *gestelzte A.*: tiefer als halbkreisförmig.

Arkade: Bogenstellung auf Stützen, auch in fortlaufender Reihung.

Arkatur: Arkadenreihung.

Atrium: Offener Vorhof mit Umgang, meist auf Säulen, häufig *Paradies* genannt.

Baptisterium: Taufkirche.

Basilika: Drei- oder mehrschiffiger Kirchenbau, dessen überhöhtes Mittelschiff eine eigene Fensterzone (Obergaden) besitzt. Je nach der Stützenform der Schiffe teilenden Arkadenreihe Säulen- oder Pfeilerbasilika; *Emporenbasilika*, wenn über den Seitenschiffen ein benutzbares Obergeschoss angeordnet ist.

Basis: Säulen- oder Pfeilerfuß.

Bema: hier: Mit Schranken versehener Zugang zum Ambo.

Blende, Blendarkade, Blendbogen, Blendwerk: Eine der Wandfläche vor- bzw. aufgelegte Gliederung, vornehmlich aus Arkaden, die »blind«, also nicht geöffnet sind; *Kleeblattblende:* mit kleeblattförmigem Bogen; *Blendrosette:* in Kreisform.

Bosse: Unvollendet, zum Teil roh belassener Stein bzw. Kapitell.

Chor: Sakraler Bereich, meist bestehend aus rechteckigem Raum und Apsis östlich des Querhauses. *Polygonalchor* siehe polygonale Apsis; bezeichnet nach dem jeweiligen vollständigen Polygon, z.B. 5/8. *Liturgischer Chor:* Eigentlicher Kern des Begriffs, da Standort des Gestühls für den Wechselgesang von Mönchen, Stiftsherren und Domkapitularen, auch *Psallierchor* genannt. In der Vorromanik und Romanik räumlich meist nicht identisch mit dem »Chor«, sondern in der Vierung bzw. am Ostende des Langhauses angeordnet.

Chorquadrat: Quadratischer, auch rechteckiger Raum zwischen Apsis und Querhaus; auch bezeichnet als *Altarhaus, Sanktuarium, Presbyterium.*

Chorumgang: Die oft schmalere Fortsetzung der Seitenschiffe um Chor und Apsis herum, meist mit diesen durch Säulenarkaden verbunden; an den Umgang angegliedert, radial auf die Apsis bezogen, kleinere Apsiden als *Radialkapellen.*

Chorus minor: Durch Bogen- oder Pfeilerstellung ausgegrenzter Bereich am (Ost-)Ende des Mittelschiffes vor der Vierung; angeblich zur Aufnahme alter/kranker Mönche.

Confessio: Kammer und Heiligengrab unter dem Hochaltar, von einem stollenartigen Gang oder einer Krypta aus zugänglich.

Dach: In einfacher Form als *Satteldach* mit zwei Dachflächen, oberer Firstlinie und zwei Giebeln; *Pultdach* als halbes Satteldach über Seitenschiffen.

Dachformen für Türme und Apsiden: einfaches *Kegeldach, Zeltdach* als vierseitige Pyramide, achtseitiger Helm entsprechend achtseitige Pyramide; *Rauten-* oder *Rhombendach*: zwischen vier Giebeln sind Dachflächen um 45 Grad gedreht, sodass von den Giebelspitzen Grate aufsteigen, die vier schräg zum Grundriss stehende Rauten ausbilden; *Faltdach:* über polygonalem Grundriss zwischen Giebeln über jeder Seite, denen die Dachfläche folgt, jedoch mit ihrem First zu einer höher gelegenen Spitze ansteigt, aus dem Rautendach entwickelt.

Dienst: Dünne vertikale Wandvorlage zur optischen Aufnahme von Gewölben und Wandgliederungen, abgeleitet von einer lang gestreckten Säule mit Basis und Kapitell, mit Viertel-, Halb- oder Dreiviertelkreisquerschnitt. Übergang zur Halbsäulenvorlage fließend; mehrere Dienste können zu einem *Bündeldienst* (*Dienstbündel*) zusammengefasst werden. *Abgekragte Dienste* beginnen auf Konsolen oberhalb des Bodenniveaus.

Doppelchoranlage: Anordnung eines zweiten Chores mit oder ohne Apsis am Westende des Mittelschiffes.

Doppelturmfassade: Zwei Türme, meist am Westende der Seitenschiffe zusammengefasst mit dem Abschluss des Mittelschiffes.

Eingezogen (bei Chor oder Apsis): Verringerung der lichten Weite gegenüber einem angrenzenden Raum.

Empore: Benutzbares, nach innen geöffnetes Geschoss über den Seitenschiffen oder am Westende, häufig mit zusätzlichen Altären.

Fenster: Meist rundbogige Öffnung zur Belichtung mit Glasverschluss, am Niederrhein in verschiedenen Umrissformen – *Vierpass:* aus vier Halbkreisen um ein quadratisches oder rundes Zentrum; *Rosette:* Kreisfenster, gelegentlich mit Speichenfüllung, umgeben von Ausbuchtungen durch Zirkelschläge (Sechspass, Achtpass usw.); *Kleeblatt:* aus drei Zirkelschlägen bzw. einem und zwei halben; *Schlüsselloch-* und *Lilienfenster:* beschreiben bewegte Fensterumrisse entsprechend dem Motiv.

Fiale: Gotisches Ziermotiv in Form eines Türmchens.

Fries: Vornehmlich horizontaler, plastischer oder gemalter Gliederungsstreifen, meist aus Einzelelementen zusammengesetzt; *Rundbogen-* bzw. *Spitzbogenfries,* häufig in Verbindung mit vertikalen Lisenen; *Sägefries:* aus schräg gestellten Steinen (deutsches Band); *Plattenfries:* aus gerahmten, eingetieften (Schiefer-)Platten, in der Regel als Brüstungselement von Zwerggalerien, abgeleitet von antiken Kassetten.

Gebundenes System: Entwickelt, um möglichst quadratische Grundrisse für die rundbogigen Kreuzgewölbe zu erzielen. Einem quadratischen Joch im Mittelschiff werden auf jeder Seite zwei quadratische Joche von halber Seitenlänge in den schmaleren Seitenschiffen angegliedert. Zur Rhythmisierung tritt das gebundene System schon vor und später unabhängig von der Wölbung auf. Davon zu unterscheiden ist der so genannte *quadratische Schematismus,* der möglichst von einer quadratischen Vierung ausgeht und daraus den Modul für den gesamten Bau entwickelt, jedoch nicht in der Gliederung des Baus sichtbar werden muss.

Gewölbe: In der Regel steinerner Raumabschluss aus gekrümmten, vom Bogen abgeleiteten und wie dieser gemauerten Flächen (Keilsteine mit Radialfugen). *Tonnengewölbe* entsprechen einem Halbzylinder, *Kreuzgratgewölbe* entstehen durch Durchdringung zweier Tonnengewölbe, wobei an der Verschneidungslinie ein Grat entsteht. Abgeleitet davon sind Kreuzgratgewölbe mit ansteigender Mittellinie (Scheitel) oder segelartig gekrümmten (gebusten) *Gewölbekappen.* Diese bezeichnen jeweils ein Gewölbesegment. Ein einzelnes Gewölbe wird als *Joch* bezeichnet, eingegrenzt durch quer zum Raum verlaufende Gurtbögen. *Rippen:* Plastische Verstärkung der diagonal verlaufenden Gewölbegrate (als Verlängerung der Dienste). *Bandrippen* mit rechteckigem Querschnitt bilden diagonale Gurte, später mit aufgelegtem Wulst, mandelförmigem Querschnitt oder Dreierbündeln mit Kehlen. Die Rippen treffen sich im *Schluss-Stein.* Beim Bau werden sie vor der Gewölbekappe ausgeführt. *Transversalrippen* verlaufen quer, *Scheitelrippen* in Längsrichtung. *Dreistrahlgewölbe* weisen nur drei Rippenäste auf, *Fächergewölbe* treten an die Stelle von Kuppeln oder Halbkuppeln mit vielen Rippenästen, zwischen denen sich die Gewölbekappen segelartig blähen (*Schirmkuppel*). Das *Klostergewölbe* besteht aus aneinander gesetzten Tonnensegmenten, mit negativ nach oben weisenden Graten über einem Achteck ähnelt es einer Kuppel.

Gurtbogen, Gurt: Quer zum Raum gespannter Bogen zur Abgrenzung zweier Gewölbejoche, während des Baus zur Aufnahme der hölzernen Schalung.

Halle, Hallenkirche: Zwei- oder mehrschiffiger Raum mit gleicher Gewölbehöhe und Belichtung von den Außenseiten.

Joch: siehe Gewölbe.

Kalotte: Gewölbe in Form einer Viertelkugel (Apsis).

Kämpfer: Beginn der Bogenkrümmung, meist durch vortretende Gesimse gekennzeichnet.

Kapitell: Haupt einer Säule oder eines Pfeilers, gelegentlich als Fries fortgesetzt. Das *Würfelkapitell* ist die klarste abstrakte Überleitung von der runden Säule zum quadratischen Kämpfer. Aus der Halbkugel durch Einschreiben in einen Würfel entwickelt, wodurch sich Schilde ausbilden. Kontrast zum antiken *korinthischen Kapitell*. *Polsterkapitell*: meist undekoriert, kissenartig vorquellender Stein, abgeleitet aus dem Würfelkapitell. Das *Kelchblockkapitell* verbindet den Kelch mit aufliegendem Block durch übergreifendes, volutenartig ausgebildetes Blattwerk.

Klausur: Nur den Mönchen zugänglicher Klosterbereich um den Kreuzgang herum.

Konche: siehe Apsis.

Krypta: Gewölbter, mit Altären ausgestatteter Raum unter dem Chor, entstanden aus der Verehrung von Heiligen- und Märtyrergräbern. Zunächst nur als stollenartiger Gang, gewinkelt oder halbkreisförmig mit Zugang zur *Confessio* (Stollenkrypta), später als drei- oder mehrschiffiger Raum unterteilt von Säulen, seltener von Pfeilern. Sie bedingt in der Regel eine Erhöhung des Chorniveaus.

Kuppel: Halbkugelgewölbe mit kreisförmigem Auflager.

Laterne: Runder oder polygonaler, durchfensterter Aufbau über einer Kuppelöffnung oder auf Türmen als stufenförmige Unterbrechung von Turmhelmen.

Laufgang: Schmaler Längsgang in der Mauerstärke entsprechend einer Zwerggalerie, in der Regel jedoch innen, vornehmlich vor den Fenstern von Apsiden und Obergaden mit der Absicht, die innere Mauerschale aufzulösen und durch schlanke Säulchen zu ersetzen.

Leibung (auch Laibung): Senkrechte Schnittfläche einer Öffnung in der Mauer, an einem Fenster oder Portal (Gewände).

Lettner: Mauer mit Durchgängen zur Trennung der Klerikerkirche (Chor) von der Laienkirche, in der Regel im Langhaus oder vor der Vierung, zum Teil mit kanzelartig vorspringendem Aufbau zur Lesung (Lektorium) und Baldachin über einem Altar. Später: vorspringende Bühne auf Arkaden (*Hallenlettner*).

Lisene: Senkrechte, nur schwach vortretende streifenartige Vorlage zur Aufnahme von Rundbogenfriesen, ohne Kämpfer und erst spät mit Basis.

Maßwerk: Oberer Teil eines durch Steinpfosten in schmale Bahnen aufgeteilten gotischen Fensters, zunächst mit Kreisformen bzw. aus dem Zirkelschlag abgeleiteten Formen.

Memoria: Kleiner Schutzbau über einem oder mehreren Märtyrergräbern (für Totenmale).

Obergaden (auch Lichtgaden): Eigentlich ein Geschoss; erhöhter Teil mit Fenstern, mit dem das Mittelschiff einer Basilika die Pultdächer der Seitenschiffe überragt.

Oktogon: Achteck.

Okulus: Kleines Kreisfenster.

Oratorium (Bet-Raum): Kleine Kapelle.

Pendentif: Zwickelförmige Kugelschale zur Überleitung vom Quadrat zum Kreis.

Pfeiler: Quadratische, rechteckige, kreuzförmige oder achteckige Stütze, um Bögen zu tragen (Arkaden). Der *Rundpfeiler* unterscheidet sich von der Säule durch abweichende Proportionen, fehlende Verjüngung usw. *Bündelpfeiler* bestehen aus einer Gruppierung von Säulchen bzw. Diensten zur Bereicherung eines kreuzförmigen oder mehrfach gestuften Pfeilers, vornehmlich in Verbindung mit Rippengewölben und gestuften bzw. profilierten Arkadenbögen.

Pilaster: Flacher, der Wand vorgelegter Pfeiler mit Basis und Kapitell als flache Entsprechung der Säule.

Polygon: Vieleck.

Polygonalchor: Aus dem Polygon entwickelte Apsis.

Presbyterium: siehe Chorquadrat.

Querhaus, Querarm: Das Langhaus durchkreuzender Querbau in der Nachfolge von Alt St. Peter in Rom, der den Grundriss zum Kreuz erweitert und das Langhaus vom Chor trennt. Querarme sind oft niedriger als das Mittelschiff und dienen im Inneren als große Kapellen.

Reliquie: Leiblicher Überrest eines Heiligen oder eines von ihm berührten Gegenstandes. Der heute fremdartig anmutende Reliquienkult ist ein entscheidender Faktor mittelalterlicher Frömmigkeit und ist aus der tiefen Verehrung für die ersten Blutzeugen des Christentums hervorgegangen.

Rippe, Rippengewölbe: siehe Gewölbe.

Rippenkuppel: Mit Rippen unterlegte Kuppel, ebenso Schirmkuppel (siehe Gewölbe).

Sanktuarium: siehe Chor.

Säule: Runde, sich verjüngende Stütze mit Basis und Kapitell, meist in einem der Antike entlehnten Verhältnis von Durchmesser und Schaftlänge. In verkleinerter Form häufig zu Gruppierungen als *Zwillings-* oder *Bündelsäulchen* zusammengefasst. Als schlankes Zierglied *eingestellt* in Rücksprünge von Fenster- und Portalgewänden. *Schaftring* als plastisch vortretende Unterteilung des Schaftes bei dünnen Säulchen bzw. Diensten.

Scheidbogen: Bogen, der – meist in Längsrichtung – Räume, das heißt vor allem Schiffe, voneinander scheidet. Bei der Basilika entspricht er den Arkaden, bei der Halle ist er das Gegenstück zum quer laufenden Gurt.

Schildbogen: Bogen, der beim Anschluss an eine Wandfläche entsteht, häufig plastisch vortretend, dient während des Baus zur Auflage der Schalung.

Spannmauer: Fundamentmauer in der Längs- oder Querrichtung, die geschlossen unter den Stützen bzw. Arkaden entlangläuft im Gegensatz zu Einzelfundamenten.

Strebe, Strebepfeiler: Außen gegen eine Mauer gesetzter Pfeiler bzw. Mauerzunge, meist nach oben schräg zurückgestuft als Widerlager gegen von innen angreifende Schubkräfte.

Suffraganbistum: Die in einer Kirchenprovinz zusammengefassten, einem Erzbischof unterstellten Bistümer.

Tambour: Zylindrischer oder polygonaler Teil eines belichteten Vierungsturmes unterhalb einer Kuppel bzw. eines Klostergewölbes.

Triforium: Niedriges, laufgangartiges Geschoss im Mittelschiffaufriss einer Basilika zwischen Arkaden und Obergaden, entweder als aufgelegte Blendarkatur oder als nach innen geöffneter Laufgang in der Mauerstärke.

Trikonchos: Drei Konchen, zu einem Kleeblatt gruppiert um die Vierung.

Trompe: Überleitende Zwickellösung vom quadratischen zum achteckigen Grundriss eines Tambours bzw. Klostergewölbes, im Gegensatz zum Pendentif.

Turm: *Chorwinkelturm:* im Winkel zwischen Chor (Altarhaus) und Querhaus; *Chorflankenturm:* seitlich neben dem Chor (Altarhaus) am Ansatz der Apsis; *Chorturm:* über einem Chor, seltener über einer Apsis (Apsisturm).

Tympanon: Steinernes Bogenfeld unter den Bogenläufen eines Portals.

Vierung: Durchdringungsbereich von Mittelschiff und Querschiff, ausgegrenzt durch Bogenstellungen. *Ausgeschiedene Vierung:* näherungsweise quadratisch, mit vier möglichst gleich hohen Bögen auf kreuzförmigen Pfeilern.

Westbau: Quer laufender oder quadratischer Baukörper mit oder ohne Turmaufsätze und mehrgeschossiger Innengliederung, dient häufig als Westchor. *Westchorhalle:* Westchor in Form eines Querschiffes mit Turmaufsätzen. *Westwerk:* Sonderfall des Westbaus mit hohem Mittelraum, der dreiseitig von Emporen umgeben ist und gegebenenfalls ein kryptenartiges Untergeschoss aufweist.

Zentralbau: Im Gegensatz zum Längsbau nicht auf eine Symmetrieachse, sondern auf einen Mittelpunkt bezogener Baukörper mit gleich langer Querachse, meist mit Grundriss in Form eines Quadrats, Kreises, Achtecks oder griechischen Kreuzes, häufig mit Umgang.

Zwerggalerie: Laufgang in der Mauerstärke unterhalb der Traufe (Dachansatz), der sich nach außen mit Arkaden öffnet. Zumeist beschränkt auf Apsiden, bei denen sich hinter der Rückwand die Apsiskalotte verbirgt. *Oberrheinischer Typ:* vollständig geöffnet und überwölbt mit quer gestellten Tonnengewölben über Steinbalken. *Niederrheinischer Typ:* mit hoher Brüstung, kleinen Öffnungen und überwölbt mit Längstonne.

Literaturverzeichnis

Hans Erich Kubach und Albert Verbeek,
Romanische Baukunst an Rhein und Maas,
4 Bde, Berlin 1976/1989 (grundlegend mit
Forschungsliteratur)

Dethard von Winterfeld,
Die Kaiserdome und ihr romanisches Umland,
Würzburg (Zodiaque) 1993

Bernhard Schütz und Wolfgang Müller,
Deutsche Romanik/Romanik,
Freiburg 1988/1990

Heinfried Wischermann,
Romanik in Baden-Württemberg,
Stuttgart 1987

Stadtspuren – Denkmäler in Köln,
hrsg. von der Stadt Köln, Bd. 1–17 1984 ff.,
insbes. Bd. 1: *Köln: Die romanischen Kirchen,*
Köln 1984

Werner Meyer-Barkhausen,
Das große Jahrhundert Kölnischer Kirchenbau-
kunst 1150–1250, Köln 1952

Rudolf Kautzsch,
Der romanische Kirchenbau im Elsaß,
Freiburg 1944

Colonia Romanica, Jahrbuch des Fördervereins
der Romanischen Kirchen Kölns e. V. (seit 1985)

Zu Einzeldenkmälern:

Die Kunstdenkmälerinventare, gegliedert nach
Ländern/Provinzen, Kreisen und Orten

Georg Dehio,
Handbuch der Deutschen Kunstdenkmäler,
München/Berlin

Baden-Württemberg I und II,
bearb. von Dagmar Zimdars, 1993, 1997

Rheinland-Pfalz, Saarland,
bearb. von Hans Caspary, 1985

Hessen, bearb. von Magnus Backes, 1982

Nordrhein-Westfalen, Rheinland,
bearb. von Ruth Schmitz-Ehmke, 1967

Abbildungsnachweis

Der größte Teil der vorgestellten Bauten wurde
von Joachim Feist eigens für diesen Band foto-
grafiert.

**Des Weiteren haben folgende Aufnahmen zur
Verfügung gestellt:**

Bildarchiv Michael Jeiter, Morschenich:
S. 81, 86 (Ausschnitt), 87 (o.r.), 90 (o.l.),
91 (o.r.), 97 (o.r.), 100, 101, 102, 104 (o.l.),
109 (u.r.), 140 (u.l.)
Architektur-Bilderservice Kandula, Witten:
S. 52 (o.l.), 151
Verfasser: S. 12, 15, 19, 35, 54 (o.r.), 66, 70 (o.l.),
130 (o.l.)

Renate Gruber, Darmstadt: S. 73
Prof. Dr. H.-J. Imiela, Mainz: S. 70 (u.l.)

Aus dem Archiv des Instituts für
Kunstgeschichte der Johannes
Gutenberg-Universität Mainz stammen
weitere Abbildungen: S. 7, 8, 11, 53, 71,
97 (u.l.), 150

**Folgende Institutionen haben
freundlicherweise die Genehmigung zu
folgenden Reproduktionen erteilt:**

Bildarchiv Foto Marburg, Marburg: S. 132 (o.l.)
Rheinisches Bildarchiv, Köln: S. 114, 116 (u.l.)

Georg Dehio und Gustav von Bezold,
Die kirchliche Baukunst des Abendlandes,
Stuttgart 1892–1901: S. 49 (u.)
Hans Erich Kubach und Albert Verbeek,
Romanische Baukunst an Rhein und Maas,
4 Bde, Berlin: Deutscher Verlag für Kunst-
wissenschaft, 1976/1989, dort meistens nach
den *Kunstdenkmälern der Rheinprovinz:*
Zeichnungen S. 91, 94, 96, 97, 100, 102, 103,
105, 106, 107, 110, 112, 116, 118, 120, 121, 122,
123, 125, 127, 132, 133, 134, 136, 137, 138, 140,
141, 142, 145, 146, 147, 149, 150, 151, 153, 156
Wolfgang Erdmann, *Die Reichenau*
im Bodensee. Geschichte und Kunst
(Die Blauen Bücher), 10. neu bearb. und
erw. Aufl., Königstein/Ts.: Karl Robert
Langewiesche Nachfolger, Hans Köster,
1993: S. 25, 27 (u.r.), 30 (l.)
Dethard von Winterfeld, *Die Kaiserdome*
und ihr romanisches Umland,
Zodiaque, Würzburg: Echter, 1993: S. 65, 70
(o.l.), 71 (u.r.), 75 (r.), 80 (o.l.), 84 (u.)
Die vorromanischen Kirchenbauten, Katalog
der Denkmäler, bearb. von W. Jacobsen u.a.,
München: Prestel, 1991: S. 23 (o.r.)
Bernhard Schütz/Wolfgang Müller,
Deutsche Romanik/Romanik, Freiburg:

Verlag Herder, 1988/1990: S. 13, 18, 59, 60, 62,
148, 149 (Ausschnitt)
Wiedererstandene romanische Kirchen in Köln,
München, Zürich: Schnell und Steiner, 1985:
S. 123 (u.r.)
Rudolf Kautzsch, *Der romanische Kirchenbau*
im Elsaß, Freiburg: Urban-Verlag, 1944:
S. 39 (M.r.), 41, 48 (o.l.), 58

Leider war es nicht in allen Fällen möglich,
die Inhaber der Urheberrechte eindeutig zu
ermitteln. Berechtigte Ansprüche werden
selbstverständlich im Rahmen der üblichen
Vereinbarungen abgegolten.